Rudolf Teschner · Sie sind am Zug

PraxisSchach

Band 45

Herausgegeben von
IGM Viktor Kortschnoi,
IGM Helmut Pfleger und
EGM Rudolf Teschner

2000
EDITION OLMS

Rudolf Teschner

Sie sind am Zug

333 Schach-Kombinationen in Frage und Antwort

Völlig neu bearbeitete Ausgabe

2000
EDITION OLMS

Von Rudolf Teschner ist in der Edition Olms bereits erschienen:

R. Teschner, Fischer gegen Spasski 1972 und 1992	ISBN 3-283-00270-3
R. Teschner, Eine Schule des Schachs in 40 Stunden	ISBN 3-283-00271-1
R. Teschner, Meisterspiele	ISBN 3-283-00289-4
R. Teschner, Das moderne Schachlehrbuch:	
Teil 1: Die Eröffnung	ISBN 3-283-00283-5
Teil 2: Das Mittelspiel	ISBN 3-283-00284-3
Teil 3: Das Endspiel	ISBN 3-283-00285-1
E. Mednis / R. Teschner, Wie schlage ich überlegene Gegner?	ISBN 3-283-00277-0
E. Mednis / R. Teschner, Strategisches Schach	ISBN 3-283-00288-6
G. Williams / R. Teschner, Das erstaunliche Schachspiel	ISBN 3-283-00332-7
K. Richter / R. Teschner, Schacheröffnungen	ISBN 3-283-00378-5

Die Deutsche Bibliothek – CIP Einheitsaufnahme
Teschner, Rudolf:
Sie sind am Zug. 333 Schach-Kombinationen
in Frage und Antwort/Rudolf Teschner. – 2. Aufl.,
völlig neu bearb. Ausg.
Hombrechtikon/Zürich : Ed. Olms, 2000
(PraxisSchach ; Bd. 45)
ISBN 3-283-00383-1

Breitlenstr. 11 · CH-8634 Hombrechtikon/Zürich

Website: www.edition-olms.com

Printed in Germany
Gedruckt auf säurefreiem und alterungsbeständigem Papier

Satz: Arno Nickel · Edition Marco, D-10551 Berlin
Herstellung: Druckerei Friedr. Schmücker GmbH, D-49624 Löningen
Umschlag: Prof. Paul König, D-31137 Hildesheim

ISBN 3-283-00383-1

Inhaltsverzeichnis

Zeichenerklärung 6

Vorwort 7

Teil 1 – Gewinnzüge 8

Auflösung der „Gewinnzüge" 17

Teil 2 – Aufgaben 28

Lösungen zu den Aufgaben 104

Zeichenerklärung

+	Schach
++	Doppelschach
#	Schachmatt
:	Schlagzeichen
!!	ein sehr starker Zug
!	ein starker Zug
!?	ein interessanter Zug
?!	ein zweifelhafter Zug
?	ein schwacher Zug
??	ein sehr schwacher Zug
1–0	Weiß gewinnt
0–1	Schwarz gewinnt
1/2 : 1/2	Remis
1 ☆	Diagramm Nr. 1 mit Weiß am Zuge
5 ★	Diagramm Nr. 5 mit Schwarz am Zuge

Vorwort

Die neue Ausgabe dieses Buches enthält außer 300 Kombinationsaufgaben aus der Turnierpraxis eine Sammlung von 33 außergewöhnlichen „Gewinnstellungen“ aus dem letzten Vierteljahrhundert. Hier geht es bisweilen nur darum, den richtigen Plan zu finden, manchmal aber auch um langzügige Opferkombinationen, die kaum zu berechnen sind, sondern eher „nach Gefühl“ ausgeführt werden. „Sie sind am Zug“ fordert den Leser auf, die Gedanken eines guten Schachspielers aufzuspüren, und er wird die Lektüre, die durchaus in Arbeit ausarten kann, genießen und aus ihr Nutzen ziehen.

Er hält eine Art „Schach-Rechenbuch“ in der Hand, in der die Namen der meisten großen Spieler aus der zweiten Hälfte des 20. Jahrhunderts auftauchen. Aber auch kleinere Lichter oder ganz Unbekannte sind mit glänzenden Einfällen vertreten. Eine Systematik ist absichtlich vermieden worden, damit der Leser sich mit den einzelnen Beispielen unvoreingenommen auseinandersetzen kann, wie es den Verhältnissen in der Praxis entspricht. Einen gewichtigen Vorteil hat er gegenüber dem Spieler, der am Brett sitzt, dessen Schachuhr tickt und der keinen Zug zurücknehmen darf: er weiß, dass hier „etwas los ist“.

Dem weniger geübten Schachfreund empfehle ich, alle Stellungen auf dem Schachbrett aufzubauen und ruhig gleich die ausführlichen Lösungen zu Rate zu ziehen. Nimmt er das Büchlein später wieder zur Hand, wird er sich erneut über die taktischen Zauberkunststücke, die hier geboten werden, freuen und die Auflösungen wohl entbehren können. Gleichzeitig wird er vermutlich feststellen, dass sein schachliches Auge sich geschärft hat und seine Spielstärke gestiegen ist. Denn „Schach ist zu 99% Taktik“, wie Reuben Fine, einst Weltmeisterschaftsanwärter, geschrieben hat.

Der Lösungsteil ist gegenüber früheren Auflagen gründlich überarbeitet worden. Dank gebührt zahlreichen Lesern (einige sind namentlich zitiert), die wertvolle Hinweise gegeben haben, für die ich auch künftig dankbar bin.

Rudolf Teschner

Berlin, im Herbst 2000.

Teil 1

Gewinnzüge

1 ☆

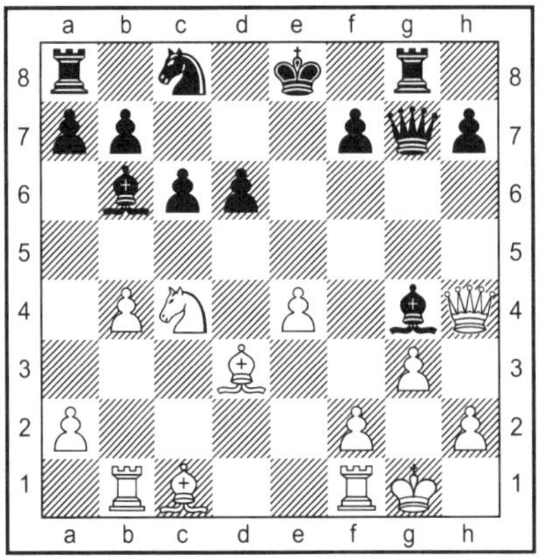

2 ☆

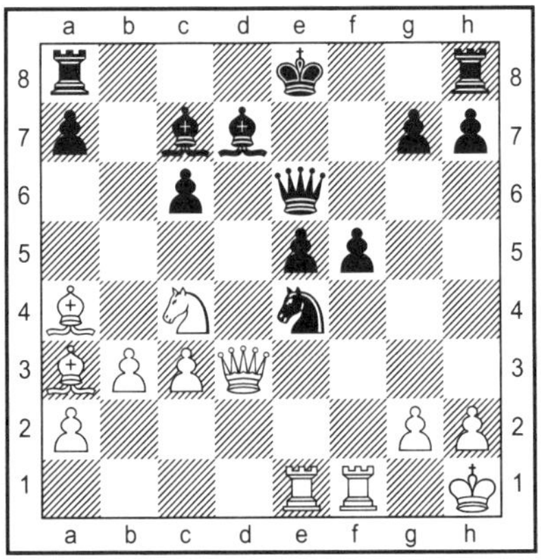

1. **Karpow – Mariotti** (Portoroz-Laibach 1975)
   Weiß am Zug. Wie stellt er seinen Gegner, der nicht zur Rochade gekommen ist, vor unlösbare Verteidigungsaufgaben?

2. **Ljubojevic – Durao** (Orense 1974)
   Weiß am Zug. Mit einem Qualitätsopfer bricht er den Widerstand. Dabei sieht er voraus, dass die lange Rochade keine sichere Zuflucht gewährt und eine originelle Möglichkeit besteht, Angriff und Verteidigung miteinander zu verbinden.

3 ☆

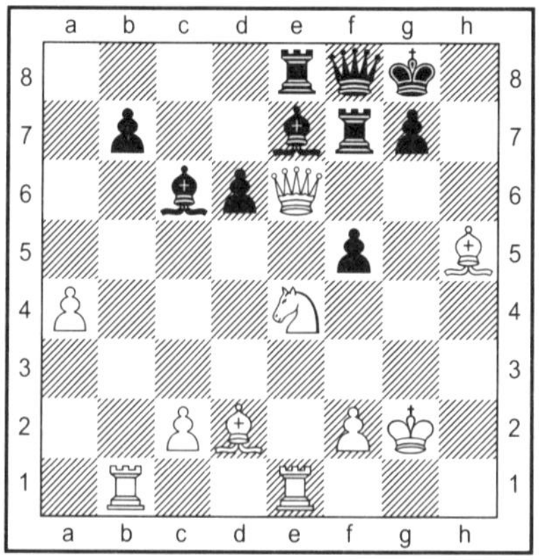

4 ☆

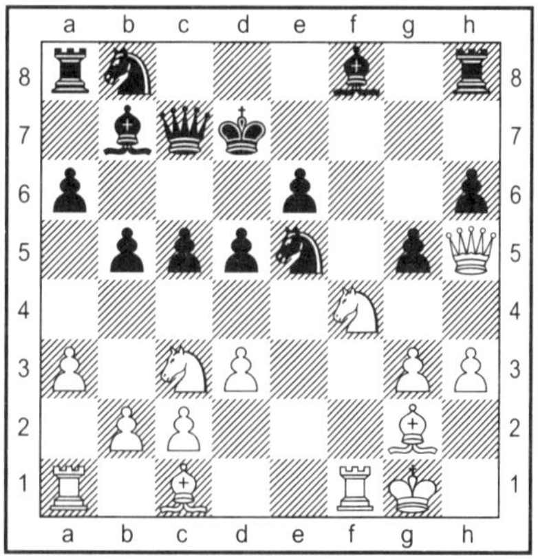

3. **Nunn – Gasic** (Birmingham 1976)
   Weiß am Zug. Die verlorene Figur erobert Schwarz zurück, dafür muss er die Qualität hergeben. Er glaubt, in zwei Bauern Gegenwerte zu besitzen. Befindet er sich da auf dem Holzweg? Nunn's Gewinnzug liegt nicht nahe.
4. **Rubinetti – Seidler** (Mar del Plata 1976)
   Weiß am Zug. Bevor Schwarz seine Türme verbinden kann, schlägt Weiß zu.
5. **Tatai – Kraidman** (Beer Sheva 1978)
   Schwarz am Zug. Wie konzentriert Schwarz seine Figuren auf den eingeklemmten weißen König?
6. **W. Schmidt – Kuligowski** (Polen 1978)
   Schwarz am Zug. Mit Zeitgewinn lässt er seine Türme ins Geschehen eingreifen. Die weiße Stellung bricht rasch zusammen.

5 ★

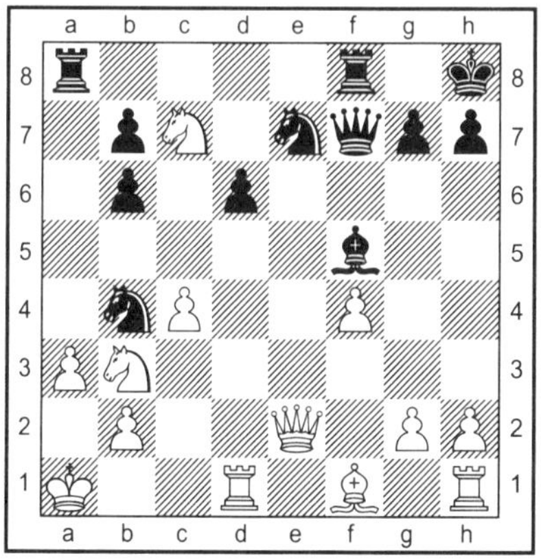

6 ★

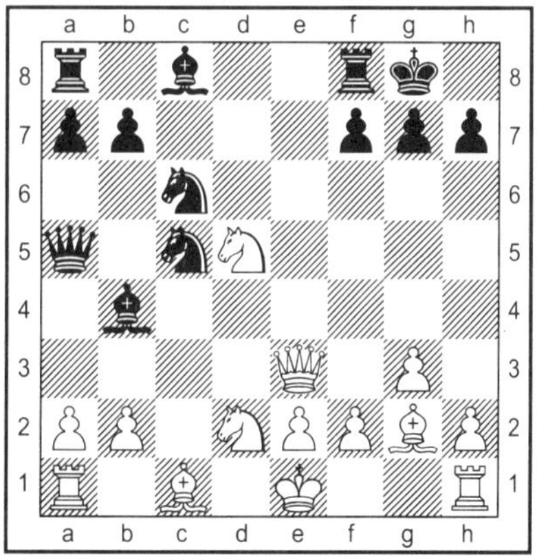

7 ☆

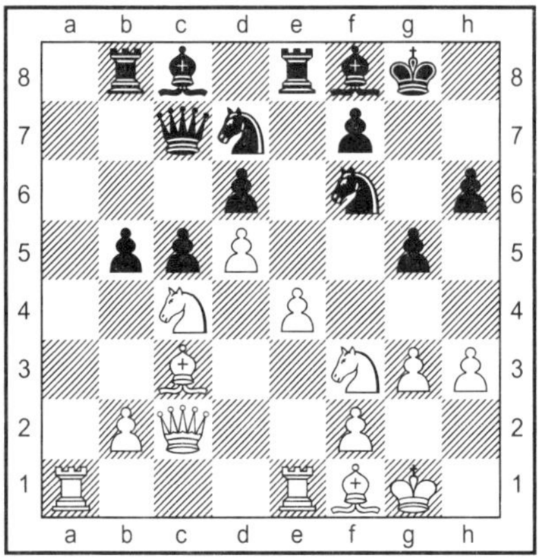

8 ☆

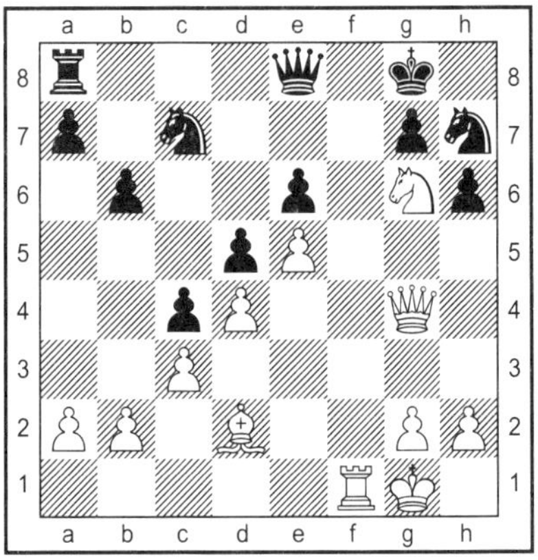

7. Kasparow – Browne (Banja Luka 1979)
Weiß am Zug. Eine spannende Lage im Mittelspiel bei weißer Zeitnot. Einfach und gut ist der Rückzug 1. ♘a5 b4 2. ♗d2, denn 2. ... ♖a8? 3. ♗b4: verliert. Der damals erst 16 Jahre alte spätere Weltmeister lässt sich nicht zurückdrängen.

8. Blank – Baron (Marsela 1979).
Hier musste der Gewinnzug sieben Züge weit vorausberechnet werden – es sind praktisch alles Zwangszüge.

9. Mednis – Ermenkow (New York 1980).
Weiß am Zug. Er entwirft einen Belagerungsplan, gegen den eine erfolgreiche Abwehr nicht zu entdecken ist. Dabei setzt er den schwächsten Punkt im schwarzen Lager unter Druck.

10. Torre – Peters (Hastings 1980/81)
Weiß am Zug. Der Punkt g7 ist anfällig. Allerdings ist die g-Linie noch geschlossen, und Schwarz hat auf dem Punkt g5 eine Barriere errichtet. Wie gewinnt Weiß?

9 ☆

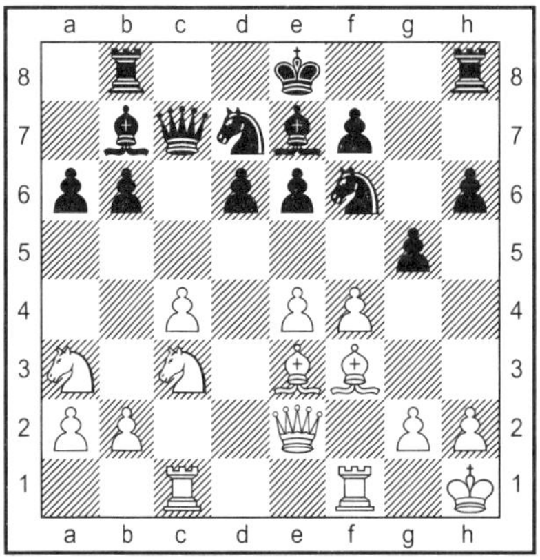

10 ☆

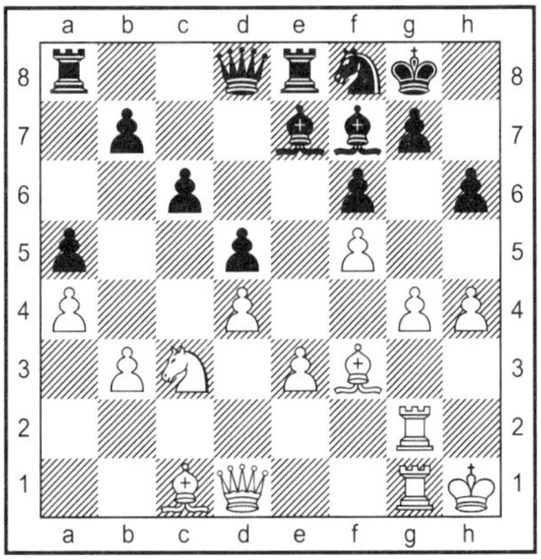

11 ☆

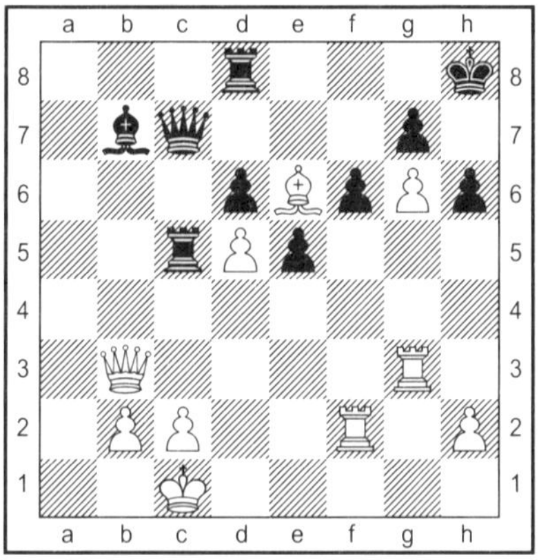

12 ☆

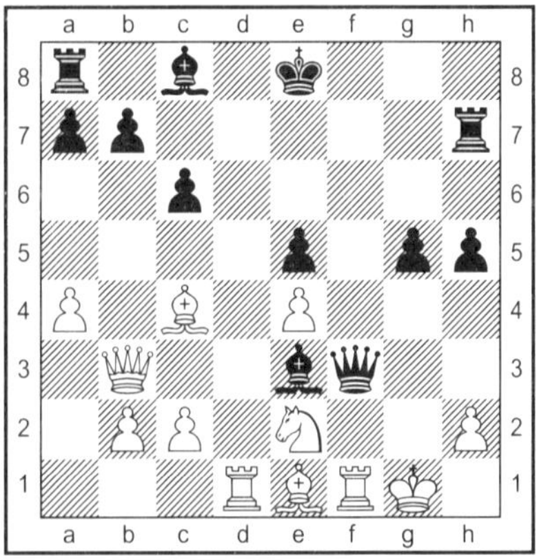

11. Josseliani – Terestschenko-Nutu (Schacholympiade Luzern 1982).
Weiß, am Zug, versäumt den Gewinn. Wie ist er zu erzielen? Die georgische Meisterin zog **1. c3?,** doch nun erlangt Schwarz Gewinnstellung. Wie?

12. Barczay – Auskalari (Fernturnier 1982)
Weiß am Zug. Er muss sich eines Opferangriffs erwehren. Auf problemartige Weise erlangt er gewonnenes Spiel.

13. Katalan – Saeed Nasser A. (Lugano 1983)
Weiß am Zug. Dem Donnergrollen folgen Blitz und Hagel. Infolge der untätigen Figuren des Schwarzen am Damenflügel erlangt Weiß mit einigen energischen taktischen Schlägen die Oberhand.

14. Karpow – Sax (Linares 1983).
Weiß am Zug. Er erzwang den Sieg mit einer strategisch motivierten Kombination.

13 ☆

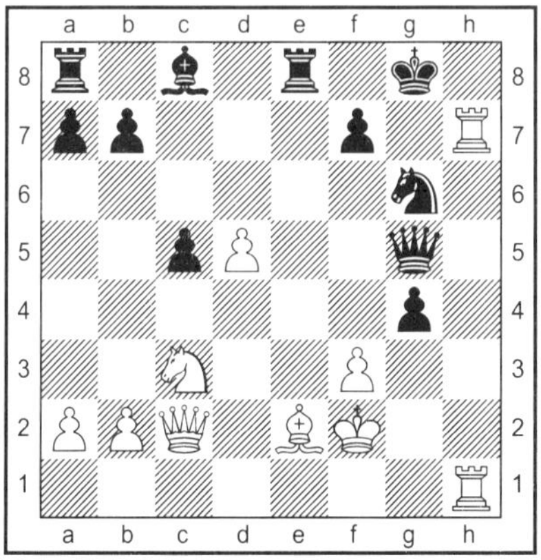

14 ☆

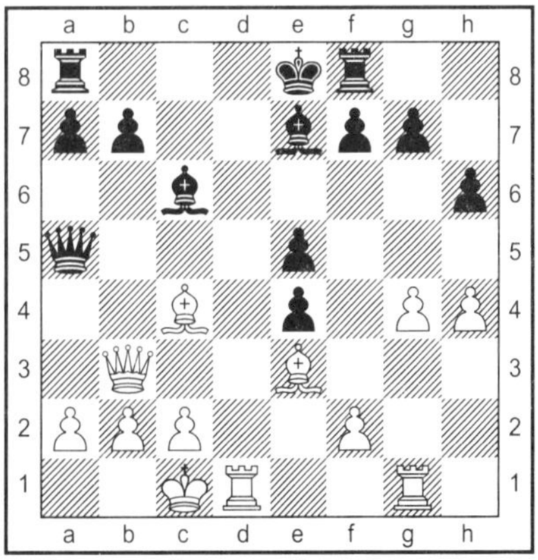

15 ☆

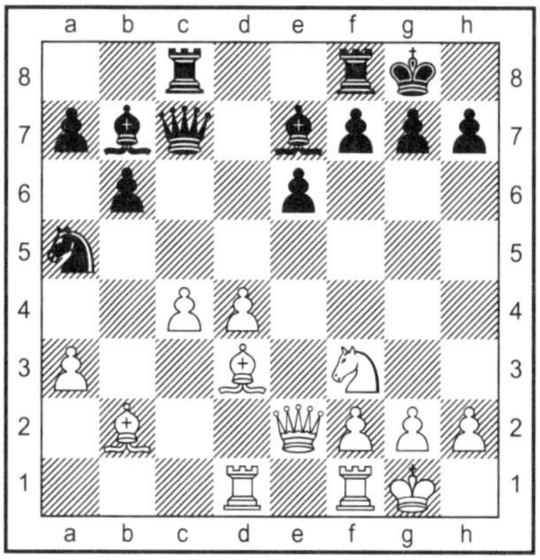

16 ★

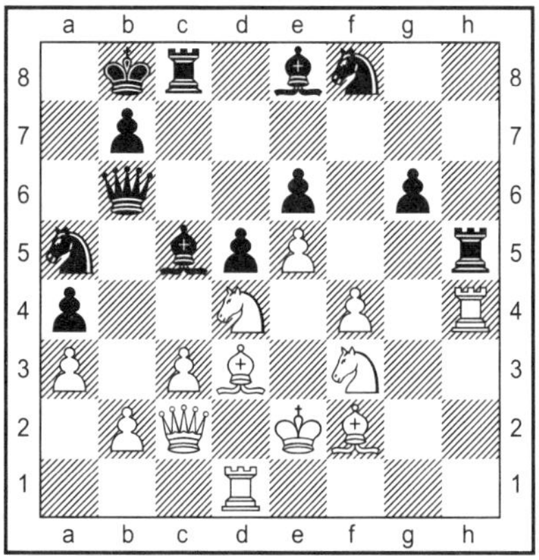

15. Kasparow – Portisch (Niksic 1983)
Weiß am Zug. Für das Verfahren, das dem Weißen ein günstiges Spiel einbringt, gibt es Vorbilder. Selten sind die Folgen so eindrucksvoll wie hier.

16. Kindermann – Zsuzsa Polgar (Baden-Baden 1985)
Schwarz am Zug. Unvermutet ist der weiße König verwundbar. Wie erlangt Schwarz die Oberhand?

17. Beljawski – Nunn (Wijk aan Zee 1985)
Weiß am Zug. Er hat die Eröffnung „misshandelt“ . Seine Stellung lässt Böses ahnen. Die lange Rochade bietet sich an oder 1. g4; aber er entschließt sich zu **1. ef** in Erwartung von 1. ... gf 2. f4 ♘g6 3. g3 mit gutem Spiel. Nunn macht ihm einen Strich durch die Rechnung.

18. Schakarow – Rozentalis (Fernturnier 1986)
Weiß am Zug. Um den feindlichen König seines Schutzes zu berauben und einen gefährlichen Freibauern zu bilden, hat Weiß einen Turm gegeben. Behält er Recht?

17 ☆

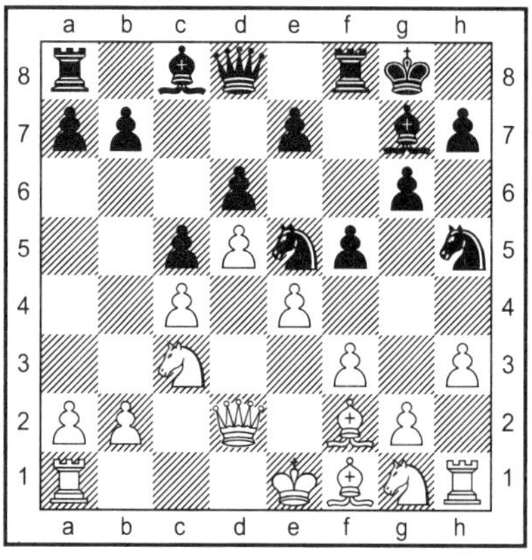

18 ☆

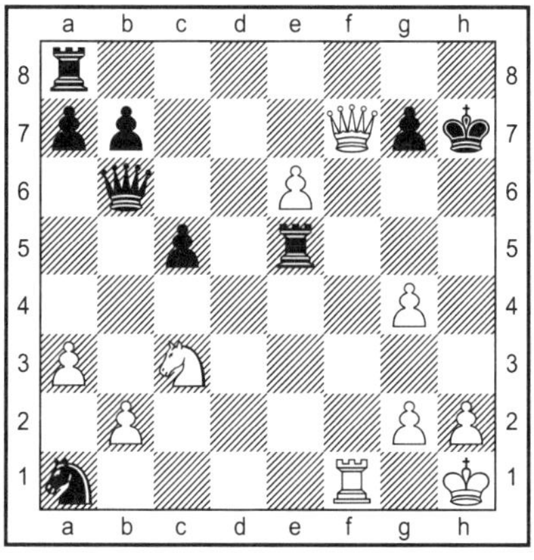

19 ☆

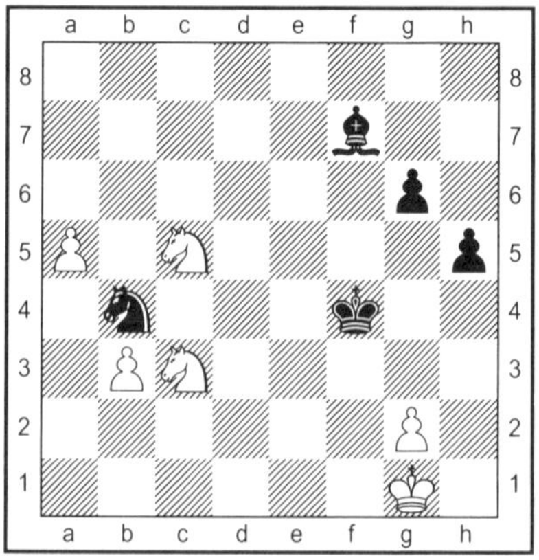

20 ☆

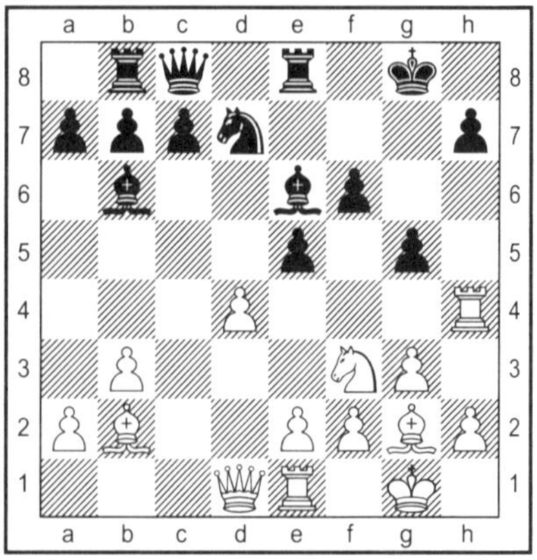

19. Anand – Spasski (Cannes 1889, Wettkampf Junioren gegen Veteranen)
Weiß am Zug. Der Gewinnzug dient der Ablenkung. Der entscheidende Trumpf ist der a-Bauer.

20. Kortschnoi – Arnason (Beer Sheva 1987).
Weiß am Zug. Was tun mit dem Turm? Die kritische Stellung, die das Schicksal der Partie entscheidet. Weiß vertraut auf sein „Gefühl" und behält Recht.

21. Uhlmann – Hickl (Potsdam 1988, Länderkampf DDR – BR Deutschland).
Weiß am Zug. Schwarz hofft auf 1. ♘e4 ♗f5! mit guten Chancen. Ein Bauernopfer verschafft Weiß das überlegene Spiel.

22. Tal – Speelman (Reykjavik 1988)
Weiß am Zug. Ein Rückzug wie 1. ♘e4, auch wenn er den Druck festhält, ist nicht nach Tals Geschmack. Er sucht den direkten Weg.

21 ☆

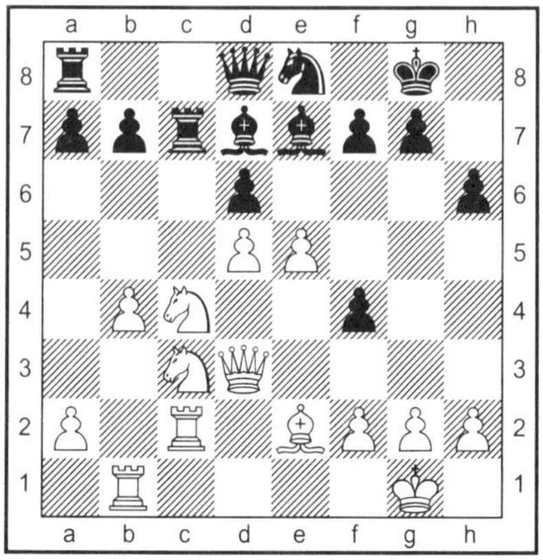

22 ☆

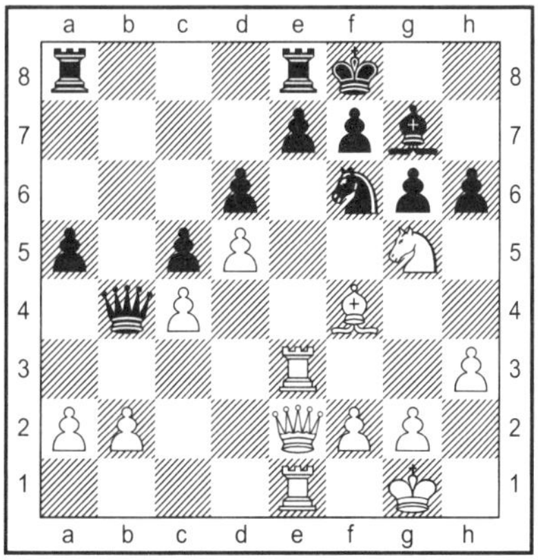

23 ☆

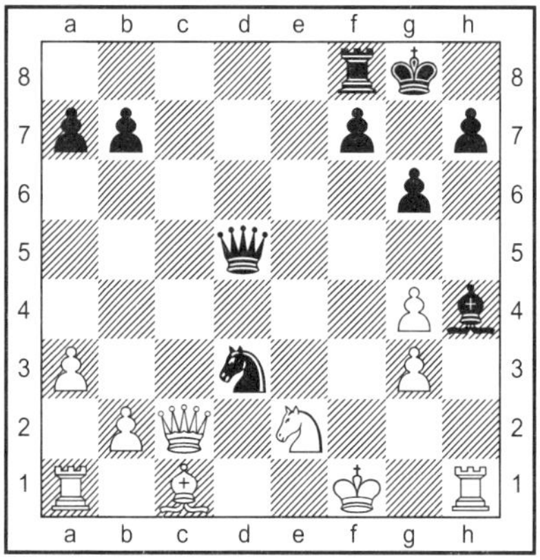

24 ☆

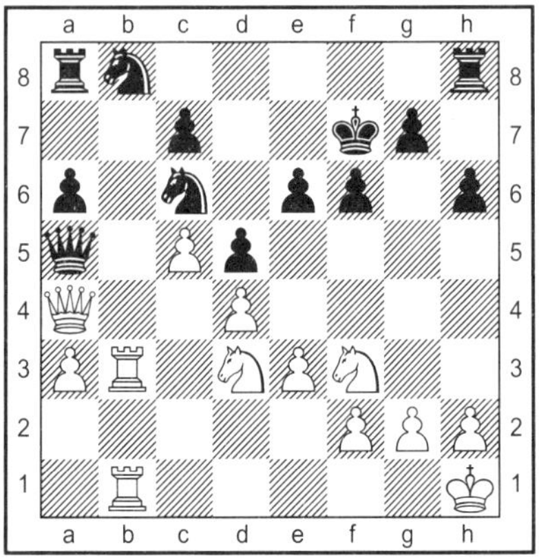

23. Knaak – Christiansen (Schacholympiade Saloniki 1988)
Weiß am Zug. Unter Turmopfer hat Schwarz ein scharfes Gegenspiel gesucht und scheint mit der Doppeldrohung ♕h1:+ und ♕f3+ kurz vor dem Ziel zu sein. Wie klärt Weiß die Stellung zu seinen Gunsten?

24. Deep Thought – Mephisto-Lyon (New York 1990, Computer-Turnier)
Weiß am Zug. Hier findet das IBM-Programm, das später den Weltmeister Kasparow im Wettkampf mit 3˚:2˚ Punkten schlug, eine zwangsläufige Zugfolge, die in ein gewonnenes Springerendspiel mit mindestens einem Bauern mehr für Weiß führt.

25. Kindermann – Sahovic (Biel 1990)
Weiß am Zug. Der positionell angewiesene Plan bringt Weiß deutlich in Vorteil. Der Angelpunkt liegt im Zentralgebiet.

26. Nunn – Judit Polgar (Hastings 1992/83)
Weiß am Zug. Die ungarische Kollegin des englischen Großmeisters rechnet vor allem mit 1. ♘c7+ ♔d8 2. ♘a8: und hat die Kontravariante 2. ... ♘c2+ 3. ♔f2 ♘e4:+ 4. ♔g1 (4. ♔f3 ♗b7) 4. ... ♘a1: 5. ♘a1: ♘c3! vorbereitet mit Gewinn für Schwarz. Sie erlebt eine unangenehme Überraschung.

25 ☆

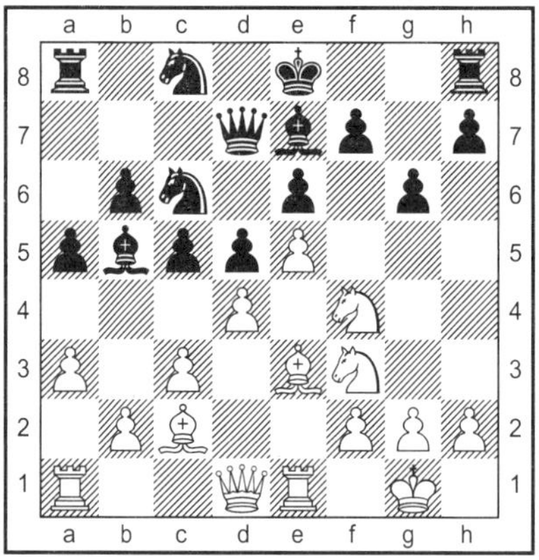

26 ☆

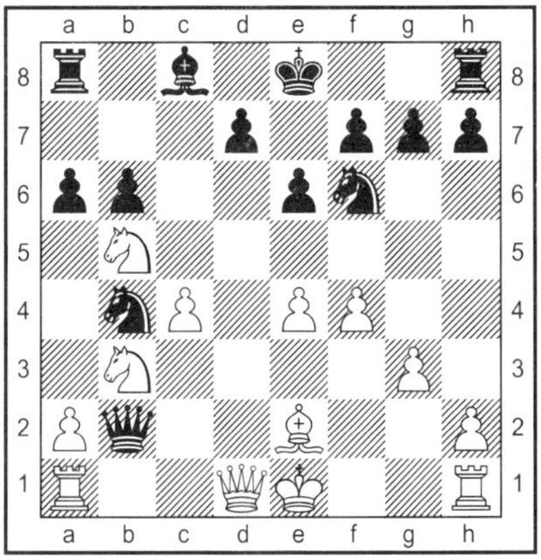

27 ☆

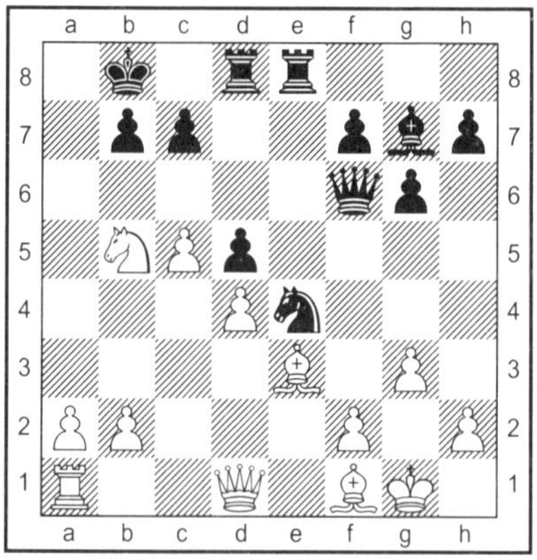

28 ☆

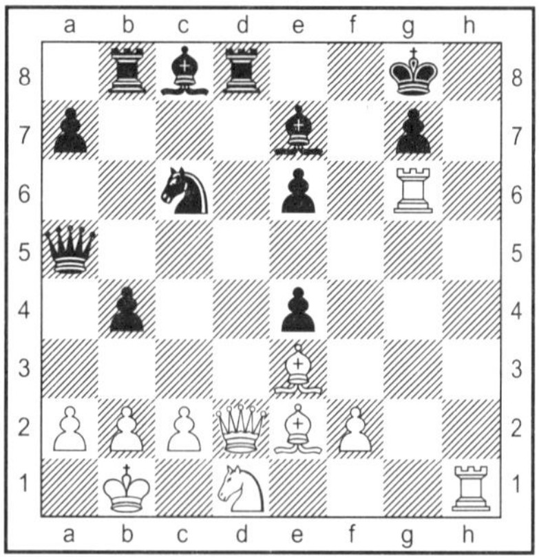

27. Anand – Hübner (Dortmund 1992)
Weiß am Zug. Er hat die Qualität für einen Bauern gegeben und inszeniert nun einen unwiderstehlichen Königsangriff.

28. Kindermann – Matthias (Lippstadt 1993)
Weiß am Zug. Häufig sind jene Züge die besten, die gleichzeitig decken und angreifen. Dies ist ein besonders eindrucksvolles Beispiel für dieses Phänomen.

29. Cholmow – Kollas (Legnica 1994).
Weiß am Zug. Versuche, unverzüglich im Opferstil durchzudringen, fruchten nichts. Welches ist der zunächst abwegig erscheinende Gewinnzug?

30. Iwantschuk – Topalow (Nowgorod 1996).
Weiß am Zug. Die weißen Streitkräfte, besonders der Springer und der ♙g5, halten den Gegner umklammert. Der auf die 7. Reihe vorgedrungene Turm ist jedoch bedroht. Muss er zurückweichen?

29 ☆

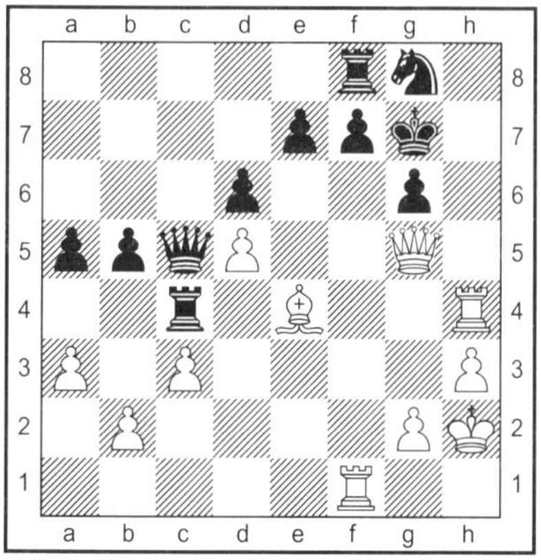

30 ☆

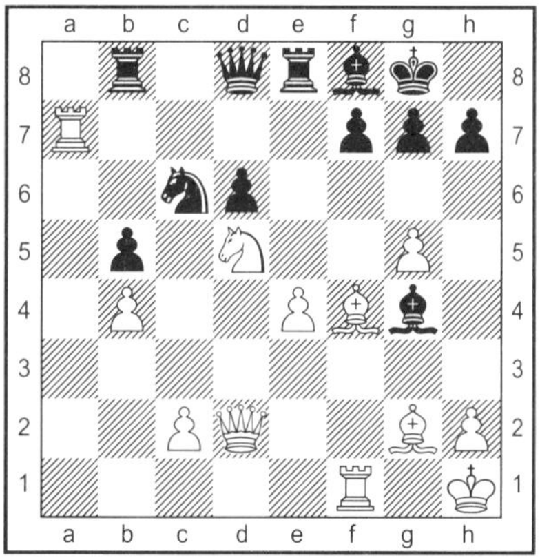

31 ★

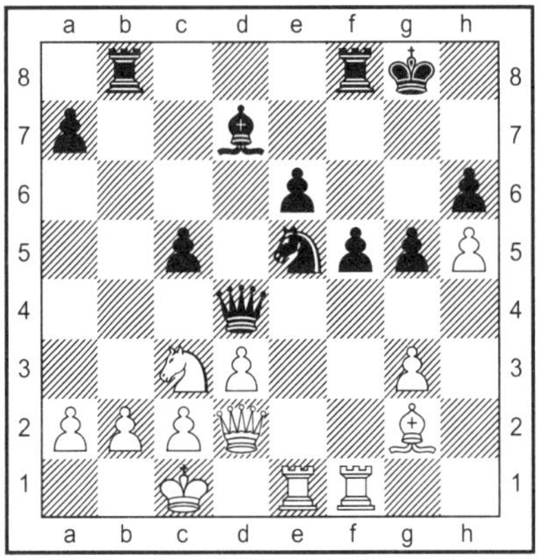

32 ☆

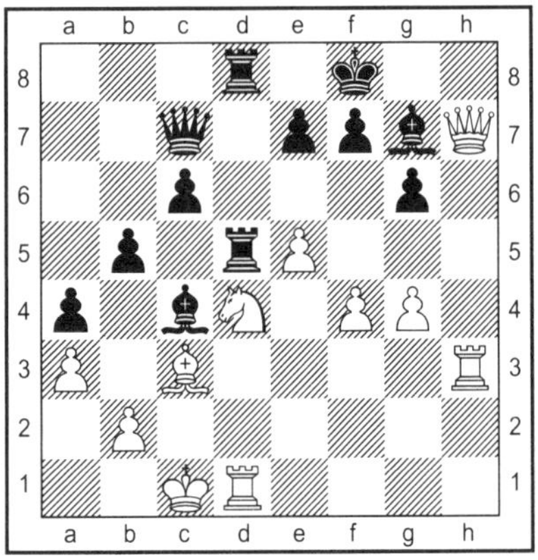

31. Alper – Bronznik (Hannover 1998)
Schwarz am Zug. Die Schlusswendung macht einen aparten Eindruck. Schlag und Gegenschlag lösen einander ab.

32. Finkel – Kanstler (Kfar-Saba 1999)
Weiß am Zug. Schwarz wehrt mit seinem Königsläufer die direkte Mattgefahr noch ab. Wie dringt Weiß trotzdem durch?

33. R. Kempinski – Gleiserow (Stockholm 1999/2000)
Schwarz am Zug. Er setzt **1. ... c7–c5** fort (noch das einzige) mit dem Gedanken, nach 2. dc e.p. ♗c6: eine verteidigungsfähige Stellung zu haben, weil die Dame von weitem mitwirkt. Wie krönt Weiß sein Spiel?

33 ★

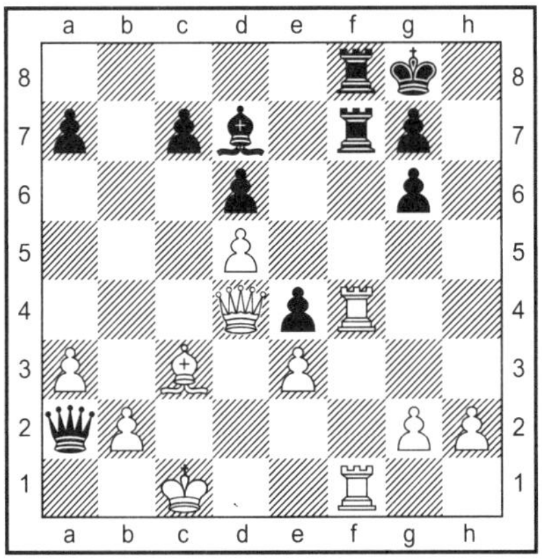

Auflösung der „Gewinnzüge“

1. Weiß muss mit 1. ... ♗d8 rechnen, und auf 1. ♗h6 spielt Schwarz 1. ... ♕d4; aber ganz gleich, was er auf **1. e5!** erwidert, er vermag dem überlegen entwickelten Gegenspieler nicht mehr Paroli zu bieten. Viele anfällige Felder und ein gefährdeter König beunruhigen ihn, während der weiße König bombensicher steht. Selbst der Damentausch, auf den Mariotti hoffte, mindert den weißen Druck nicht. Schwarz versuchte **1. ... de 2. ♗h6!** Einfach und stark. **2. ... ♗d8** Das einzige. 2. ... ♕h8 3. ♗g5 verliert sofort. Jetzt wickelt Weiß in ein leicht gewonnenes Endspiel ab. **3. ♗g7: ♗h4: 4. ♗e5:** (droht vor allem 5. ♗h7: ♖f8 6. ♗g7. **4. ... f5 5. ♘a5** Schwarz gibt auf. In miserabler Stellung geht Material verloren.

2. Der wohlpostierte Springer gibt der schwarzen Stellung etwas Halt – er muss beseitigt werden. Nach dem Qualitätsopfer **1. ♖f5:! ♕f5: 2. ♖e4:** ist die Verteidigung überfordert. Schwarz kann nicht kurz rochieren, die lange Rochade ist unsicher, und in der Mitte kann der König auch nicht bleiben. Es ist nicht möglich, alle Antworten durchzurechnen. Der Angreifer baut darauf jeweils das Richtige zu finden. Schwarz machte den Zug **2. ... 0-0-0,** dem Weiß mit einer raffinierten Mattwendung begegnete: **3. ♘d6+ ♗d6: 4. ♕a6+!** (auch 4. ♗d6: ♖df8 5. ♕a6+ ♔d8 6. ♕a5+ ♔e8 7. ♖e5:+ genügt) **4. ... ♔c7 5. ♕a7:+ ♔c8 6. ♗b5!** mit der hübschen Idee 6. ... cb 7. ♕a6+ ♔b8/c7 8. ♗d6: matt. Schwarz gibt auf (6. ... ♖df8 7. ♕a8+ ♔c7 8. ♕a5+ ♔b7 9. ♗a6+ mit undeckbarem Matt).

3. **1. ♖b6!!** Verblüffend. Mit dem Verschwinden der einzig aktiven schwarzen Figur, des weißfeldrigen Läufers, gerät Schwarz in einen Zugzwang, aus dem es kein Entkommen gibt: **1. ... fe** (1. ... ♗e4:+ 2. ♖e4: fe 3. ♖b7: ändert nichts) **2. ♖c6:! bc 3. ♖e4: d5 4. ♖e5 g6** (vergeblich hofft Schwarz auf eine Gnadenfrist mit Hilfe der Fesselung auf der g-Linie) **5. ♗g6: ♕g7 6. ♗h6! ♕f6 7. ♗f7:+ ♕f7: 8. ♕g4+ ♔h7 9. ♖h5 ♖g8 10. ♗g5+ ♔g7 11. ♗e7:+** Schwarz gibt auf.

4. Das Hineinziehungsopfer auf weite Sicht **1. ♘e6:!,** das nicht gut abgelehnt werden kann, bricht den Widerstand. Der König erhält Schläge von allen Seiten, zumal auch das Feld d5 bloßgestellt wird. **1. ... ♔e6: 2. ♖f8:+** Der Clou ist eine Springergabel, die auch mit 2. ♕e8+ ♕e7 3. ♗d5:+ ♗d5: 4. ♖f6+ ♔f6: 5. ♘d5:+ zu erreichen ist (3. ... ♔d6 4. ♕e7:+ ♗e7: 5. ♗b7:). **2. ... ♖f8: 3. ♕h6:+ ♖f6** (3. ... ♔e7? 4. ♗g5:+ ♔e8 5. ♕e6+) **4. ♗d5:+** Entscheidet, wie aus 4. ... ♗d5: 5. ♕f6:+ ♔f6: 6. ♘d5+ ♔f7 7. ♘c7: ♖a7 8. ♘d5 hervorgeht. **4. ... ♔e7 5. ♗g5:** Weiß behält die

Gewinnstellung trotz des netten Gegencoups (der war mit 5. ♕g7+! ♘f7 6. ♗f4! gf 7. ♖e1+ zu verrmeiden) **5. ... ♘f3+! 6. ♔g2!** (6. ♗f3:+? ♕g3:+) **6. ... ♘g5: 7. ♖e1+ ♘e6 8. ♕g7+! ♔d6 9. ♕f6: ♗d5: 10. ♘d5:** Nachdem der Rauch des Feuerwerks sich verzogen hat, verzeichnet Weiß einen Mehrbesitz von drei Bauern bei überlegener Stellung – der richtige Zeitpunkt für Schwarz, die Partie aufzugeben (er leistete sich noch sieben „Schattenzüge“).

5. Das Springerpaar bittet zum Tanz; aber die Hauptrolle spielt der Läufer auf der Schrägen b1/h7. **1. ... ♘7c6!** (1. ... ♘c2+ 2. ♔a2 ♘7c6 erlaubt die Ausrede 3. ♘d5) **2. ♘a8:** (jetzt ist 2. ♘d5 ♗c2 chancenlos) **2. ... ♘c2+ 3. ♔a2 ♘cb4+! 4. ab** (4. ♔b1 ♘d4+) **4. ... ♘b4:+ 5. ♔a3 ♘c2+ 6. ♔a2 ♖a8:+ 7. ♘a5 ♖a5:+ 8. ♔b3 ♖b5+** Weiß gibt auf (9. ♔a4 ♖b4#, 9. ♔a2 ♕g8! 10. b3 ♕a8+ 11. ♔b2 ♖b3:+ 12. ♔b3: ♕a3# oder 9. ♔c3 ♕f6+ 10.♔d2 ♕d4+ 11.♔c1 ♕b2:+ 12.♔d2 ♕d4+ 13. ♔c1 ♖b1+ 14. ♔b1: ♕a1#).

6. Nach dem eleganten Läuferopfer **1. ... ♗h3!** nehmen die schwarzen Drohungen überhand (ebenbürtig ist möglicherweise 1. ... ♗e6, zum Beispiel 2. ♘b4: ♘b4: 3. ♕c3 ♘a4 4. ♘b3 ♘c2+! 5. ♔f1 ♖ad8 und so fort). Auf die Rochade zeigt sich die unzureichende Deckung des ♘d2 nach 2.0-0 ♗g2: 3. ♔g2: ♖ae8 4. ♕f4 ♘e6, 4. ♕g5 f6 oder 4. ♘c4 ♕d8. Auch das Ablenkungsmanöver 2. ♘e7+ ♘e7: 3. ♗h3: ♘d5 4. ♕d4 ♖ad8 ist zwecklos. In der Partie folgte **2. ♗h3: ♖ae8 3. ♕g5 ♖e5 4. ♘f6+ ♔h8 5. ♕h4 gf 6. ♕f6:+ ♔g8 7. ♗f5** (gegen ♘d3+ oder ♗d2:+ ♗d2: ♕d2:+ ♘e4+ gerichtet) **7. ... ♘e6! 8. ♗d3** (8. ♗e6: fe 9. ♕h6 ♘d4 und gewinnt) **8. ... ♖d8 9. ♔d1 ♖d3:! 10. ed ♗d2: 11. ♗d2: ♕d5 12. ♖e1 ♖e1:+ 13. ♗e1: ♕d3:+ 14. ♗d2 ♘cd4 15. b3 ♕f1+ 16. ♗e1 ♕e2+** Weiß gibt auf.

7. Die folgende Wendung ist aus Ben-Oni-artigen Stellungen vertraut. Ein Ausweichen des bedrohten Springers hätte dem Gegner Auftrieb gegeben, der b5–b4 folgen lässt. **1. e5!** ist der Auftakt zu einem glänzenden Schlussangriff. Fraglos steht Weiß nach 1. ... bc 2. ef ♖e1: 3. ♖e1: oder 1. ... de 2. ♘ce5: ♘d5: 3. ♘f7:!, drohend ♕g6+, auf Gewinn. **1. ... ♘d5:**, der Partiezug, kann den Durchbruch in der Mitte nicht vermeiden, scheint jedoch am ehesten Widerstand zu leisten. Es folgte: **2. ♘d6: ♗d6: 3. ed ♕d8 4. ♘e5!** Falls 4. ... ♘e5: 5. ♗e5: ♗d7 6. ♗d3, so nimmt der weiße Druck überhand. **4. ... ♘b4 5. ♕d2 ♘e5: 6. ♖e5: ♖e5: 7. ♗e5: ♘c6 8. ♕e3 ♘e5:** (8. ... f6? 9. ♗f6: ♕f6. 10. ♕e8+) **9. ♕e5: c4 10. ♗g2 ♗e6 11. ♖a7** In einer gewaltigen Stellung wie dieser läuft der Angriff fast von selbst. **11. ... b4 12. ♗e4 c3** (übersieht die Drohung; falls 12. ... ♕b6 13. ♖e7 c3 14. ♖e6: fe 15. ♕e6:+) **13. ♗h7+! ♔h7: 14. ♕e6:** Schwarz gibt auf.

8. Das Turmschach auf f8 zwecks Damengewinn verhindert der Springer auf h7. Mit einem kleinen Umweg kommt Weiß doch zu diesem Schachgebot: **1. ♗h6:! gh** (alles andere ist schon das Eingeständnis der Niederlage) **2. ♘e7+ ♔h8 3. ♖f8+ ♕f8:** (der Springer darf nicht nehmen wegen der Mattdrohung auf g8) **4. ♘g6+ ♔g7 5. ♘f8:+ ♔f8:** „Materialistisch" gesehen, hat Weiß gar nicht gut abgeschnitten (Turm und 2 Figuren für die Dame). **6. ♕g6!** Schwarz büßt noch seinen Springer ein (6. ... ♘g5 7. ♕h6:+ nebst 8. ♕g5:). Die Niederlage ist besiegelt.

9. Vor keiner leichten Aufgabe steht Schwarz nach einem ruhigen Stellungszug wie 1. ♖cd1. Mednis geht mit **1. ♗h5!** ohne Umschweife auf sein Ziel los. Der Angriff auf den schwachen Punkt f7 ist um so unangenehmer, weil Schwarz nicht gut rochieren kann. Auf e4 zu schlagen (1. ... ♘e4:), kommt wegen 2. ♘e4: ♗e4: 3. fg nicht in Betracht. Nimmt der Springer auf h5, befördert er freiwillig die weiße Dame auf ein beherrschendes Feld. Schwarz muss mit 2. f5 rechnen, das den e-Bauern zum Vorrücken nötigen und die weißen Felder schwächen würde. Schwarz wehrte sich so gut es ging: **1. ... gf 2. ♗f4: ♘e5** (Eine Alternative ist 2. ... ♖h7 3. ♗g3; auch dann steht Weiß überlegen. 2. ... ♕c5 wird durch 3. ♘d5! ed 4. cd ♕b4 5. ♖c4 ♕a5 6. ♗d2 praktisch widerlegt) **3. ♘d5!** Dass Springeropfer ist ein Kraftzug, dem weitere folgen. **3. ... ed 4. cd ♕d8 5. ♗e5: de 6. ♘c4 0-0** Noch am besten. Auf 6. ... ♖c8 folgt 7. d6 ♗d6: 8. ♖f6:! ♕f6: (8. ... ♖c4: 9. ♖e6+! ♔f8 10. ♕c4: fe 11. ♕e6: und gewinnt) 9. ♖f1! und f7 fällt. **7. ♘e5:** (droht 8. ♖c3 nebst ♖g3+) **7. ... ♖c8 8. ♖cd1!** Still und stark; d5–d6 liegt in der Luft. **8. ... ♕c7** (nicht ♕d6 wegen 9. ♘f7: nebst e4–e5) **9. d6! ♗d6: 10. ♖f6: ♗e5: 11. ♕g4+ ♔h7 12. ♗f7:!** Damit ist der Widerstand endgültig gebrochen (12. ... ♕c1 13. ♕f5+ ♔g7 14. ♕e5:! , oder 12. ... ♗f4 13. ♖h6:+!) . Nach **12. ... ♕f7: 13. ♕f5+ ♔g8 14. ♖f7: ♖f7: 15. ♕e5: ♗c6 16. ♕e6 ♖cf8 17. h3** streckt Schwarz die Waffen.

10. Das Bauernopfer **1. g5!** musste weit berechnet werden. Der entscheidende Gedanke ist, dass bald eine gewaltige Bauernphalanx auf f5 und e5 entsteht, die Schwarz vor unlösbare Probleme stellt. Die Barriere auf g5 wird sich als brüchig erweisen: **1. ... fg 2. hg ♗g5: 3. e4 ♘h7 4. e5 ♗c1:** Es drohte unter anderem 5. e6. Schwarz pocht auf ein eventuelles Damenschach auf h4 und lässt den Einschlag auf g7 zu. **5. ♖g7:+ ♔h8 6. f6!** Versperrt den Weg nach h4. Einen der Läufer muss Schwarz hergeben. **6. ... ♗g5** (zwecklos 6. ... ♗b2 wegen 7. ♕c2) **7. ♖f7: ♖f8** Es gibt keine Verteidigung mehr. **8. ♖h7:+ ♔h7: 9. ♕c2+ ♔h8 10. ♕h2!** Die Kraft der offenen Linien. Schwarz kann nicht 10. ... ♖g8 spielen wegen 11. ♖g5: ♖g5: 12. ♕h6:+ ♔g8 13. ♕g5:+, und 10. ... ♔g8 ist wegen 11. ♕h6: nutzlos. **10. ... ♗e3 11. ♘d1** und gewinnt (11. ... ♗c1 12. ♘f2 ♗e3 13. ♘g4).

11. Der Gewinnzug ist 1. ♖f6:!! Wegen des Matts nach 1. ... gf 2. g7+ ♔h7 3. ♕d3+ ist der Turm unantastbar. Weiß unterließ diesen Zug, weil er die

Antwort 1. ... ♕a5 (Mattdrohung auf e1), fürchtete, auf die es jedoch die siegbringende Erwiderung 2. ♕e3! mit der Mattdrohung 4. ♖f8+! ♖f8: 5. ♕h6:+! gh 6. g7+ ♔h7 7. gf♘+! ♔h8 8. ♖g8# gibt. Auf **1. c3?**, dem von Josseliani gewählten Sicherungszug, nimmt der Druck von Schwarz nach **1. ... ♖b8!** (mit Abzugsdrohung des Läufers) überhand. Weiß versucht noch **2. ♕d1 ♕a5! 3. ♕b3 ♕a7 4. ♕d1 ♗d5: 5. ♗d5: ♕a1+** und gibt auf.

12. Nach 1. ♗f2? ♕g4+ hätte Schwarz, der eine Figur für den Angriff geopfert hat, Recht behalten. Weiß findet eine originelle Wendung, die einen „indirekten Damentausch" bezweckt: Er lässt seine Dame mit Schachgebot schlagen und knüpft auf diese Weise ein Mattnetz, das Schwarz nur durch Hergabe der eigenen Dame parieren kann. Bestenfalls erreicht der Nachziehende ein unhaltbares Endspiel: **1. ♕e3:! ♕e3:+ 2. ♗f2 ♕e4: 3. ♗c5 ♗f5** Der plausibelste Zug. Unzureichend ist 3. ... ♖e7 4. ♗d3 ♕g4+ 5. ♘g3 (droht ♗g6+) 5. ... ♕e6 6. ♘f5 mit tödlichen Drohungen) **4. ♗e6! ♕c2: 5. ♘c3 ♖f7** Im Endspiel, das nach 5. ... ♕d1: 6. ♘d1: ♗e6: 7. ♖f8+ ♔d7 8. ♖a8: entsteht, hat Schwarz schlechte Karten, auch wenn er drei Bauern für den Springer besitzt. (8. ... a6 9. ♘c3 ♖f7 10. ♘e4). **6. ♗f7:+ ♔f7: 7. ♖f2 ♕b3** (das geringere Übel ist auch hier die Rückgabe der Dame (7. ... ♕d1:+ 8. ♘d1: ♔e6 9. ♖d2) **8. ♖f5:+** Drei prächtig zusammenarbeitende Figuren sind zuviel für die Dame. **8. ... ♔e6 9. ♖f2 b6 10. ♖d6+ ♔e7 11. ♘d5+!** Ein hübscher Schlusszug (11. ... cd 12. ♖b6:+, 11. ... ♔e8 12. ♖e6+ nebst matt). Sonst hätte auch 11. ♗a3 c5 12. ♖d5 genügt.

13. Den Auftakt bildet das Qualitätsopfer **1. ♖h8+ ♘h8: 2. ♕h7+ ♔f8 3. ♕h8:+ ♔e7** (nicht ♕g8 4. ♕f6!), dessen Idee in einem erzwungenen und profitablen indirekten Damentausch besteht: **4. d6+ ♔d8 5. ♕e8:+ ♔e8: 6. ♖h8+! ♔d7 7. ♗b5+ ♔e6 8. ♖e8+ ♔d6:** (mit 8. ... ♔f5 9. ♗d3+ ♔f4 10. ♘e2 läuft der König ins Matt) **9. ♘e4+ ♔c7 10. ♘g5:**, und für die verlorene Figur hat Schwarz nur unzureichende Gegenwerte.

14. Für den geopferten Bauern hat Weiß Vorteile in der Stellung: sein Druck gegen den Punkt f7 ist unangenehm und nicht leicht abzuschütteln (1. ... ♗a4? 2. ♕b7: oder 1. ... b5 2. ♗d5 ♖c8 3. ♗c6:+ ♖c6: 4. ♕d5); in der Folge hat Schwarz einen Turm weniger im Spiel. Mit g4–g5 lässt sich eine wichtige Turmlinie öffnen. Das sofortige 1. g5 hg 2. hg g6 (2. ... ♕b4 3. g6! fg 4. ♕b4: ♗b4: 5. ♖g6:, Karpow) 3. ♗d5 gäbe Weiß ein leichtes Übergewicht. Doch Karpow verspricht sich mehr von einem strategischen Qualitätsopfer: **1. ♖d5! ♗d5:** (1. ... ♕c7 2. ♖gd1 b6 3. ♗b5! ist hoffnungslos) **2. ♗d5: ♖d8** Nach 2. ... ♕b4 3. ♗b7: ♕b3: 4. ab ♖b8 5. ♗c6+ ♔d8 6. ♗a7: muss Schwarz die Qualität in schlechter Stellung zurückgeben. **3. ♗c4** (auf der Diagonalen a4/e8 ist Schwarz ungeschützt) **3. ... ♗b4** (oder 3. ... ♗d6 4. ♕b7:

♕c7 5. ♕e4: ♔e7 6. g5 hg 7. ♗g5:+ f6 8. ♗e3 mit unhaltbarer Stellung) **4. c3 b5 5. ♗e2** (auch 5. ♗d5 ist gut) **5. ... ♗d6 6. ♕d5 ♔e7** „Endlich sind die Türme verbunden“, mag Schwarz gedacht haben; den harten Gegenschlag hat er unterschätzt. Auf andere Züge ist 7. g5 stark. **7. ♗c5!** Droht peinlich 8. ♕e5:+. Deshalb ist die Antwort erzwungen. **7. ... ♗c5: 8. ♕e5:+ ♔d7 9. ♕c5: ♕c7 10. ♕f5+ ♔e7** Ins Kreuzfeuer gerät der König erst recht nach 10. ... ♔c6 11. ♕b5:+ ♔d6 12. ♕b4+. **11. ♕e4:+ ♔d7 12. ♕f5+ ♔e7 13. ♖e1** und Weiß gewinnt leicht (♖d6 14. ♗c4+ ♔d8 15. ♗b5: a6 16. ♗a4 g6 17. ♕f3 ♔c8 18. ♖e7! ♖d1+ 19. ♔d1: ♕e7: 20. ♕a8+ und so fort). Vollendete Schachkunst.

15. Der Durchbruch **1. d5!** erweckt die Reserven zum Leben. Er beruht vor allem auf der Wirkungslosigkeit des schwarzen Springers am Brettrand. Ein Beleg: 1. ... ♘c4: 2. ♕e4! g6 3. ♗c4: ♕c4: 4. ♕e5 f6 5. ♕e6:+ ♖f7 6. ♖c1 ♕a6 7. d6 ♖c1: 8. ♖c1: ♗d8 9. ♘g5 fg 10. ♖c7! ♗c7: 11. ♕e8+ ♖f8 12. ♕e5 und gewinnt (Kasparow). Falls 1. ... ♕d6, so 2. ♘d4. Daher ist **1. ... ed** kaum zu vermeiden. Es folgt **2. cd ♗d5:** Auch das ist nicht ernstlich zu beanstanden. Falls 2. ... ♖fe8, so einfach 3. ♕e4 g6 4. ♗b5 ♖ed8 5. ♖fe1. **3. ♗h7:+ ♔h7: 4. ♖d5:**. Deutlich wird, dass die Sicherheit des schwarzen Königs gelitten hat. Daran ändert auch 4. ... ♕c2 5. ♖d2 ♕c5 6. ♘e5 nichts. Weiß droht Vieles. **4. ... ♔g8 5. ♗g7:!!** Entblößt den König vollends. Bis in alle Verästelungen hinein ist dieses Läuferopfer kaum zu berechnen. Es kommt vielmehr darauf an, die Gesamtlage richtig einzuschätzen. **5. ... ♔g7: 6. ♘e5 ♖fd8** Noch am besten (6. ... f5? 7. ♖d7 ♕c5 8. ♘d3 ; 6. ... ♖cd8 7. ♕g4+ ♔h7 8. ♘d7! nebst ♖h5; 6. ... ♕c2 7. ♕g4+ ♔h7 8. ♖d3 ♖c6 9. ♕f5+; 6. ... ♖h8 7. ♕g4+ ♔f8 8. ♖e1 ♘c6 {oder ♕c1 9. ♖5d1} 9. ♘d7+ ♔f7 10. ♖e7:+ und gewinnt). **7. ♕g4+ ♔f8 8. ♕f5** Weniger leistet das naheliegende 8. ♘d7+ ♖d7: 9. ♖d7: ♕e5, Kasparow. **8. ... f6** Wenn 8. ... ♗d6, so 9. ♕f6! ♘c4 10. ♘g6+ ♔e8 11. ♖e1+ ♔d7 12. ♘e5+ ♔e8 13. ♘c4:+ ♕e7 14. ♘d6:+ und gewinnt. **9. ♘d7+ ♖d7: 10. ♖d7: ♕c5 11. ♕h7 ♖c7!** Schwarz verteidigt sich zäh und ideenreich. **12. ♕h8+!** Eine überraschende Wende hätte das Spiel nach 12. ♖d3? ♕f2:+! genommen. **12. ... ♔f7 13. ♖d3 ♘c4** Endlich kommt der Springer zum Zug – zu spät! **14. ♖fd1! ♘e5** Darauf gewinnt Weiß direkt. Nach 14. ... ♗d6 15. ♖d5 ♕c6 16. h4 würde der Freibauer entscheiden. **15. ♕h7+ ♔e6** (erzwungen) **16. ♕g8+ ♔f5 17. g4+ ♔f4 18. ♖d4+ ♔f3 19. ♕b3+** Schwarz gibt auf (19. ... ♕c3 20. ♕d5+ nebst matt). Eindrucksvolle Wendungen.

16. Der weiße König gerät ins Kreuzfeuer. Das feine Bauernopfer der damals 16-jährigen Ungarin **1. ... g5!** sichert das Eingreifen des weißfeldrigen Läufers auf der Schrägen h5/d1. **2. ♖h5: ♗h5: 3. ♖h1** Die Wegnahme des Bauern (3. fg?) ist wegen 3. ... ♘d7!, drohend ♘e5:, unstatthaft. **3. ... ♗f3:+ 4. ♔f3: gf 5. ♕a4: ♘c4 6. ♗c4: dc**

7. ♕c2 (7. ♕c4: ♕b2: und ♙c3 „hängt") **7. ... ♘d7 8. ♕e2 ♗d4: 9. ♗d4: ♘c5 10. ♗c5:** Weiß duldet den Springer nicht – verständlich; aber der weiße König verliert eine Schutzfigur. **10. ... ♕c5: 11. ♖d1 ♖g8 12. ♖d4 ♕c6+ 13. ♕e4 ♕e8 13. ♕h7 ♖h8! 14. ♕g7.** Weiß gibt gleichzeitig auf wegen 14. ... ♕h5+ 15. ♕g4 ♕h1+. Ideenreich vorgetragen. Beachtenswert ist die Alternative 1. ... ♘b3.

17. Auf **1. ef** befindet sich Weiß nach dem unerwarteten Figurenopfer **1. ... ♖f5:!** in einem Dilemma: gleichgültig, ob er sich darauf einlässt oder auf die Bauerngabel verzichtet: der Druck der feindlichen Streitkräfte ist unerträglich. Es folgte **2. g4 ♖f3:! 3. gh ♕f8!** (Weiß vermag nicht lang zu rochieren wegen ♗h6) **4. ♘e4** Hier ist noch 4. ♖h2 zu prüfen. **4. ... ♗h6 5. ♕c2** Die Transaktion 5. ♕e2 ♘d3+ 6. ♕d3: ♖d3: 7. ♗d3: ist wegen der gewaltigen Kraft der schwarzen Dame, die nach 7. ... ♕f4 zutage tritt, nicht anzuraten. **5. ... ♕f4! 6. ♘e2** Mit 6. ♘f3: ♘f3:+ 7. ♔d1 ♗f5 8. ♗d3 ♘d4 9. ♗d4: ♕f3+ kann Weiß sich nicht befreunden. **6. ... ♖f2:! 7. ♘f2: ♘f3+ 8. ♔d1 ♕h4! 9. ♘d3 ♗f5** Obwohl Weiß einen Turm mehr besitzt, ist nicht zu sehen, wie er sich retten soll. **10. ♘ec1 ♘d2!** Der Springer droht über c4 nach e3 zu gelangen. Falls 11. b3, so ♕e4 12. ♖g1 ♕d4 mit Doppelangriff auf beide ungedeckten Türme. **11. hg hg 12. ♗g2** (wenig ersprießlich ist auch 12. ♕d2: ♗d2: 13. ♔d2: ♕c4: mit gewonnenem Spiel) **12. ... ♘c4: 13. ♕f2** (13. ♖e1 ♕h5:+) **13. ... ♘e3+ 14. ♔e2 ♕c4 15. ♗f3 ♖f8 16. ♖g1 ♘c2 17. ♔d1 ♗d3** Weiß gibt auf.

18. Die weiße Grundlinie ist gefährdet (1. ♖f3? ♖e1+), ebenso der freie e-Bauer. Die Gewinnführung gleicht einem Drahtseilakt: **1. ♘e4!** verhindert 1. ... ♕e6: wegen 2. ♘g5+. Der Springer darf nicht geschlagen werden, weil dann der ♙e6 übermächtig wird (1. ... ♖e4: 2. ♕f5+ ♔g8 3. ♕e4: ♖e8 4. e7 ♕c6 5. ♕f5 und gewinnt). Zwecklos ist 1. ... ♕b2: 2. h4! (droht 3. ♘g5+ ♖g5: 4. hg nebst ♕h5+ und g5–g6) 2. ... ♕c2 . 3. ♘f6+ ♔h8 4. e7 ♖e7: 5. ♕h5+ nebst matt. Schwarz weicht dem Springerschach aus, **1. ... ♔h8,** und wähnt sich in Sicherheit (2. e7 ♖e4:; 2. ♖f3 ♖e6: 3. g5 ♖d8; 2. ♖f6 ♕d8 und Schwarz gewinnt). Doch dem eleganten Rösselsprung **2. ♘g5!** hat er nichts mehr entgegen zu setzen. Es droht einfach 3. ♕f8+ nebst matt, und wenn 2. ... ♖g5:, so 3. ♖f3 ♕b3 4. ♖b3: ♘b3: 5. e7 ♖e5 6. ♕f8+ ♔h7 7. h4 und gewinnt.

19. 1. a6? ♘a6: 2. ♘a6: ♗b3: erobert zwar den Springer gegen zwei Bauern, doch die Partie ist remis mangels ausreichenden Materials. **1. ♘d3+!** lenkt den Springer ab, und nach **1. ... ♘d3: 2. a6** ist der a-Bauer nicht aufzuhalten. Weiß hat vorausgesehen, dass er das kritische Feld c6 mit Tempogewinn beherrschen wird: **2. ... ♗e8 3. ♘d5+ ♔e5 4. ♘e7!** und der Bauer marschiert. Schwarz gibt auf. Originelle Endspielwendung.

20. 1. ♖h6!! muss geschehen – trotz der offensichtlichen Gefahr für den Turm, denn 1. ♖e4 ♗d5 2. ♘g5: fg 3. ♖g4 ♗g2: 4. ♖g5:+ ist undurchsichtig. **1. ... ♔g7** Die einzige Chance; sonst folgt 2. h4 mit ungefährdetem Turm und überlegenem Spiel. **2. de ♔h6: 3. ef.** Die Pointe: für den König führt kein Weg zurück in heimische Gefilde. Auf 3. ... ♔h5 gibt 4. ♘g5:! noch den Springer dazu und stellt den König vollends bloß: 4. ... ♔g5: 5. ♕d2+ ♔g6 6. ♗e4+ ♔f7 7. ♕h6! und gewinnt, oder 6. ... ♗f5 7. ♗f5:+ ♔f5: 8. ♕f4+ ♔e6 9. ♕g4+ ♔f7 10. ♕h5+ ♔e6 11. ♖d1 mit der tödlichen Absicht ♕g4+. Schwerer zu widerlegen ist 3. ... ♔g6. Kortschnoi hatte 4. ♕d2! h6 5. ♘h4+! geplant, weil 5. ... gh? 6. ♗e4+ ausscheidet. Wenn 5. ... ♔f7 6. ♕c2 ♘f8 7. ♗f3 ♕d7 (7. ... gh 8. ♗h5+ ♔g8 9. f7+ ♗f7: 10. ♕c3! und gewinnt. 8. ♖d1 ♕d1:+ (8. ... ♕b5 9. ♗h5+ ♔g8 10. ♘f5! ♗f5: 11. f7+ ♔h7 12.fe♕ ♖e8: 13. ♕c3 ♘e6 14. a4 mit Gewinnstellung) 9. ♕d1: gh 10. ♕d2 hg 11. hg ♔g6 12. ♗e4+ ♗f5 13. ♗f5:+ ♔f5: 14. ♕d5+ ♔g6 15. g4 und das schwarze Spiel bricht zusammen. Am zähesten scheint 3. ... ♘c5 zu sein; aber auch dann behält Weiß die Oberhand, wie aus 4. ♕c1 ♘e4 5. ♘g5: ♘g5: 6. h4 ♖g8 7. f7 ♗f7: 8. ♕f4! ersichtlich. **3. ... ♖g8 4. ♕d2+ ♔h5 5. h3 ♘c5** Oder 5. ... ♘f6 6. ♗f6: ♗h3: 7. ♘g5:! ♗g2: 8. ♔g2: ♔g6 (♕f5 9. ♘f3!, oder ♖f8 9. ♘h7!, Kortschnoi) 9. ♕d5! ♔f6 10. ♕f7+ und gewinnt. **6. g4+ ♗g4:** (6. ... ♔h6 7. ♘g5: ♖g5: 8. h4 ♕g8 9. b4 ♘a4 10. f7 ♗f7: 11. hg ♕g5: 12. ♗g7+ ♔g6 13. ♗e4+ und gewinnt) **7. hg+ ♕g4: 8. ♘e5 ♕h4** (anderes ist nicht besser, zum Beispiel 8. ... ♕f5 9. e4 ♕f6 10. ♖e3 g4 11. ♘g4:) **9. ♕c2** und Weiß gewann im 19. Zug. Hier hätte 9. ♕d5! die Partie sofort bendet. Eine ungemein weit verzweigte Kombination, bei der Kortschnoi seiner Intuition vertraut hat.

21. 1. e6! verfolgt mehrere Ziele: die Felder e6 und g6 verlieren den Bauernschutz und das Feld d5 wird den weißen Figuren zugänglich und mehrere weißfeldrige Schrägen (a2/g8, b1/h7 und h1/a8) geöffnet. Damit ist das Gleichgewicht empfindlich gestört. Es folgte: **1. ... fe 2. de ♗e6: 3. ♘d5! ♗d5:** (♖d7 4. ♘f4:) **4. ♕d5:+ ♔h8 5. ♗d3** Die Figuren auf den weißfeldrigen Diagonalen „starren“ bis in die Nachbarschaft des feindlichen Monarchen. **5. ... ♗g5** Schwarz glaubt an die Defensivkraft seines Springers und möchte zudem den ♙f4 festhalten. Das ist zu ehrgeizig. Zäheren Widerstand leistet 5. ... ♘f6. Nach Uhlmann hätte Weiß dann ebenfalls auf eindrucksvolle Weise Stellungsvorteil behalten: 6. ♕f5 ♕d7 7. ♕f4: ♕g4 8. ♕g4: ♘g4: 9. ♘e5! ♖c2: 10. ♘g6+ ♔g8 11. ♘e7:+ ♔f7 12. ♗c2: ♔e7: 13. ♗e4 ♖b8 14. ♖c1 mit überlegenem Endspiel, zum Beispiel 14. ... ♔d8 15. ♗f5 ♘f6 16. f3, und der weiße König findet im Zentrum einen vorteilhaften Platz. **6. ♖e1 ♘f6 7. ♕d4 ♖d7 8. ♖e6 ♖c8 9. ♘d6: ♖c2: 10. ♗c2: ♕c7** (10. ... ♘e8? 11. ♘f7+!) **11. ♕d3** (mit der Absicht 12. ♖e8+) **11. ... ♖e7** (11. ... g6 12. h4! ♗h4: 13. ♕g6:) **12. ♖e7:**

♕e7: 13. ♔f1! g6 14. a3 (oder, wie in der vorigen Anmerkung, 14. h4 ♗h4: 15. ♕g6:) **14. ... b6 15. ♘c4 b5 16. ♘d2 ♕e5 17. ♘f3 ♕a1+ 18. ♔e2 ♕a2 19. h4** Schwarz gibt auf.

22. 1. ♘f7:! geschieht nicht, um **1. ... ♔f7:** mit 2. ♖e7:+? zu beantworten, denn nach 2. ... ♖e7: 3. ♕e7:+ ♔g8 gerät der Angriff ins Stocken. Die Absicht ist, mit einem Turm über b3 nach b7 einzudringen: **2. ♖b3! ♕a4 3. ♕e6+ ♔f8 4. ♖b7**, und die Drohungen (zunächst 5. ♗d6:) nehmen überhand. **4. ... ♕c4:** (nicht 4. ... ♖ad8 5. ♖e7: und gewinnt, oder 4. ... ♖a6 5. b3 ♕a2: 6. ♖e7: ♖e7: 7. ♕e7:+ ♔g8 8. ♕b7 und der Turm geht verloren) **5. ♗d6: ♘g8** (kurios ist die Widerlegung von 5. ... ♘d5:, nämlich 6. ♗e7:+ ♖e7: 7. ♖e7: ♘e7: 8. ♕c4:) **6. ♖e3!** (unklar ist 6. ♖e4 ♕e4:! 7. ♕e4: ed 8. ♕g6: ♘e7) **6. ... ♗f6 7. ♖f3 ♔g7 8. ♗e7: ♖e7: 9. ♖e7:+ ♘e7: 10. ♕f6:+ ♔g8 11. ♕f7+ ♔h8 12. ♕e7: ♕d5: 13. ♖f7** Schwarz gibt auf (das Matt ist undeckbar).

23. Mit seinem letzten Zug ♕d8–d5 hat Schwarz, der einen ganzen Turm für den Angriff hergegeben hat, vermeintlich entscheidende Drohungen aufgestellt. So führt auf 1. ♖h4:? die Antwort 1. ... ♕f3+ 2. ♔g1 ♘e1! zum Gewinn der Dame, und auf 1. ♖h2? ♕f3+ 2. ♔g1 hat er das raumgreifende Läufermanöver 1. ... ♗d8! mit der Absicht ♗b6+ vorgesehen (zum Beispiel 2. ♖g2 ♗b6+ 3. ♔h1 ♘e1 und gewinnt). Der paradoxe Rückzug **1. ♘g1!** reißt den Gegner jedoch aus seinen Träumen: das Feld f3 ist gedeckt, und der Turm wird nicht mehr mit Schachgebot geschlagen. Schwarz versucht noch **1. ... ♖e8** (1. ... f5 2. g5!, 1. ... ♕h1: 2. ♕d3:) **2. ♗h6 ♗g3: 3. ♖d1 ♕h1: 4. ♕d3: ♕h2** Zu optimistisch; die hübsche Antwort hat er übersehen. . Allerdings bietet auch 4. ... ♕h6: 5. ♕g3: ♕e3 6. ♕e3: ♖e3: 7. ♖d7 ♖g3 keine wirklichen Aaussichten auf Rettung. **5. ♕e2! ♕e2:+ 6. ♘e2: ♗e5 7. b4 b5 8. ♖d7 ♖a8 9. ♘d4 a6 10. ♘c6 ♗f6 11. g5 ♗b2 12. ♘e7+ ♔h8 13. ♘d5 a5 14. ba** Schwarz gibt auf.

24. Die Abwicklung ins Endspiel berechnet das Elektronengehirn acht Züge weit. Sie gründet sich auf die Tatsache, dass der ♘c6 nicht weichen darf: **1. ♘de5+! fe 2. ♘e5:+ ♔f6** Dem König bleibt nichts Anderes übrig, als sich der späteren Springergabel auszusetzen, wie leicht zu sehen. **3. ♕a5: ♘a5: 4. ♖b8: ♖hb8: 5. ♖b8. ♖b8: 6. ♘d7+ ♔e7 7. ♘b8:** und nach der Einbuße des f-Bauern geht auf a6 ein weiterer Bauer verloren.

25. Wenn der Punkt d5 erstürmt werden kann, bricht die schwarze Stellung zusammen. Deshalb: **1. b3!** Das droht 2. c4 dc 3. d5! ed 4. ♘d5: mit überlegenem Spiel. Schwarz darf wegen der ungedeckten Dame nicht rochieren; außerdem ist zu befürchten, dass sich die e-Linie nach dem Vorstoß des e-Bauern öffnet und der wichtige schwarzfeldrige Läufer abgetauscht wird. Schwach ist auch der ♙b6. **1. ... c4** Bekämpft die weiße Absicht – allerdings nur kurzzeitig. **2. a4 ♗a6**

3. bc ♗c4: 4. ♘d2! ♗a6 5. c4 (erobert den Punkt e4) 5. ... dc 6. ♗e4 ♗b7 (oder 6. ... ♖a7 7. ♕c1 nebst ♘c4) 7. d5! Der Durchbruch beruht auf den Varianten 7. ... ed 8. ♗d5: ♘e5: 9. ♘c4: ♘c4: 10. ♗f7:+ ♔d8 11. ♘e6 matt und 7. ... ♘e5: 8. de fe 9. ♗b7: ♕b7: 10. ♗d4 und gewinnt. **7. ... ♘b4 8. de fe 9. ♗b7: ♕b7: 10. ♘c4:** und Weiß steht klar auf Gewinn (es folgte noch 10. ... ♕e4 11. ♘d6+ ♘d6: 12. ed ♗f6 13. ♗d2 ♕c2 14. ♖e6:+ ♔f7: 15. ♕f3 ♖he8 16. ♖f6:+ ♔f6: 17. ♗c3+ ♔f7 18. ♕b7+ und Schwarz gibt auf). Manches für sich hat das ruhige 1. ♖f3, gefolgt von ♖g3 und ♗g6:, das schwer zu parieren ist.

26. Weiß spielt nicht auf Materialgewinn, sondern opfert selbst: **1. ♘d6+! ♔e7 2. 0-0!** Die Rochade als Angriffszug! Weiß droht 3. e5 nebst f5 mit starkem Druck auf der f-Linie. Nach Nunn ist vor allem der vorbeugende Zug 2. ... ♘e8 als Parade ernst zu nehmen. Weiß hält auch dann seinen Vorteil fest, etwa mit der Folge 3. e5 ♕c2 4. ♕e1 ♘d6: (4. ... ♘c6 5. ♗f3 ♘d6: 6. ed+ ♔d6: 7. ♗c6: dc 8. ♖d1+ ♔e7 9. ♘d4 ♕a4 10. ♘f5+ ♔e8 11. ♕e5 und Weiß gewinnt) 5. ♕b4: ♕e2: 6. ♖fe1 ♕f3 7. ♘d4 ♕b7 8. ♕d6:+ ♔e8 9. ♖ab1 ♕b8 10. ♖b6: ♕d6: 11. ed. **2. ... ♘a2:** Provoziert wegen der Drohung ♘c3 das folgende Qualitätsopfer. **3. ♖a2:** Ein guter, wenn auch nicht unbedingt notwendiger Zug. Judit Polgar weist nach, dass 3. ♗f3 ♘c3 4. ♕d3 ♕b3: (4. ... ♘e8 5. e5 ♖b8 6. ♘e8: ♔e8: 7. ♕d6) 5. ♖fb1 ♕b1:+ 6. ♖b1: ♘b1: 7. e5 mit einfachen Mitteln gewinnt. **3. ... ♕a2: 4. e5 ♕a3** Die Lage der schwarzen Partei ist nicht beneidenswert. Weil ihre Figuren wenig Wirkung haben, sieht sie sich genötigt, ein Versöhnungsopfer anzubieten. Zu versuchen ist noch 4. ... ♘e8 5. f5 f6 6. fe de 7. ♗f3 ♖b8 8. ♘e8: ♖e8: 9. ♕d6+ ♔f7 10. ef, und es entwickelt sich ein Mattangriff. **5. ef+ gf 6. c5** (Idee: 6. ... bc 7. ♘c4 nebst ♕d6+) **6. ... ♕a4 7. ♘c4 ♗b7 8. ♘b6: ♕e4 9. ♗f3 ♕e3+ 10. ♔g2 ♗e4** (aussichtslos ist 10. ... ♗f3:+ 11. ♖f3: ♕e4 12. ♕d7:+) **11. ♕d6+ ♔e8 12. ♘d7:!** und gewinnt wegen der Mattdrohung des Springers auf f6.

27. Das naheliegende 1. ♗f4 ist wegen 1. ... ♖d7 unklar (nicht 1. ... ♖e7? 2. f3 ♘g5 3. h4 ♘e6 4. ♗e5 ♕f5 5. g4 und die Dame ist eingekreist). Anands Gewinnplan ist viel feiner; er beruht darauf, dass der schwarze a-Bauer fehlt. Er bedroht die Königsstellung mit seiner Dame, lotst so die stärkste schwarze Figur ins Abseits und bringt dann das schwarze Herrscherpaar mit Hilfe seines vorstürmenden Randbauern in Verlegenheit. **1. ♕a4 ♕a6** (1. ... ♕c6? 2. ♗f4 ♖e7 3. f3 g5 4. ♕a7+ ♔c8 5. ♗h3+) **2. ♕b4 ♕a8** Eine Dame auf dem Abstellgleis. Der Deckungszug 2. ... ♕c6 ist nicht möglich wegen 3. ♕a5! weil 3. ... ♕a6 mit Rücksicht auf den Punkt c7 nicht geschehen darf. Falls 2. ... f5, so 3. ♗f4 ♖e7 4. ♘c7: ♖c7: 5. ♗b5. **3. a4 g5** Nimmt dem Läufer das Feld f4, damit der c-Bauer ziehen kann (3. ... c6? 4. ♗f4+ ♔c8 5. ♘c7). **4. a5 c6 5. ♘c3 ♘c3: 6. bc h6 7. a6 f5**

8. ♗h3 ♖f8 9. a7+ ♔c8 10. ♕b1 mit gewonnenem Spiel; die schwarze Dame steht zu unglücklich (es folgte noch 10. ... g4 11. ♗f1 ♔d7 12. ♗d3 ♔e6 13. ♗f4 ♖f7 14. ♕c2 ♗f8 15. ♕e2+).

28. Dreifach wirksam und deshalb entscheidend ist der Zug **1. ♗d4!**: Er schützt die Dame, öffnet die Diagonale d2/h6 und greift g7 an. Das verführerische 1. ♖g7:+ genügt nicht, wie Kindermann angibt: 1. ... ♔g7: 2. ♗d4+ ♔f7! (aber nicht 2. ... ♖d4:? 3. ♕h6+ ♔f7 4. ♗h5+ ♕h5: 5. ♕h5:+ und gewinnt) 3. ♗h5+ ♕h5: 4. ♖h5: ♖d4: 6. ♕f4+ ♔e8 mit Turm und zwei Läufern für die Dame und gesichertem König. Schwarz darf jetzt nicht auf d4 nehmen, weil 2. ♖g7:+ ♔g7: 3. ♕h6+ in die oben erwähnte Gewinnvariante einmünden würde. Er wählt die einzig mögliche Verteidigung: **1. ... ♗f8! 2. ♖h8+!** Auch jetzt darf Schwarz nicht zugreifen (wegen 3. ♕h6+). **2. ... ♔f7 3. ♕f4+!** Die folgerichtige, von Wehmeier gefundene Fortsetzung (in der Partie spielte Weiß 3. ♗h5 ♕h5: 4. ♖h5: ♖d4: 5. ♕f4+ ♔g6: 6. ♖h1! und gewann schließlich ebenfalls) **3. ... ♕f5** (3. ... ♔g6: 4. ♖h6+! gh 5. ♕f6+ ♔h7 6. ♕f7+ nebst #) **4. ♗h5!** (droht 5. ♖g7:#) **4. ... ♔e7 5. ♕f5: ef 6. ♗c5+ ♔d7 7. ♗f8:** und Weiß hat in überlegener Stellung eine Figur erobert.

29. Obgleich Weiß schon alle seine Streitkräfte gegen den feindlichen König gerichtet hat, führen opferartige Überfälle nicht zum Erfolg, zum Beispiel 1. ♖f7:+ ♖f7: 2. ♗g6: ♖h4:, oder 2. ♕g6:+ ♔f8 3. ♖h8 ♖g7 4. ♖g8:+ ♖g8. Die Idee 1. ♖hf4 ♘f6 2. ♖f6: reicht ebenfalls nicht wegen 2. ... ♖e4:!. An diese Variante knüpft Cholmow an, indem er **1. b3!** beginnt, den ♖c4 ablenkt, **1. ... ♖c3:**, und erst jetzt **2. ♖hf4!** spielt, denn jetzt hat Schwarz der Wucht des weißen Angriffs nichts entgegenzusetzen. So würde auf 2. ... ♘h6 trotzdem 3. ♖f7:+ ♖f7: 4. ♕g6:+ ♔f8 5. ♕h6:+ mit sofortigem Gewinn folgen und auf 2. ... ♘f6 schlägt 3. ♖f6: ef 4. ♕f6:+ ♔g8 5. ♗g6: ♕d5: 6. ♖f5! (diesen Zug musste Weiß in der Vorausberechnung erkennen) 6. ... ♕e6 7. ♗h7+ durch. In der Partie versucht Schwarz vergebens, die Dame heranzuführen: **2. ... ♕e3 3. ♖f7:+ ♖f7: 4. ♕g6:+ ♔h8 5. ♖f7:** und gibt auf (wegen 5. ... ♕h6 6. ♖h7+).

30. Der Turm muss ausharren. **1. g6!** nimmt die Schwäche f7 ins Visier und gibt dem Läufer das Angriffsfeld g5. Falls 1. ... fg, so 2. ♗g5 ♕c8 3. ♖c7 ♕a6 4. ♕c3 nebst ♖a1 und Damenfang, oder 2. ... ♗e7 3. ♘e7:+ ♘e7: 3. ♕f4 ♗e6 4. ♕h4 und der Springer geht verloren. Falls 1. ... . hg, so 2. ♖f7:! ♗e6 3. ♗g5 ♗e7 4. ♘e7:+ ♘e7: 5. ♕f4 mit der unabwendbaren Drohung ♖g7:+ nebst ♗f6+. Außerdem musste 1. ... f6 geprüft werden, das mit 2. ♖c7 beantwortet wird, zum Beispiel 2. ... ♗d7 3. ♘f6:+ gf 4. ♕d5+ ♔h8 5. gh ♗e7 6. ♖c6: ♗c6. 7. ♕c6: und die Qualität ist gut angelegt. Schwarz entschließt sich deshalb, den Turm mitzunehmen, auch wenn er ihn gleich wieder hergeben muss: **1. ... ♘a7: 2. gf7:+ ♔h8**

3. ♗g5 Weiß könnte sich mit dem einfachen 3. fe♕ ♕e8: 4. ♘e3 ♗e6 5. ♗d6: ♖d8 6. e5 zufrieden geben; er sieht, dass mehr herauszuholen ist. **3. ... ♕d7** (3. ... ♖e7 4. ♘e7: ♗e7: 5. ♕f4 ♗g5: 6. f8♕+ und gewinnt) **4. fe♕ ♖e8:** Auf 4. ... ♕e8: hat Iwantschuk 5. ♘f6! geplant, zum Beispiel 5. ... gf (5. ... ♕e6 6. ♘g4: ♕g4: 7. ♕f2 mit Doppelangriff auf f8 und a7) 6. ♗f6:+ ♔g8 (♗g7 7. ♗g7:+ ♔g7: 8. ♕d4+) 7. e5! ♗e6 8. ♗d5 und gewinnt (♗d5: – sonst 9. ♕g2+– 9. ♕d5:+ ♕f7 10. ♖g1+). **5. ♕f2 ♔g8** Schwarz hat die Einbruchspunkte abgeschirmt (6. ♘e7+ ♗e7: 7. ♕f7+ ♔h8 8. ♗e7: ♗e6, remis, oder 6. ♗e7 ♗e7: 7. ♕f7+ ♔h8 8. ♘e7: ♕d8); doch jetzt greift der bisher untätige weißfeldrige Läufer ein. **6. e5! h6** „Was ist der Mensch ohne Ventil?“, lautet ein auf den König gemünzter Spruch. 6. ... de scheitert an 7. ♘b6 nebst ♗d5+, 6. ... ♘c8 an 7. ♘c7! ♕c7: 8. ♗d5+. Etwas mehr Widerstand leistet aber 6. ... ♗e6 7. ♘f4 ♘c8 8. ♘e6: ♕e6: 9. ♗c6 de 10. ♗b5: (♕d5+? 11. ♔g1), obwohl er die Qualität geben muss. **7. ♘b6 ♕c7 8. ♗d5+ ♔h7** (8. ... ♔h8 9. ♕f8:+ ♖f8: 10. ♖f8:+ ♔h7 11. ♗e4+ g6 12. ♗f6) **9. ♗e4+ ♔g8 10. ♘d5 ♕d7 11. ♘e7+** Schwarz gibt auf (11. ... ♗e7: 12. ♕f7+ ♔h8 13. ♕g6). Ein Modellangriff.

31. Trotz der netten weißen „Zwischenzüge“ sitzt Schwarz am längeren Ruder: **1. ... ♖b2:!** Der Turm ist unantastbar (2. ♔b2:? ♘c4+). Weiß hat sich auf **2. ♖e5:** verlassen (2. ... ♕e5:? 3. ♔b2:), doch Schwarz gibt mit **2. ... ♖a2:!** die gebührende Antwort (3. ♘a2: ♕a1 matt). Weiß gibt keine Ruhe und rettet mit **3. ♖d5!** seinen Turm, der wegen 4. ♗d5:+ nebst 5. ♗a2: nicht zu nehmen ist. Doch jetzt setzt Schwarz zur „Exekution“ an: **3. ... ♖a1+ 4. ♔b2 ♕b4+ 5. ♔a1: ♕a5+!** Weiß gibt auf, weil auf 6. ♔b2 ♖b8+ folgt, auf 6. ♘a2 aber ♕d2:. Nicht alltäglich.

32. 1. ♖dh1! stellt die akute Mattdrohung 2. ♕h8+ ♗h8: 3. ♖h8:+ ♔g7 4. ♖1h7# auf, gegen die es keine Rettung gibt. Schwarz versucht noch **1. ... e6**, aber nach **2. ♘e6:+** verliert er ersatzlos die Dame oder wird matt: **2. ... fe 3. ♕h8+ ♔f7 4. ♕g7:+ ♔g7: 5. ♖h7+ ♔f8 6. ♖h8+** und Matt im nächsten Zug.

33. 1. ♕g7:+ ist die Einleitung zu einer elfzügigen Mattwendung. Dem Weißen schwebt ein Eckmatt auf h8 vor. Schwarz bleibt nur „die Flucht nach vorn“, die auch nicht hilft: **1. ... ♖g7: 2. ♖f8:+ ♔h7 3. ♖1f7! ♗a4 4. ♖g7:+ ♔h6 5. ♖h7+** (im Hinblick auf 5. ... ♔h7: 6. ♖h8#) **5. ... ♔g5 6. ♗f6+ ♔f5 7. ♗g7+ ♔g5 8. ♗h6+ ♔g4 9. ♖f4+ ♔h5 10. ♗g7+ ♔g5 11. h4#.** (In der Partie übersah Weiß die Mattvariante 5. ♖h7+, setzte 5. ♔d2 fort und gewann schließlich auch auf diese Weise.)

Teil 2

Aufgaben

1 ☆

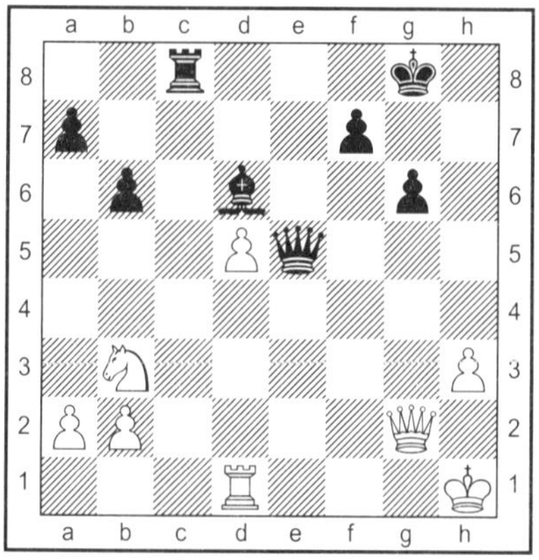

2 ★

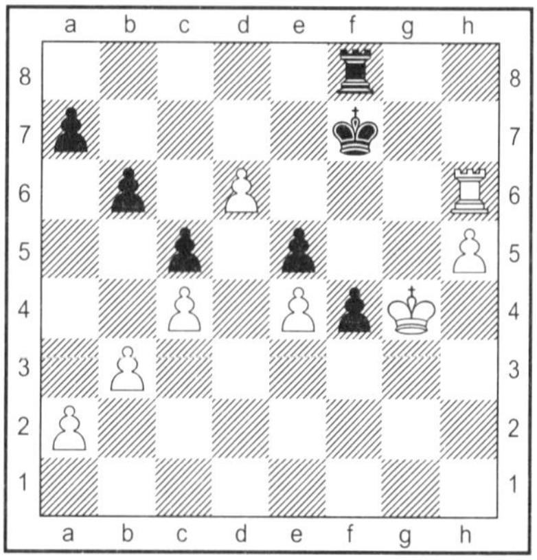

1. **Teschner** (BRD) – **Keres** (UdSSR) (Länderkampf Hamburg 1960)
   1. ♘d4? war ein Fehler: Warum? (Mehr Widerstand leistete etwa 1. ♖d2.)
2. **Petrosjan – Kortschnoi** (Moskau 1963)
   Der damalige Weltmeister hatte gerade auf h6 einen Bauern verspeist. Schwarz am Zuge gewann.
3. **Benkö – Robey** (New York 1963)
   Weiß am Zuge hatte eine „kalte Dusche“ für den Gegner bereit.
4. **Rickers – Warnken** (Oldenburg–Bremen 1962)
   Schwarz am Zuge eroberte eine Figur.

3 ☆

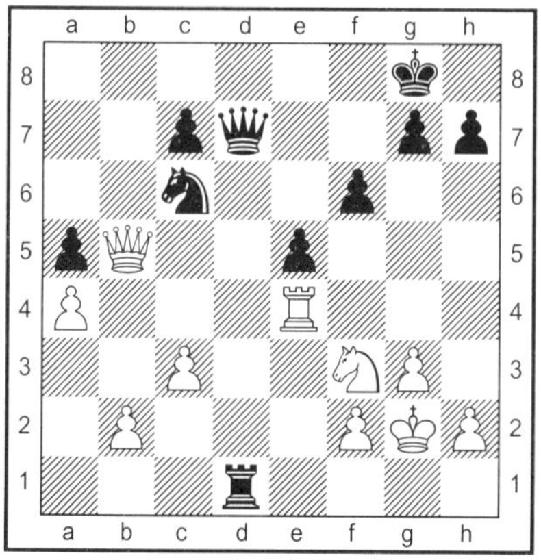

4 ★

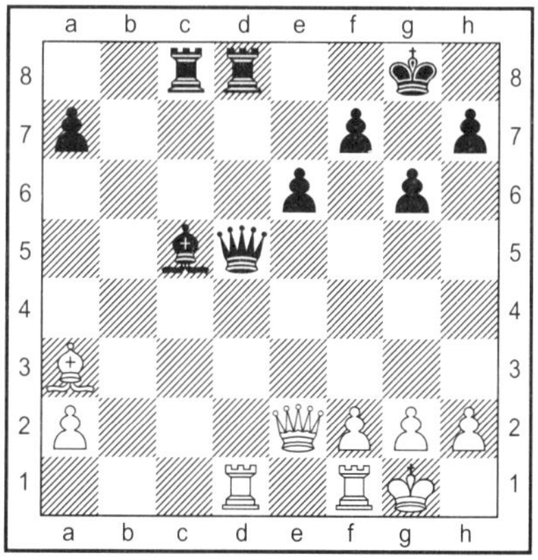

5 ★

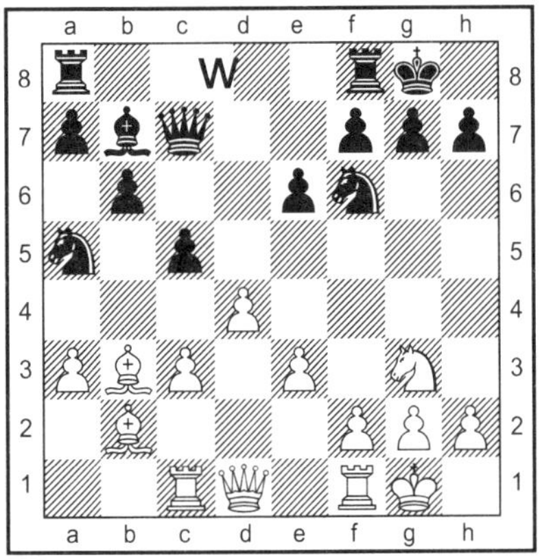

6 ☆

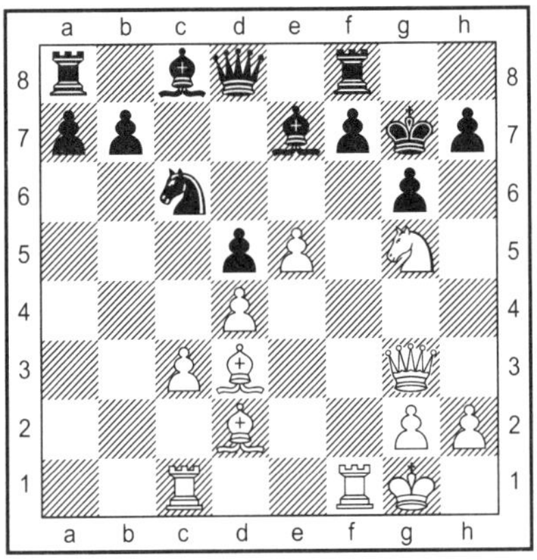

5. Rivera (Portoriko) – Fischer (USA) (Schach-Olympiade Warna 1962)
Schwarz, am Zuge, erspähte zwei Schwächen und holte sich eine weiße Figur.

6. Szczepaniec – Serwa (Polen 1962)
Weiß, am Zuge, beendete den Kampf auf höchst energische Weise.

7. Teschner – Zbikowski (Berlin 1963)
Weiß, am Zuge, muss mit dem Verteidigungszuge ♘d7–e5 rechnen. Wie erzielt er entscheidenden Kraftzuwachs?

8. Spassky (UdSSR) **– Darga** (BRD) (Schach-Olympiade Warna 1962)
Weiß, am Zuge, macht sich zunutze, dass Schwarz die Rochade unterlassen hat.

7 ☆

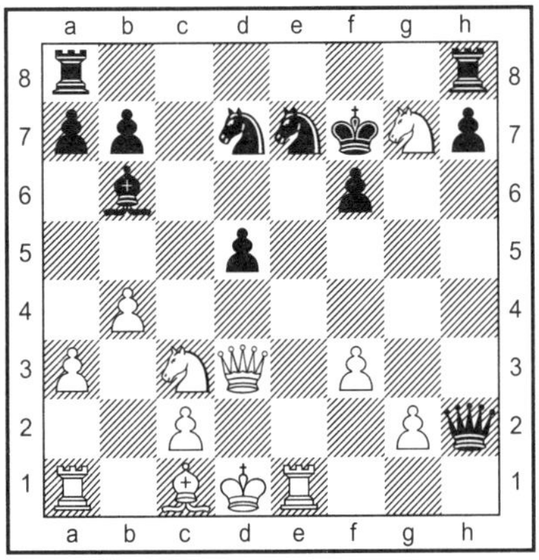

8 ☆

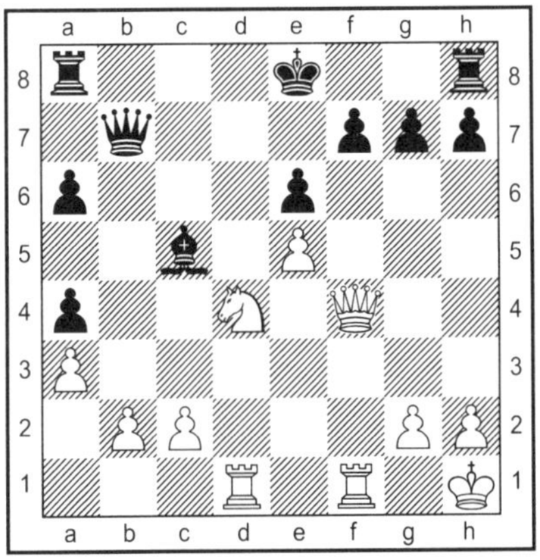

9 ★

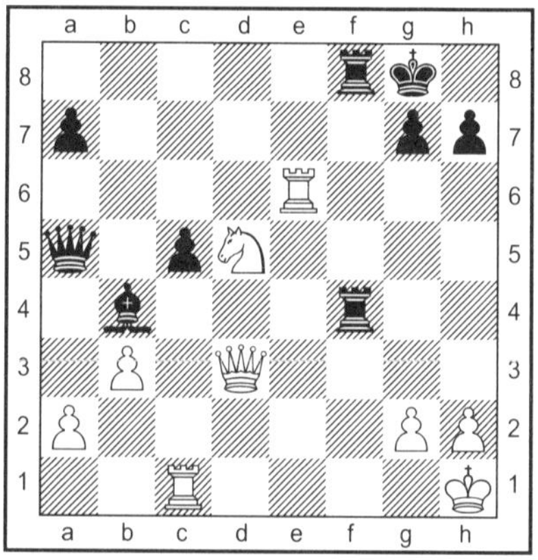

10 ☆

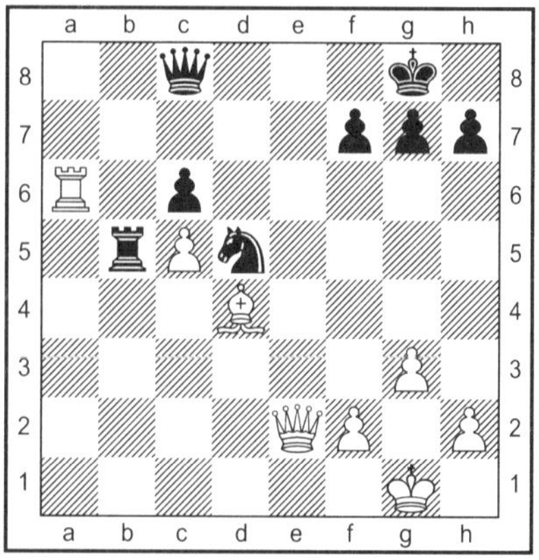

9. Vogt – Alexander (Berlin 1962)
Schwarz, am Zuge, nützte auf raffinierte Weise die Schwäche der Grundreihe aus.

10. Engelbert – Hofmann (Schleusingen 1961)
Weiß schockierte seinen Partner mit **1. ♕g4!** derart, dass er sofort aufgab (es droht Matt auf g7 und c8; die Dame ist wegen ♖a8+ tabu). Hätten Sie weitergespielt?

11. Wasjukov – Djurasevic (Belgrad 1961)
Weiß, am Zuge, brachte den Gegner in eine „Zwickmühle".

12. Kristinsson – Benediktsson (Island 1961)
Schwarz, am Zuge, rettet seinen Springer und damit die Partie.

11 ☆

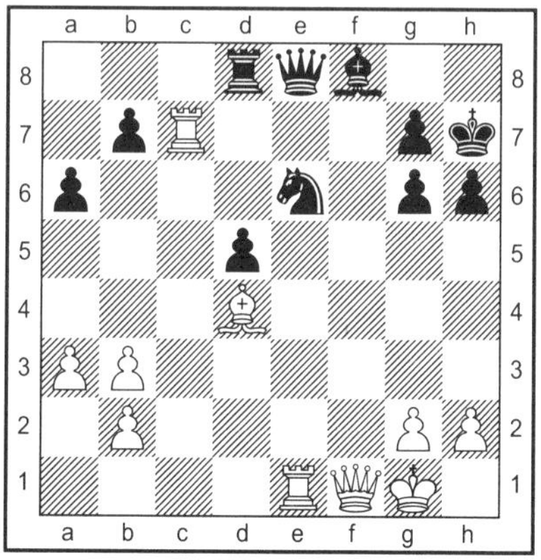

12 ★

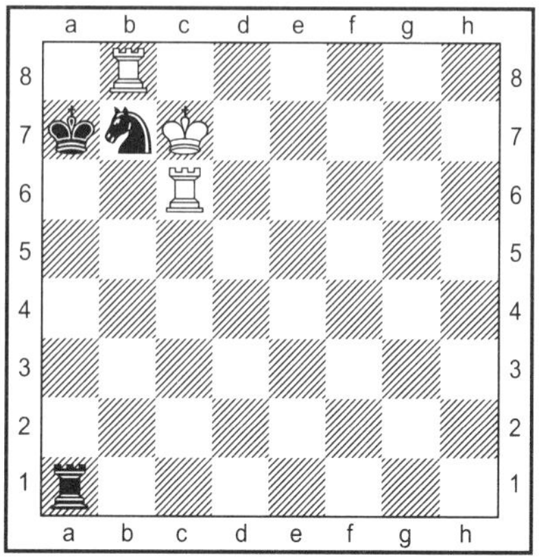

13 ☆

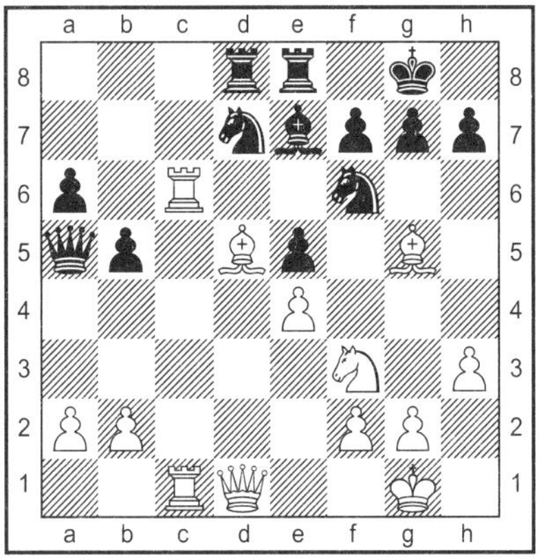

14 ☆

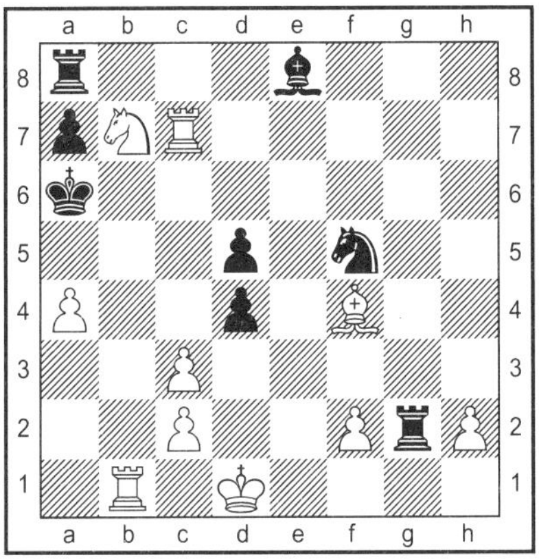

13. Tal – Unzicker (Stockholm 1961)
Weiß, am Zuge, entschied elegant die Partie.

14. Ivkov – Portisch (Bled 1961)
Weiß, am Zuge, zwang den Gegner zur sofortigen Aufgabe.

15. Travnicek – Janata (Prag 1961)
Scheinbar ist Weiß verloren, weil Dame und Turm (a1) gleichzeitig bedroht sind. Aber nur scheinbar ... (Weiß am Zuge).

16. Morales – Dr. Lehmann (Schach-Olympiade Leipzig 1960)
Schwarz, am Zuge, verschaffte sich Zugang zum verbarrikadierten König.

15 ☆

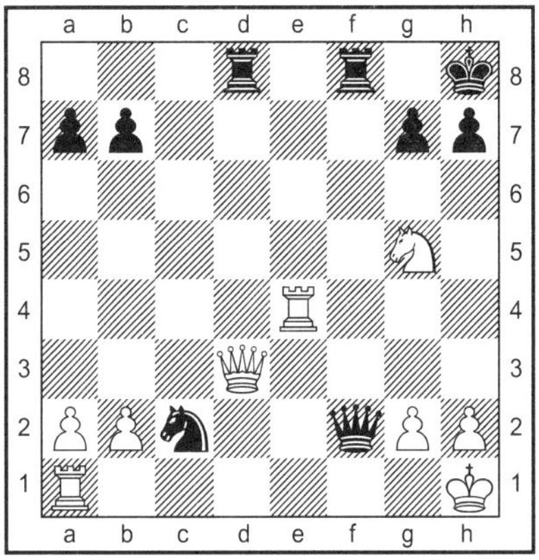

16 ★

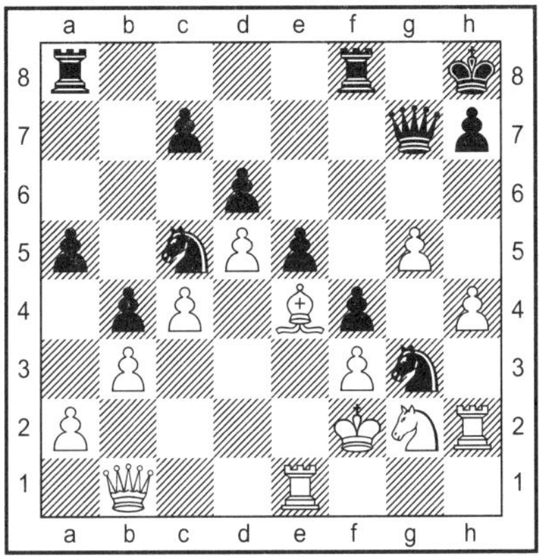

17 ☆

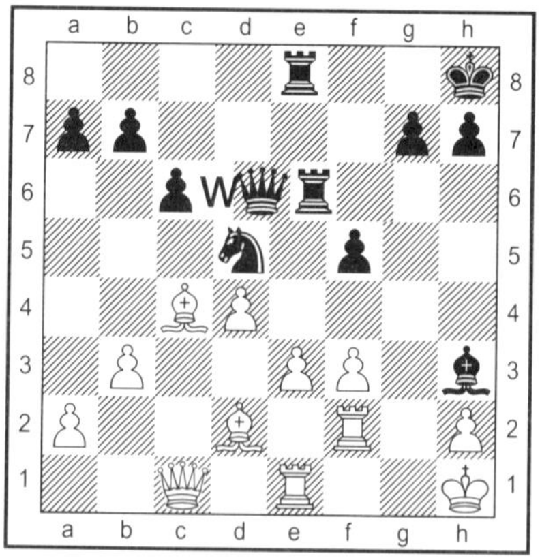

18 ★

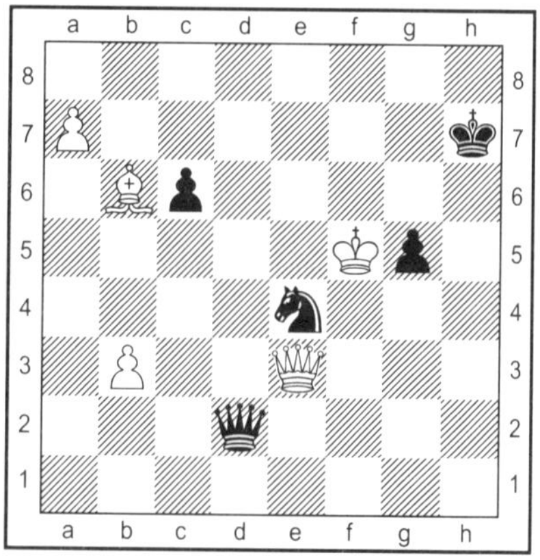

17. Kraus – Capelan (Solingen 1961)
Wie kam Weiß (am Zuge) zwangsläufig in Vorteil?

18. Trapl – Forintos (Europa-Meisterschaft Oberhausen 1961)
Schwarz spielte **1. ... ♕d5+** und verlor nach 2. ♔g4 ♔g6 3. ♔h3. Es gab einen besseren Zug.

19. Nowosibirsk – Saratov (Städtekampf 1960)
Schwarz, am Zuge, eroberte dank eines klugen Bauern eine Figur.

20. Unzicker – Botwinnik (Europa-Meisterschaft Oberhausen 1961)
Weiß, am Zuge, beendete mit seinem nächsten Zuge den Kampf.

19 ★

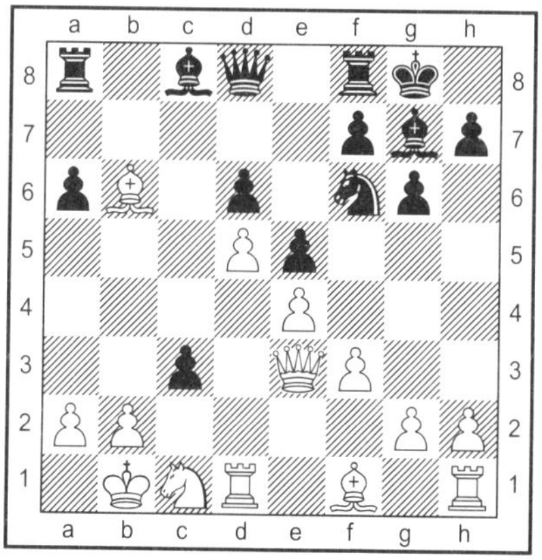

20 ☆

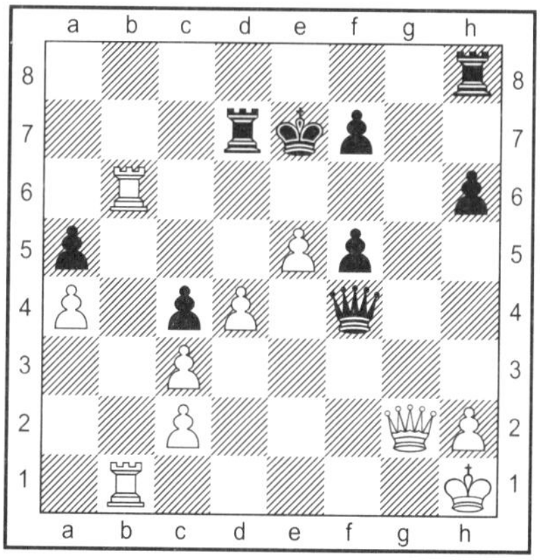

21 ☆

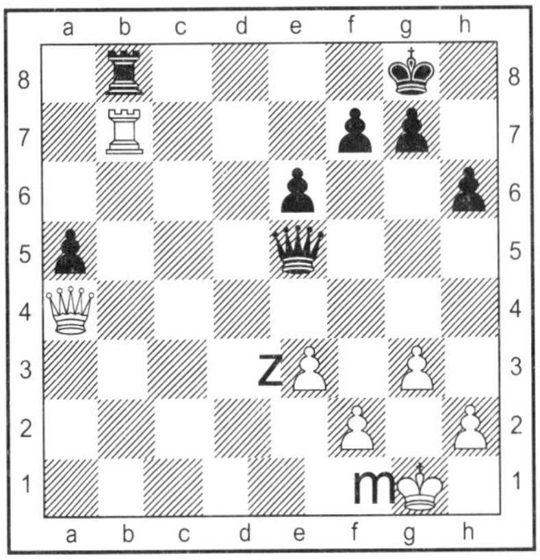

22 ☆

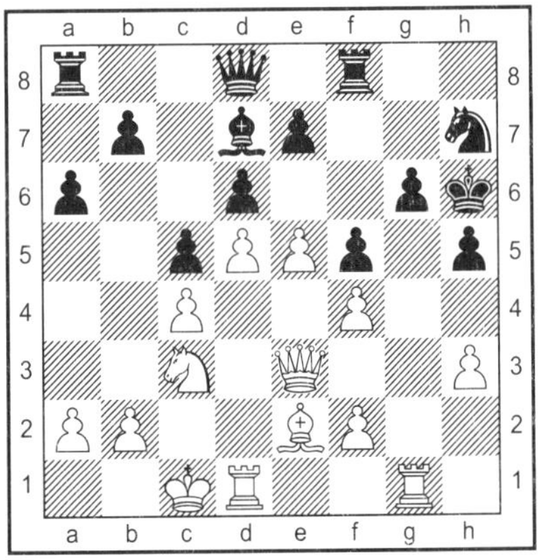

21. Schuster – Schurr (Stuttgart 1962)
Weiß am Zuge. Begnügte er sich mit dem Rückgewinn des Bauern 1. ♖b8:+ ♕b8: 2. ♕a5: ?

22. Olsson – Buskenström (Dalarna 1962)
Weiß, am Zuge, begann eine interessante Opferreihe.

23. Ardoino – Dekeyser (Fernwettkampf Italien – Belgien 1961/62)
Weiß, am Zuge, schloss den Umgehungsangriff problemartig ab.

24. Redeli – Barati (Budapest 1962)
Wie erzwang Schwarz (am Zuge) das Matt?

23 ☆

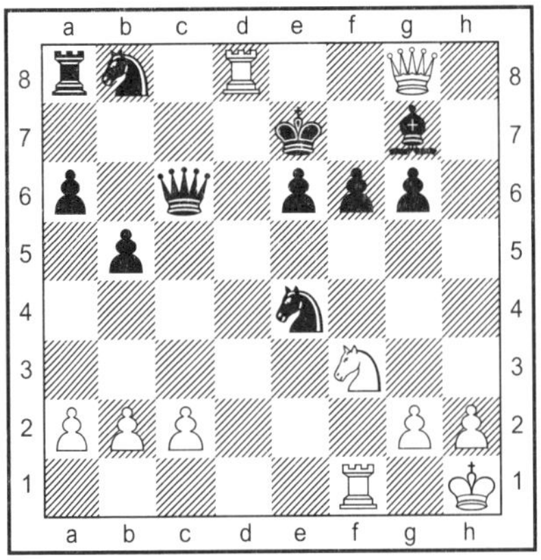

24 ★

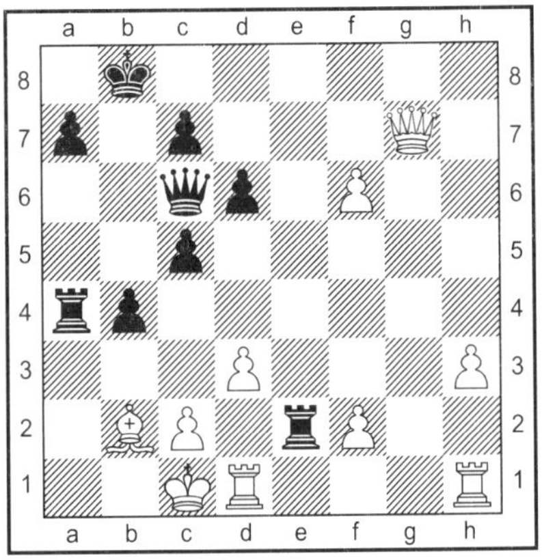

25 ☆

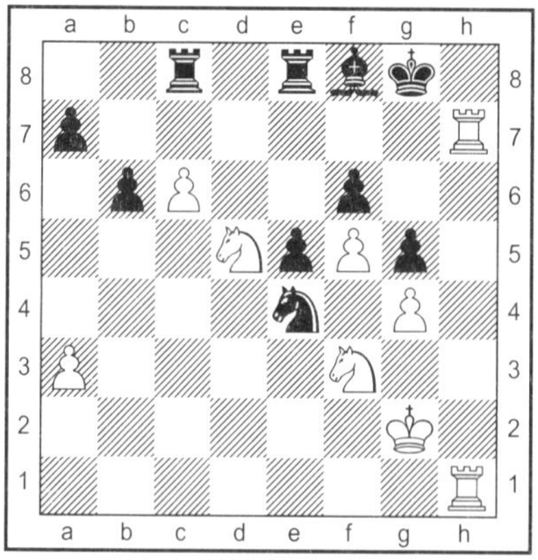

26 ☆

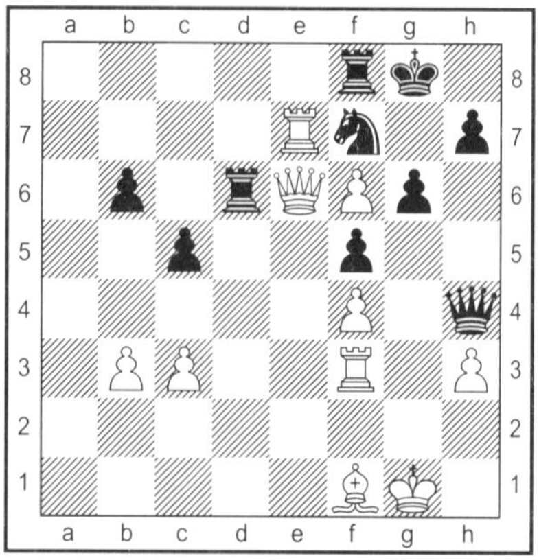

25. Neukirch – Uhlmann (Leipzig 1962)
Weiß erstürmte die Festung, indem er den wunden Punkt f6 knackte.

26. Hammacher – N. N. (Essen 1962)
Weiß am Zuge. Muss die Dame weichen?

27. Konczi – Golombek (Schach-Olympiade Warna 1962)
Weiß setzte seinen Gegner elegant matt.

28. Padevsky – Belkadi (Schach-Olympiade Warna 1962)
Schwarz (am Zuge) braucht nur noch die Schlinge zuzuziehen.

27 ☆

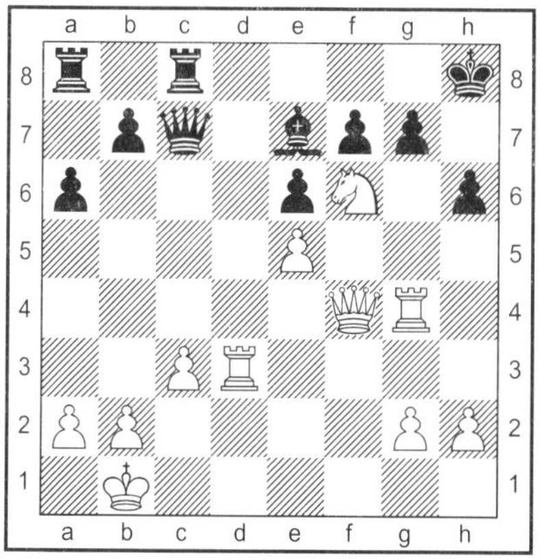

28 ★

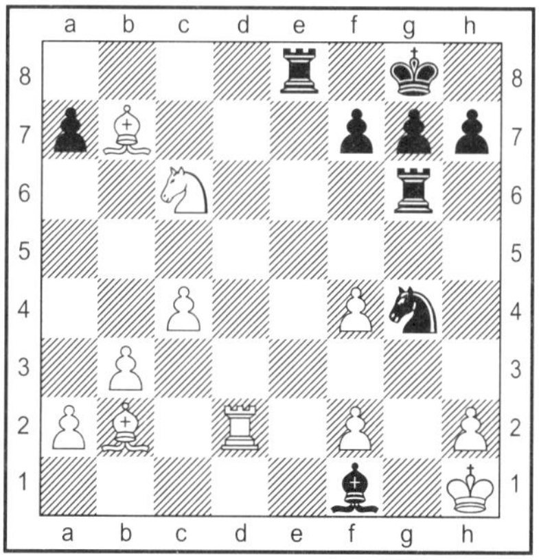

29 ☆
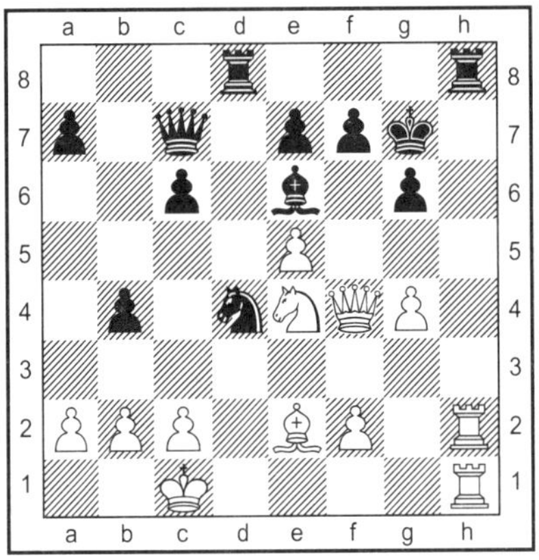

30 ☆
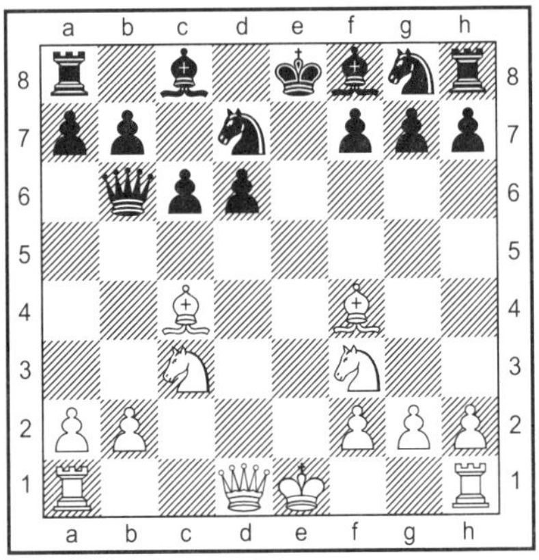

29. Wennerström – Malmdin (Örnsköldsvik 1962)
In einem Jugendturnier fand Weiß (am Zuge) einen köstlichen Schlusswitz.

30. Rubin – Mc Lennan (San Franzisko 1962)
Darf Weiß auf d6 nehmen, obwohl der ♙b2 einsteht?

31. Dückstein – Pachmann (Warna 1962)
Weiß am Zuge. Er suchte und fand den Weg, den König in der Mitte aufs Korn zu nehmen.

32. Friedmann – Paterson (Johannesburg 1962)
Weiß schwebt in tödlicher Gefahr. Kann er (am Zuge) sich retten?

31 ☆
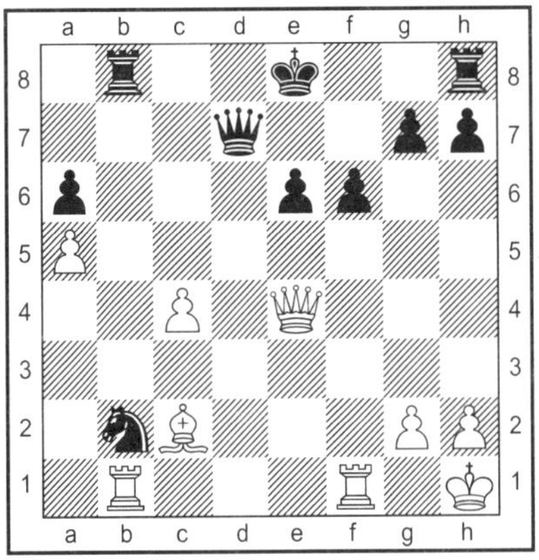

32 ☆
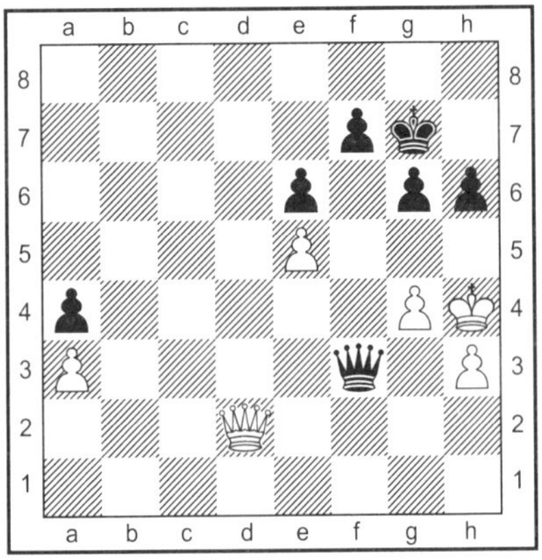

33 ★

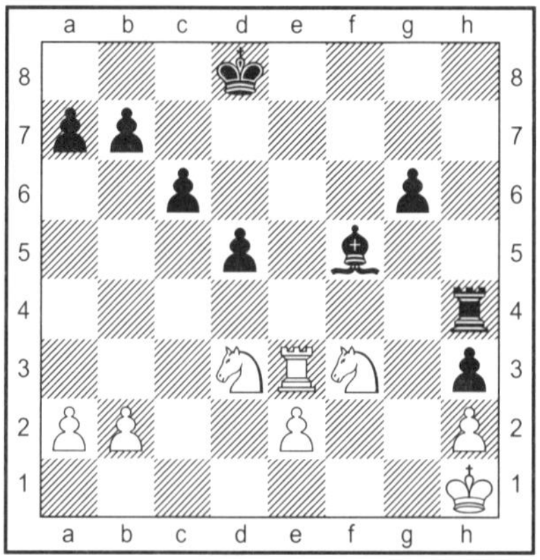

34 ☆

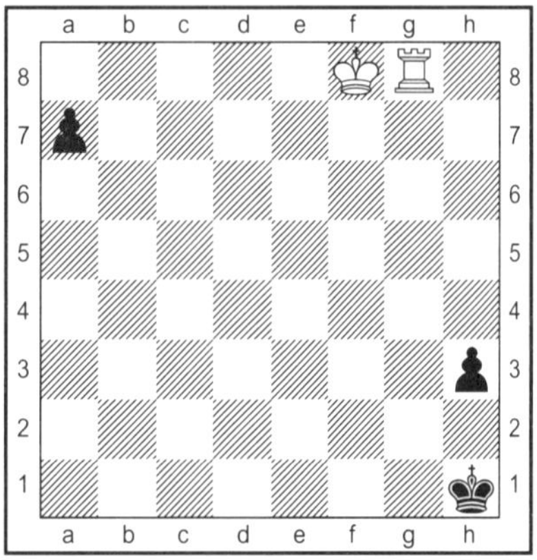

33. Dean – Wallis (Johannesburg 1962)
Schwarz am Zuge. Lohnt es sich, die Partie mit einer Figur weniger fortzusetzen?

34. Kamenika – Korne (Riga 1962)
Weiß am Zuge. Hat er Gewinnchancen?

35. Pilskalnieti – Berzinsch (Riga 1962)
Schwarz zog **1. ... f4+**. War das nicht wegen 2. ♔e4 ein Fehler?

36. Baseler – Dr. Müller (Landau 1962)
Schwarz am Zuge. Muss er sich um die Drohung 1. ♖f8# kümmern?

35 ★

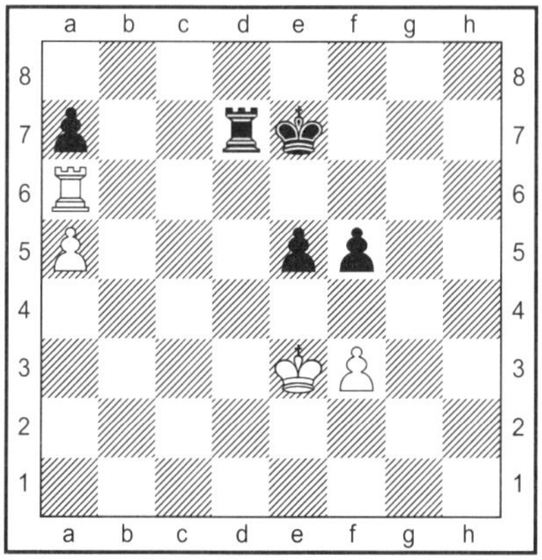

36 ★

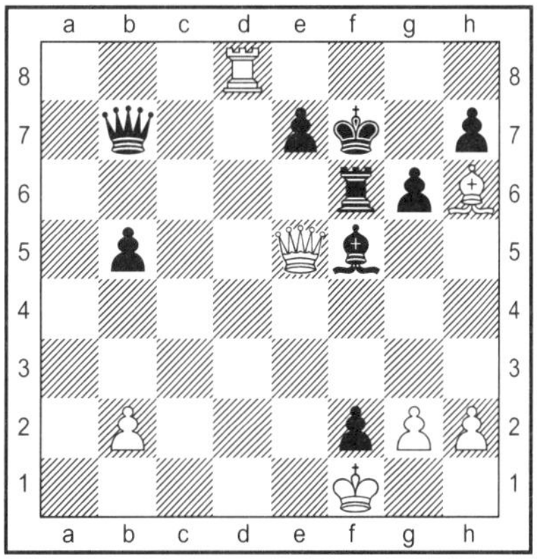

37 ★

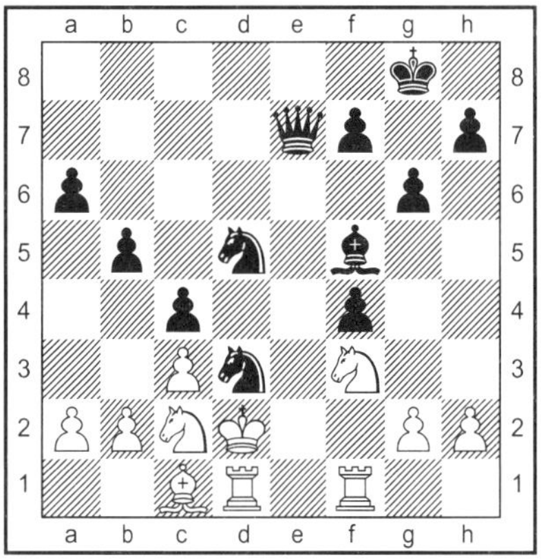

38 ★

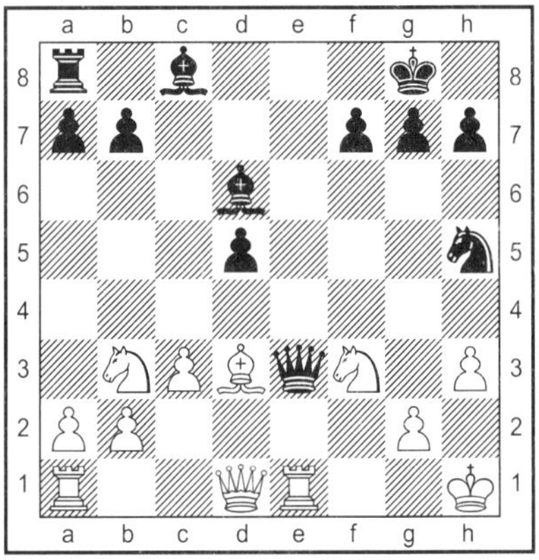

37. Rösch – Fiolka (Rosenberg 1962)
Schwarz am Zuge. Weiß geriet in die „Springerzange" und wurde im fünften Zuge mattgesetzt.

38. Boczar – Skladal (New York 1962)
Schwarz am Zuge. Er hat den weißen König in der Zwickmühle und erzwingt ein „ersticktes Matt".

39. Addison – Steinmeyer (New York 1963)
Weiß (am Zuge) gewann durch eine Fesselungskombination.

40. Russakov – Kalinkin (RSFSR 1963)
Weiß zieht und erzwingt das Matt, weil die zusammengedrängten schwarzen Figuren sich kaum bewegen können.

39 ☆

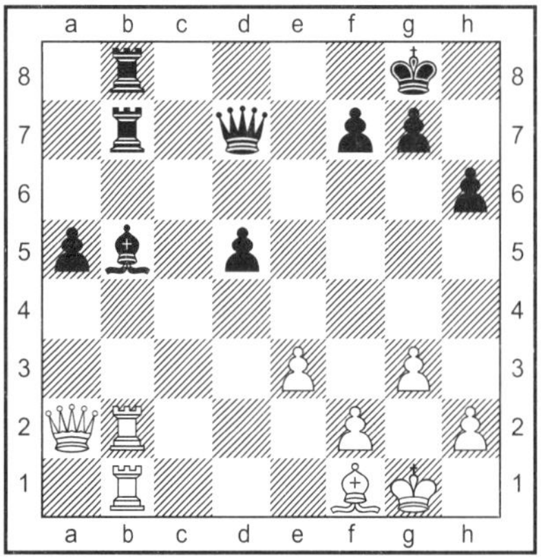

40 ☆

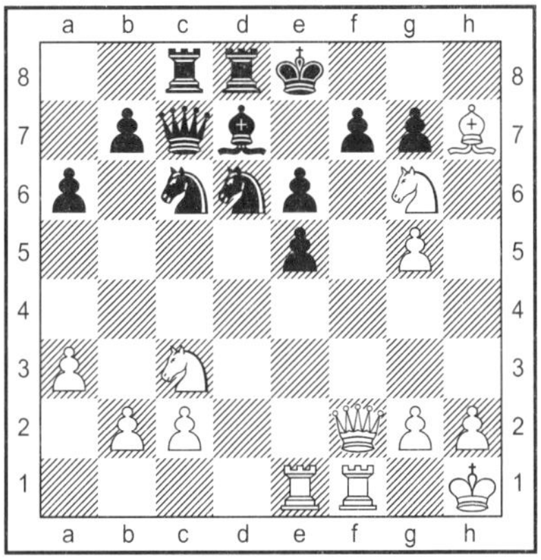

41 ☆

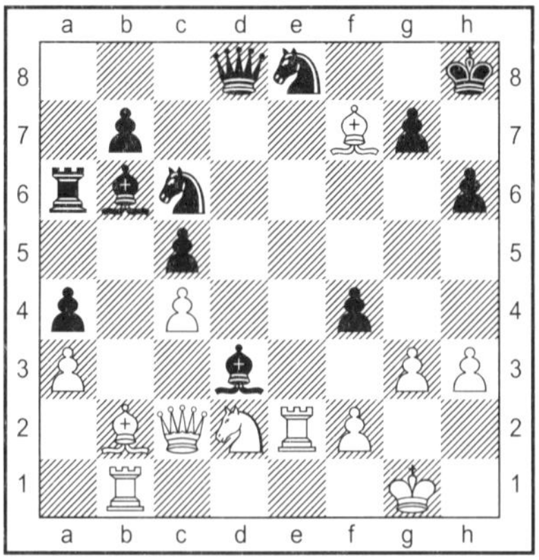

42 ☆

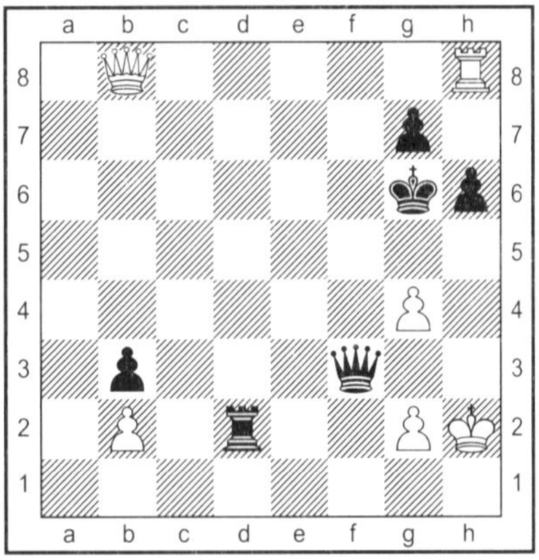

41. Johansson – Minev (Halle 1963)
Musste Weiß (am Zuge) 1. ♕d1 spielen, wie Schwarz glaubte?

42. Bronstein – Kortschnoi (Moskau – Leningrad 1962)
Weiß (am Zuge) ist zwar mit Matt bedroht, doch gibt ihm der exponierte schwarze König eine Handhabe zum Damengewinn.

43. Brüntrup – Baumbach (Berlin 1962)
Schwarz am Zuge. Er eroberte eine Figur.

44. O'Kelly – Rodrigues (Wilderness 1962)
Schwarz am Zuge. Hätten Sie ebenfalls mit **1. ... ♖g1+** ein Remis durch ewiges Schach herbeigeführt?

43 ★

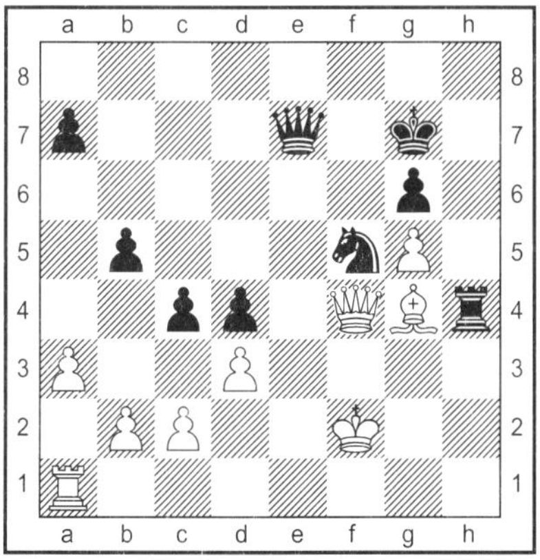

44 ★

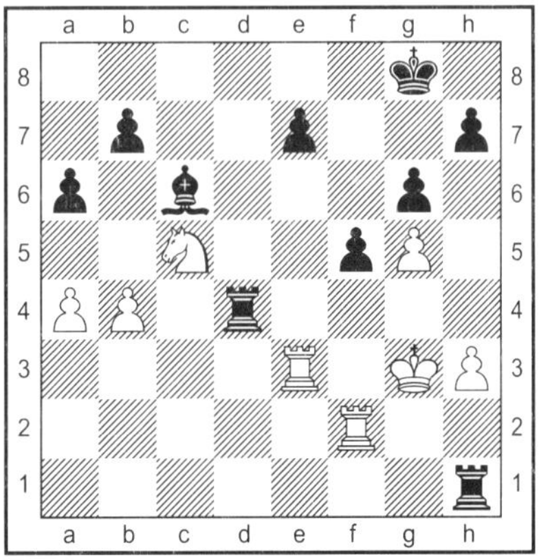

45 ☆

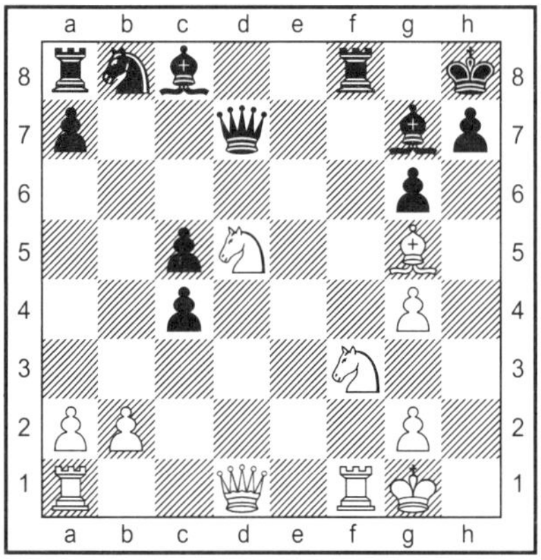

46 ★

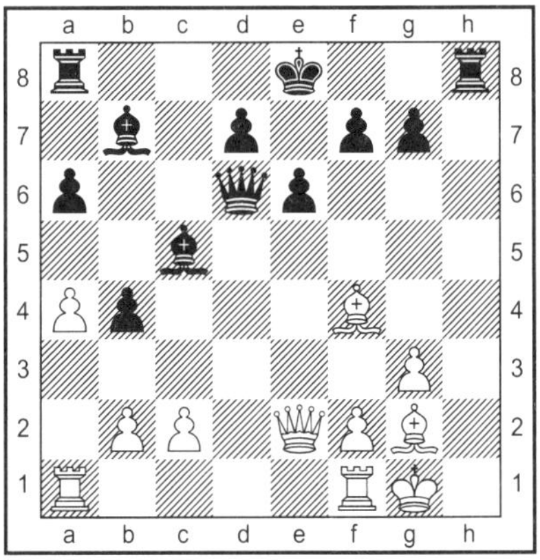

45. Sacharov (UdSSR) – **Nemet** (Jugoslawien) (Länderkampf Rijeka 1963)
Weiß, am Zuge, führte den Schlussangriff äußerst ideenreich.

46. Gutop – Roschall (Moskau 1963)
Für Schwarz (am Zuge) bot sich ein elementares Matt zur gefälligen Benutzung an.

47. Schischov – Cairncross (Fernländerkampf UdSSR – England 1961 /63)
Wie nutzte Weiß (am Zuge) die Abseitsstellung des ♖h7 aus?

48. Ciocaltea – Pietzsch (Bad Liebenstein 1963)
Weiß (am Zuge) glaubte angesichts der Damenaustauschdrohung und einer geopferten Figur, Remis anbieten zu müssen (♕d8+, ♕f6+). Er konnte gewinnen!

47 ☆

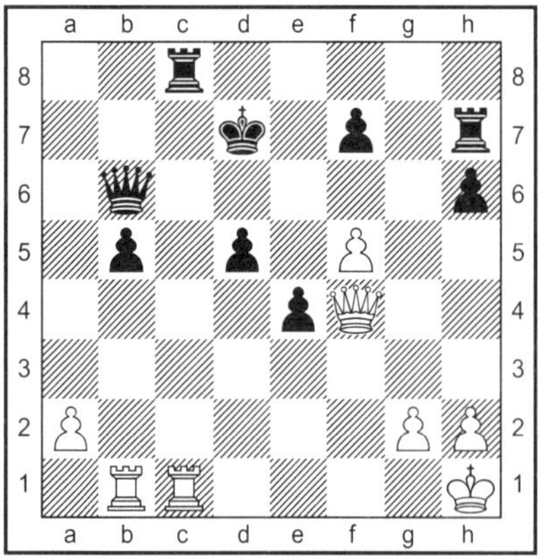

48 ☆

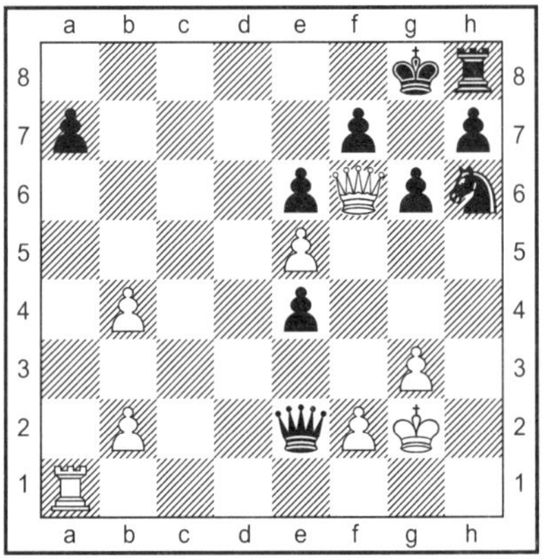

49 ★

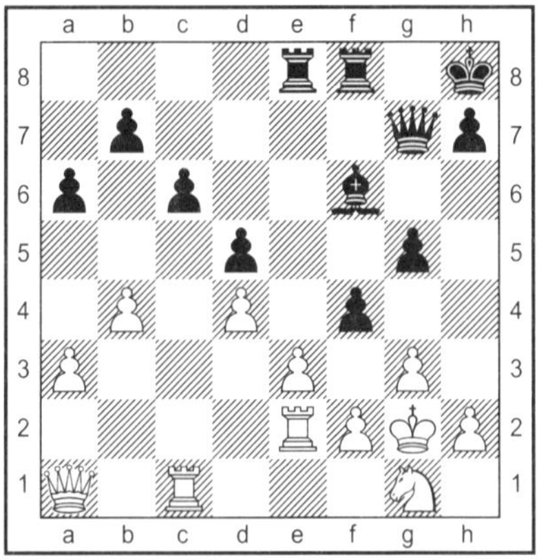

50 ☆

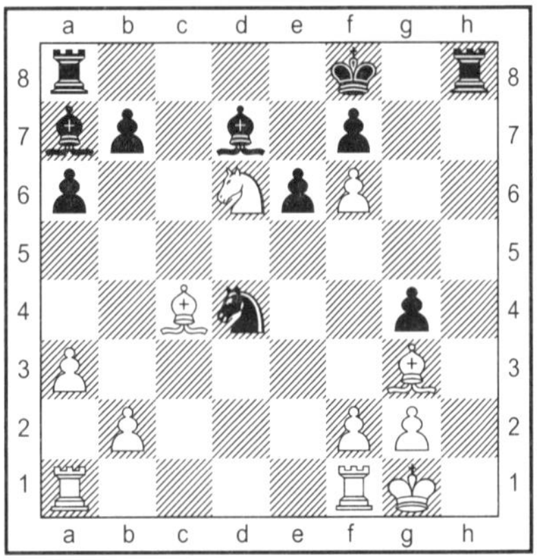

49. Langeweg – Honfi (Reggio-Emilia 1962/63)
Schwarz (am Zuge) eroberte Material.

50. Honfi – Tatai (Reggio-Emilia 1962/63)
Weiß ließ sich zu **1. ♘b7:?** verleiten, anstatt sich um Sicherung des umdrohten Königs zu bemühen. Was folgte?

51. Bojkovic – Sacharov (Jugend-WM Vrnjacka Banja 1963)
Weiß (am Zuge) brachte auf hübsche, wenn auch typische Weise seine Springer zur Geltung.

52. Lee – Sacharov (Jugend-WM Vrnjacka Banja 1963)
Weiß musste 1. ♖e7: ♖c3: berechnen. Zu welchem Ergebnis kam er?

51 ☆

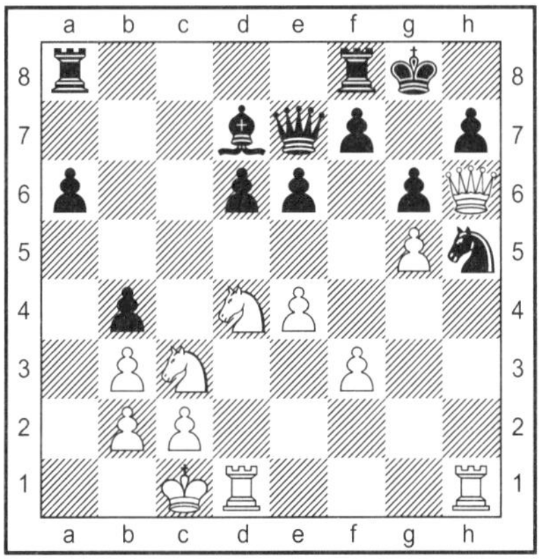

52 ☆

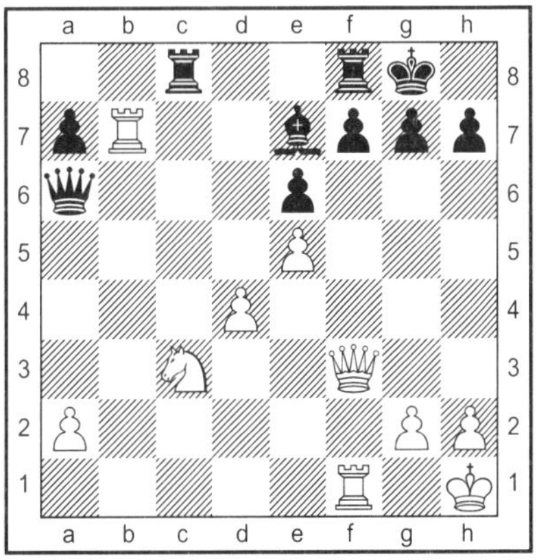

53 ★

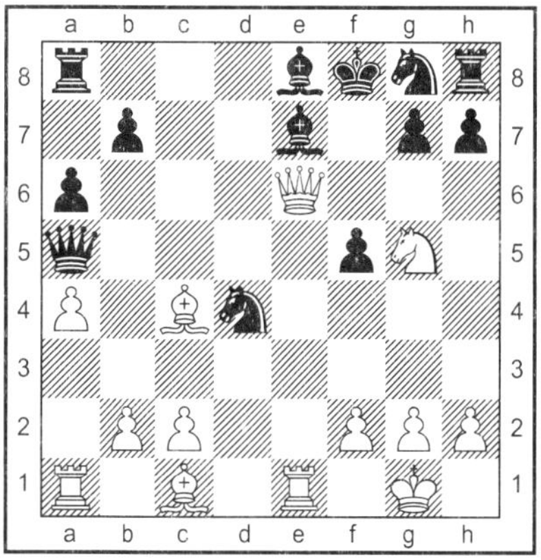

54 ☆

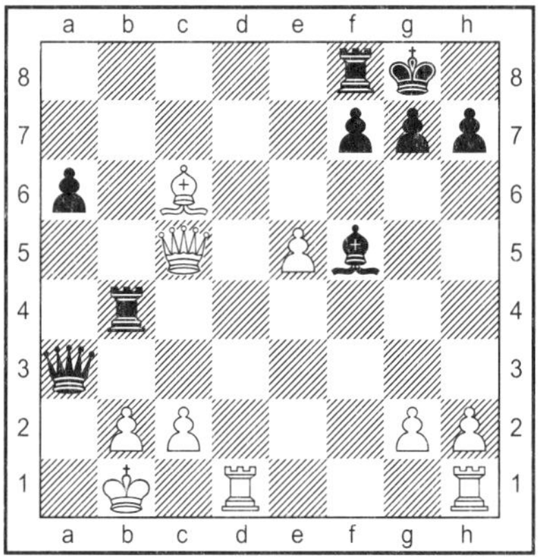

53. Ofstad – Uhlmann (Zonenturnier Halle 1963)
Schwarz wollte nicht 1. ... ♘e6: 2. ♘e6:+ mit Remis spielen. Darf **1. ... ♗g5:** geschehen?

54. Westerinen – Loikkanen (Finnische Meisterschaft 1963)
Weiß am Zuge; die Mattdrohung gegen b2 ist fatal; trotzdem gibt es einen Ausweg.

55. Dely – Brzozka (Miskolc 1963)
Weiß (am Zuge) ließ eine prächtige Kombination vom Stapel, die sieben Züge weit berechnet werden musste.

56. Kleczynski – Czerniak (Tel Aviv 1963)
Schwarz (am Zuge) bewies, dass die Gefahr für den König schwerer wog als die Schwäche eines Bauern (f4).

55 ☆

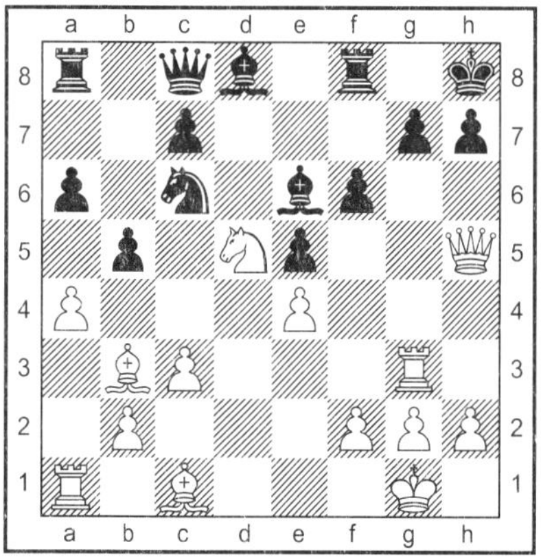

56 ★

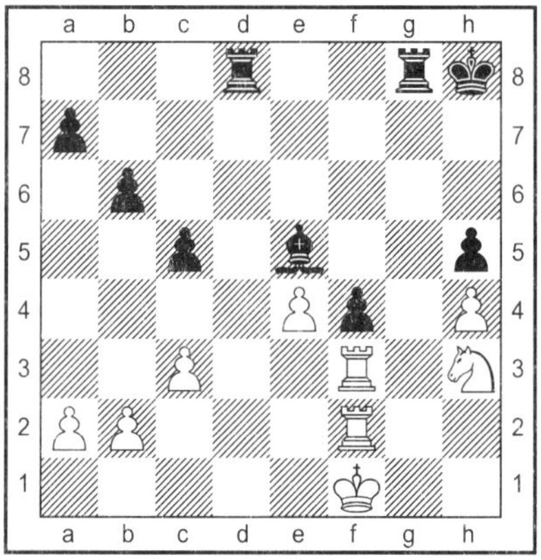

57 ★
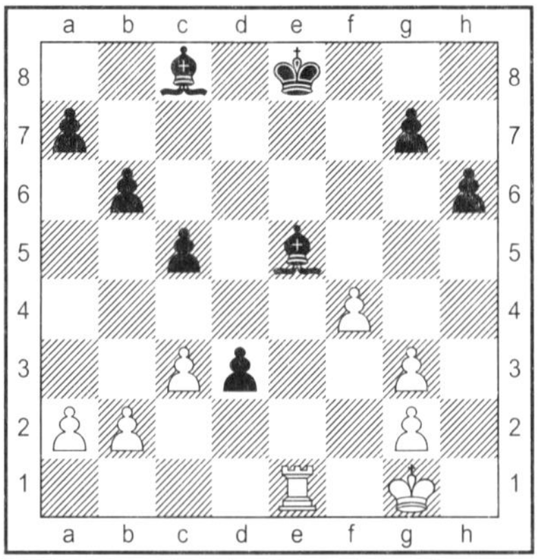

58 ☆
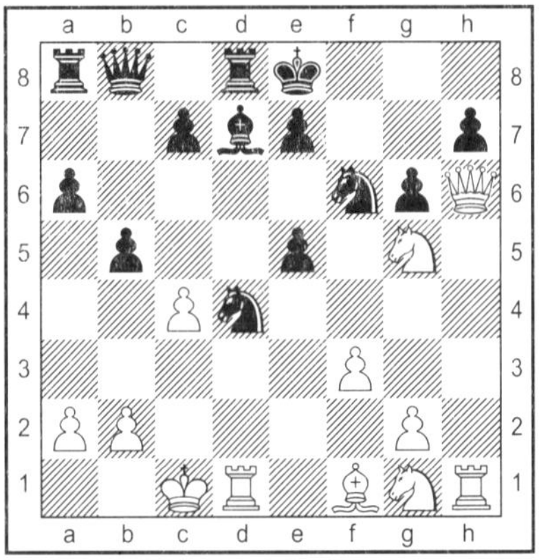

57. Czerniak – Sacharovsky (Tel Aviv 1963)
Scheinbar ist Schwarz (am Zuge) verloren. Nach Einbuße des unhaltbaren Läufers steht er materiell ungünstig da. Aber er gewann die Partie!

58: O'Kelly – Ramirez (Malaga 1963)
Weiß beendete die Partie mit einem „ulkigen" Zuge.

59. Parma – Ramirez (Malaga 1963)
Weiß (am Zuge) zertrümmerte auf hübsche Weise die feindliche Königsburg.

60. Darga – Dückstein (Clare-Benedict-Cup, Luzern 1963)
Ist Weiß in Nöten? Seinen Läufer scheint er nicht halten zu können ...

59 ☆
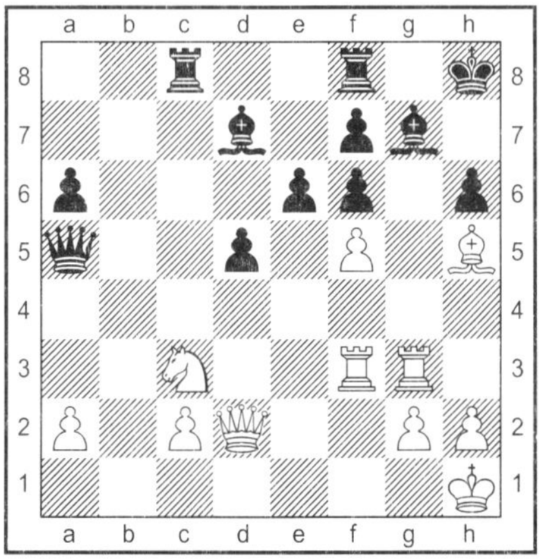

60 ☆
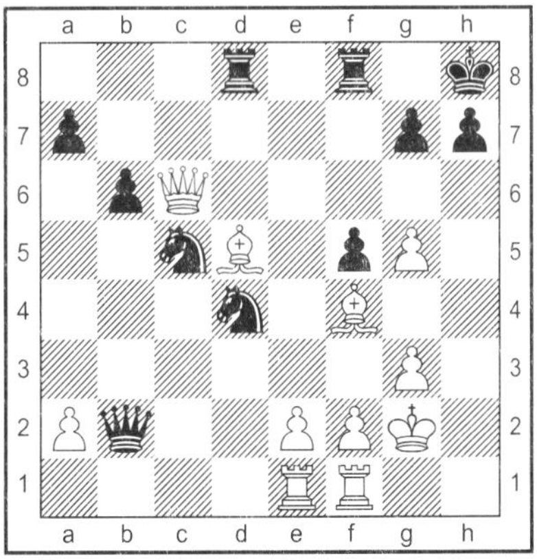

61 ★

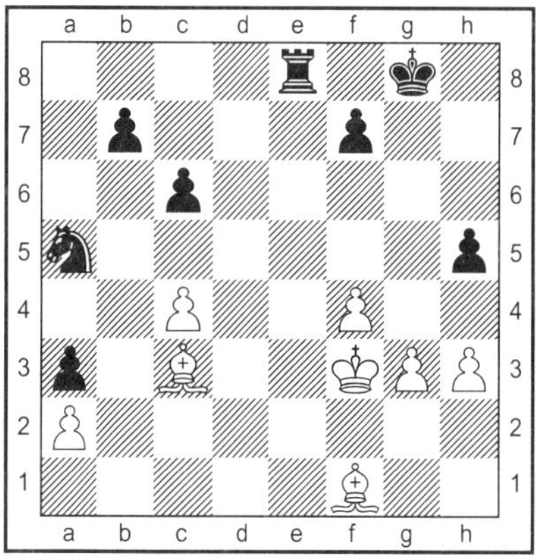

62 ☆

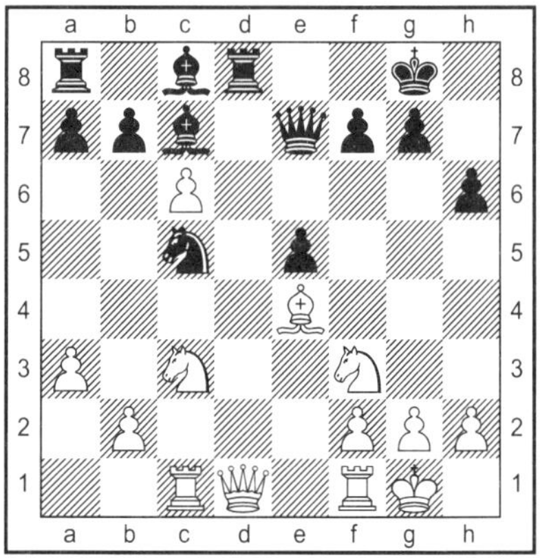

61. de Greiff – Darga (Havanna 1963)
Schwarz am Zuge. Er ergriff eine winzige Chance – und gewann.

62. Kortschnoi – Robatsch (Havanna 1963)
Weiß, am Zuge, wartete mit einer glänzenden Zugreihe auf, die im Endeffekt einen Bauern einbrachte.

63. Teschner – Gereben (Reggio-Emilia 1963/64)
Weiß, durch Mattdrohung auf b2 bedrängt, kann kräftig kontern.

64. Fischer – Benkö (New York 1963/64)
Weiß bemerkte, dass Schwarz den Befreiungszug f7–f5 vorbereitete. Was war dagegen zu tun?

63 ☆

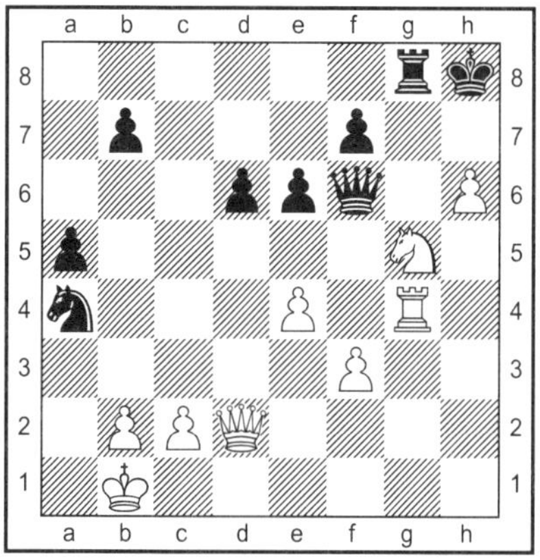

64 ☆

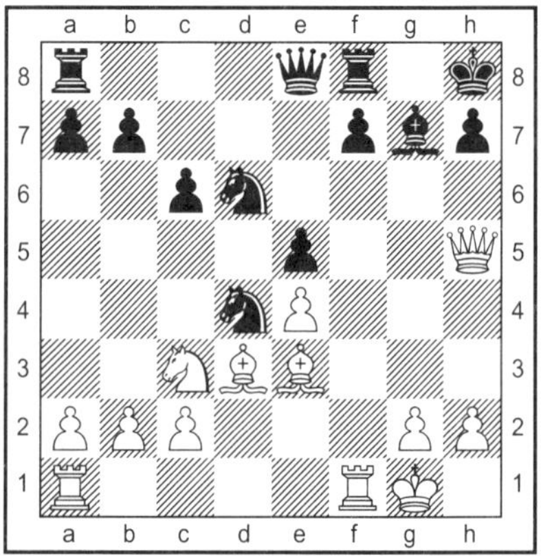

65 ☆

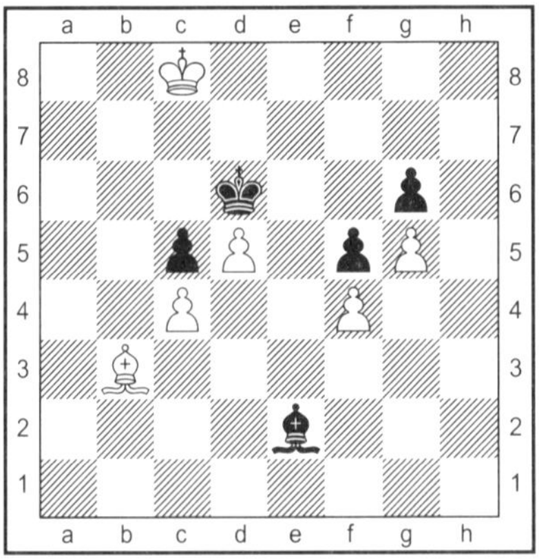

66 ★

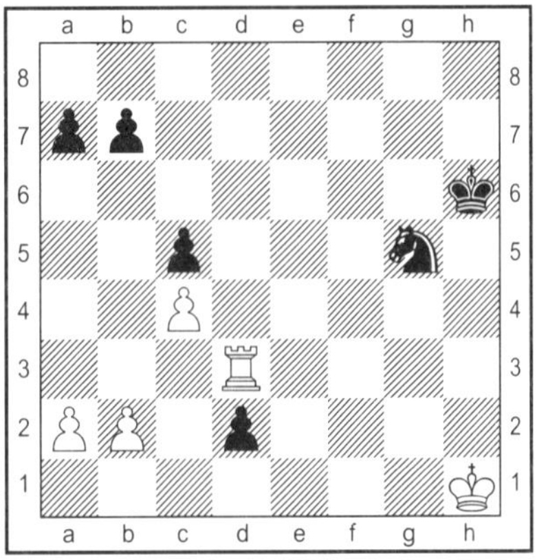

65. Darga – Spassky (Interzonenturnier Amsterdam 1964)
Weiß plante, den ♙g6 mit dem König anzugreifen. Ist 1. ♔d8 gut?

66. Sternberg – Pawelczak (Berlin 1964)
Schwarz zog – und Weiß gab auf.

67. Gligoric – Hort (Moskau 1964)
Hätte Weiß, am Zuge, nichts „Direktes“, wäre er übel dran. Aber er hat.

68. A. Andersen – J. Johansson (Malmö 1964)
Weiß am Zuge. Wie geht der Angriff weiter?

67 ☆

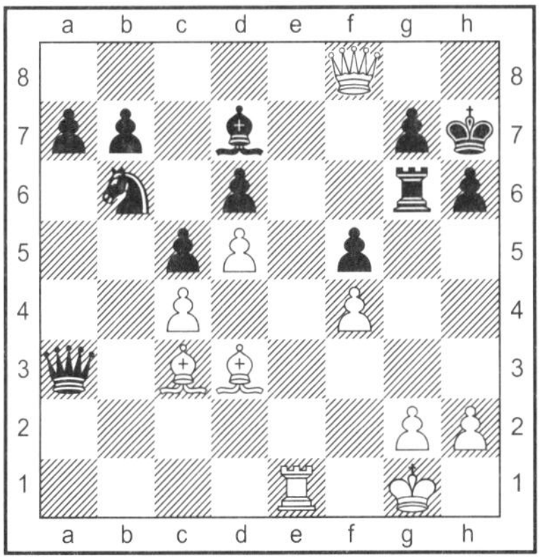

68 ☆

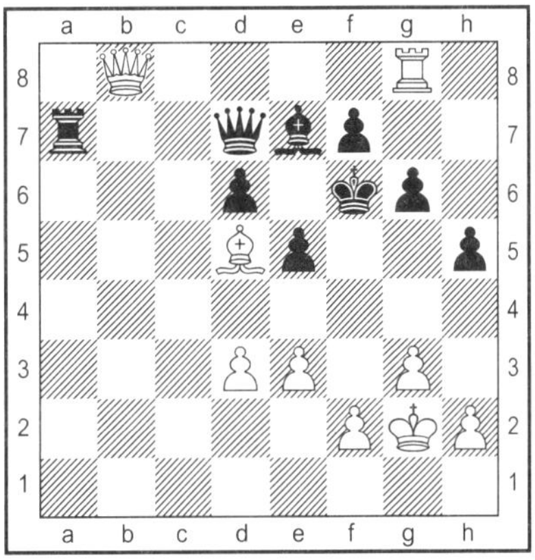

69 ☆

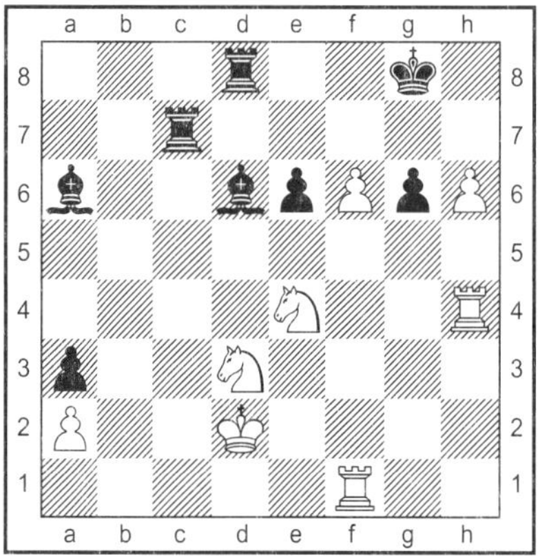

70 ☆

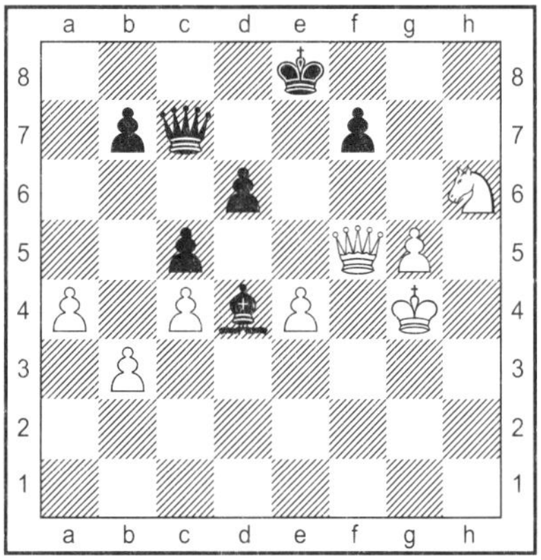

69 Kadrev – Wasjukov (Moskau 1964)
Weiß am Zuge. Zwar droht Schwarz 1. ... ♗b4+ oder 1. ... ♗d3:, doch Weiß kommt ihm zuvor.

70. Kortschnoi – Gligoric (Länderkampf Rijeka 1963)
Weiß, am Zuge, brach den Widerstand unmittelbar.

71. Stambuk – Unzicker (München 1963)
Wie zog Schwarz (am Zuge) die Mattschlinge zu?

72. Szabo – Langeweg (Zonenturnier Kecskemet 1964)
Weiß (am Zuge) nützte die unglückliche Lage der schwarzen Schwerfiguren auf witzige Weise aus.

71 ★

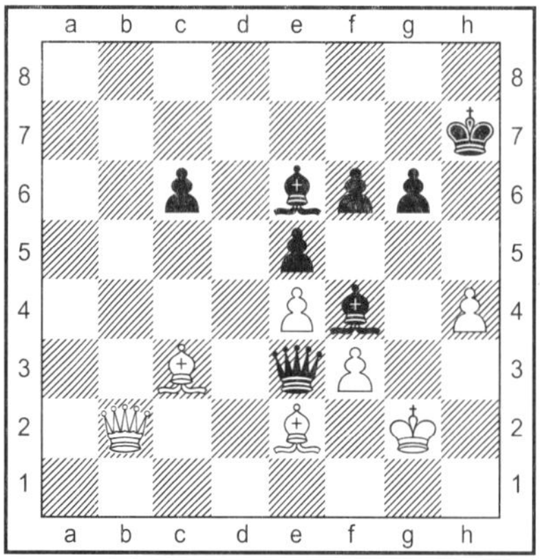

72 ☆

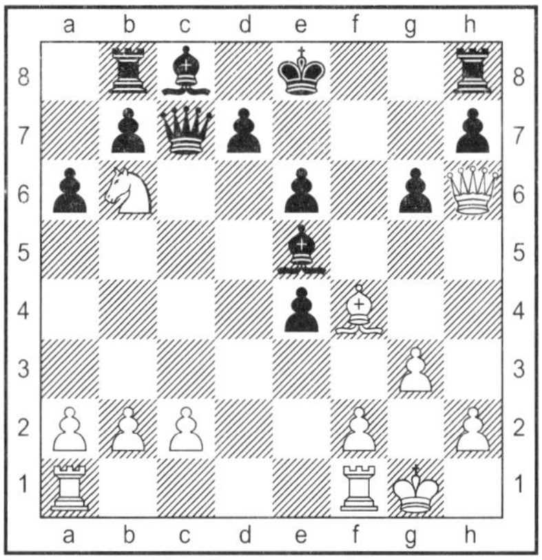

73 ☆

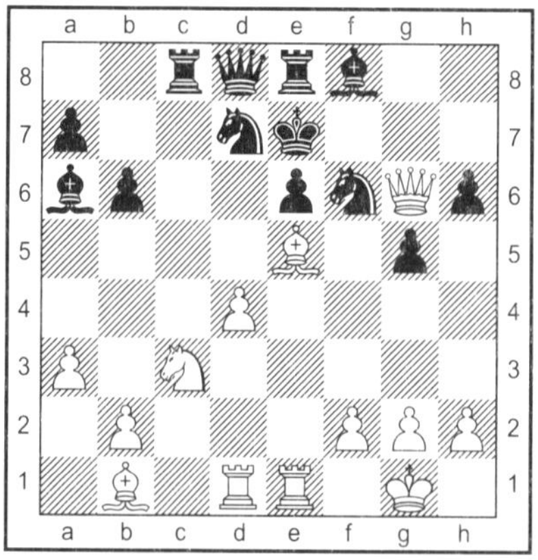

74 ☆

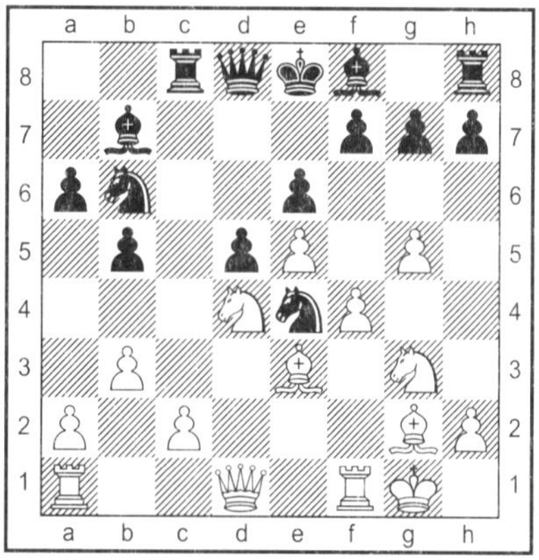

73. Donner – Dunkelblum (Beverwijk 1964)
Weiß hatte einen Springer geopfert, um den König auf einen ungeeigneten Platz zu befördern. Er machte nun kurzen Prozess.

74. Nej – v. d. Berg (Beverwijk 1964)
Weiß eroberte einen Bauern und schwächte das feindliche Lager entscheidend.

75. Bielicki – Evans (Havanna 1964)
Weiß, am Zuge, fand eine ausgezeichnete Verwendung für seine Türme. Schwarz verlor, weil zwei seiner Figuren weit abseits stehen.

76. Tal – Matanovic (Moskau 1963)
Weiß am Zuge. Käme er zu der Blockade ♘b7–d6, könnte Schwarz aufatmen; doch Weiß kam ihm zuvor.

75 ☆

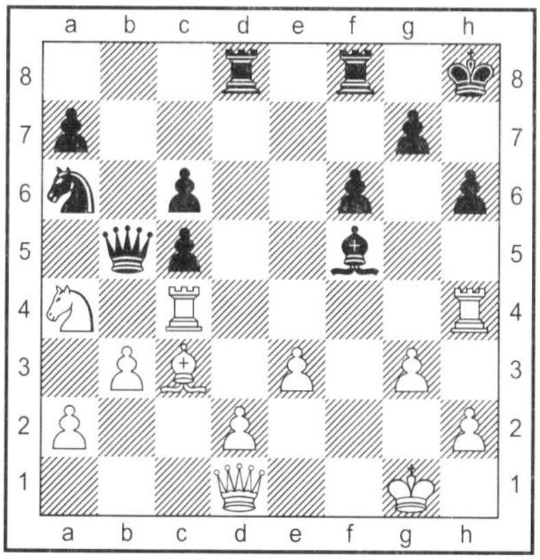

76 ☆

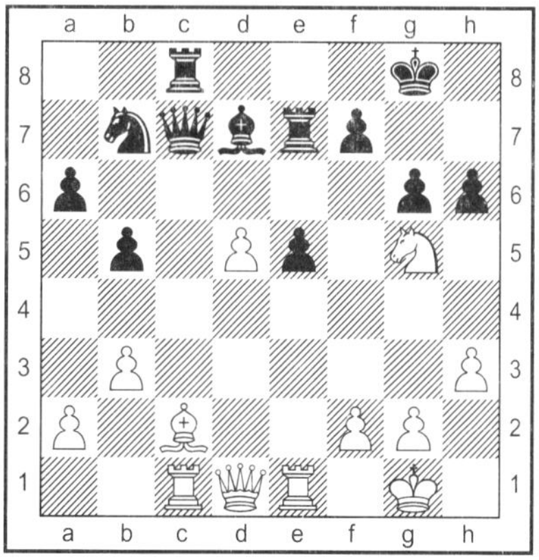

77 ★

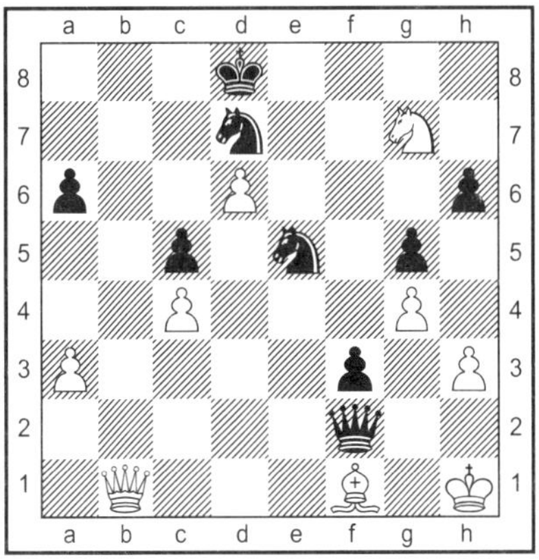

78 ★

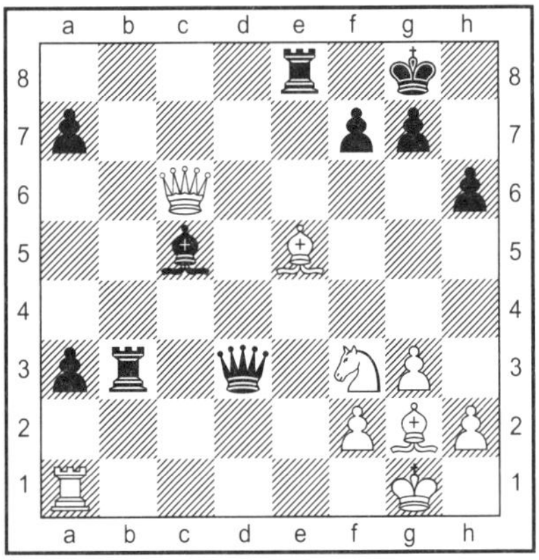

77. Portisch – Smyslov (Interzonenturnier Amsterdam 1964)
Schwarz, am Zuge, zwingt den Gegner mit einer typischen Wendung zur Aufgabe.

78. Vranesic – Larsen (Interzonenturnier Amsterdam 1964)
Schwarz, am Zuge, packt kräftig zu.

79. Reshevsky – Weinstein (New York 1963/64)
Weiß zog **1. h3**. Warum war das ein Fehler?

80. Mnazakanjan – Hellman (Studentenolympiade Krakau 1964)
Weiß am Zuge. Er durchbrach die Barriere.

79 ☆

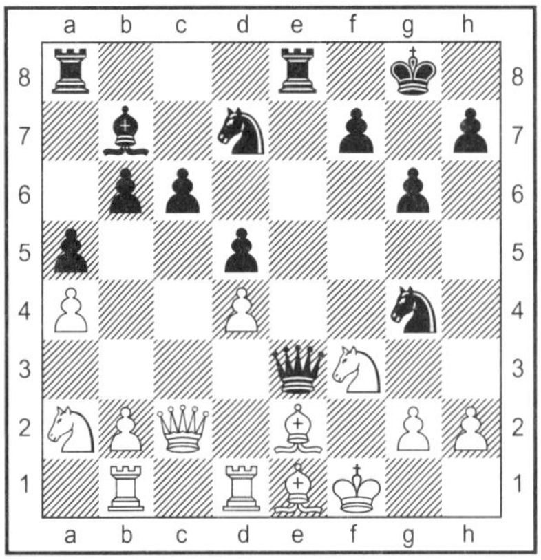

80 ☆

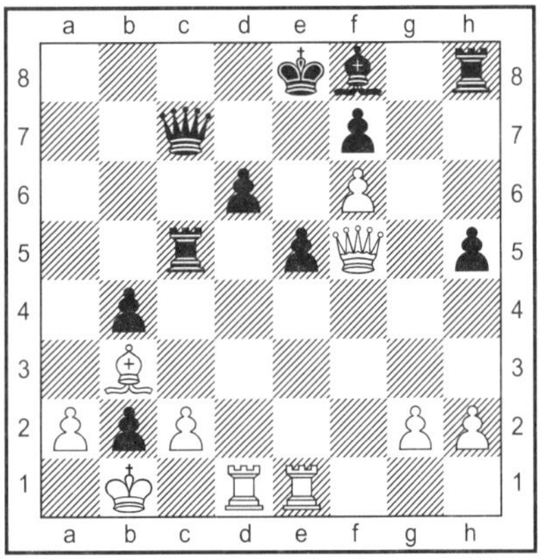

81 ☆

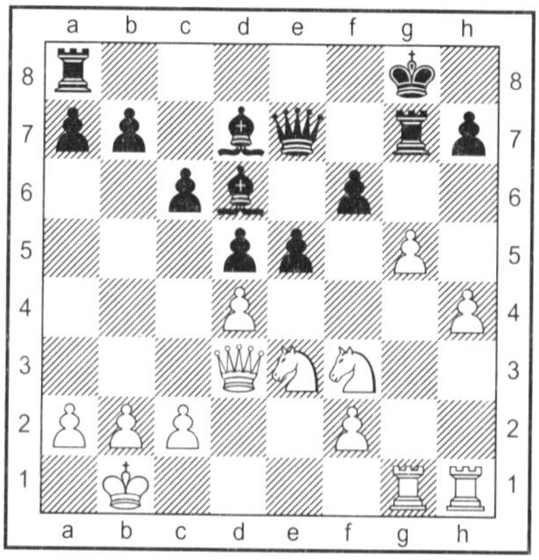

82 ☆

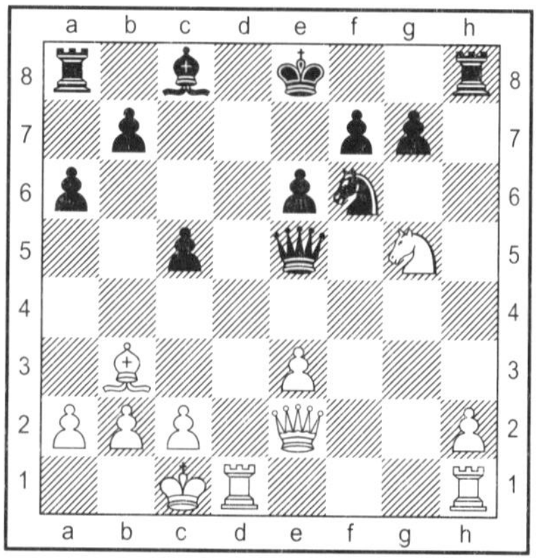

81. Teschner – Hecht (Berlin 1964)
Weiß, am Zuge, kam trotz der Gabeldrohung materiell in Vorteil.

82. Tal – Benkö (Interzonenturnier Amsterdam 1964)
Weiß dachte an die Springergabel und zog die richtige Schlussfolgerung.

83. Pfleger – Domnitz (Schach-Olympiade Tel Aviv 1964)
Weiß wollte sich nicht mit dem Figurengewinn 1. ♖f8: ♖f8: 2. ♘d7+ begnügen. Wie spielte er?

84. Aloni – Botwinnik (Schach-Olympiade Tel Aviv 1964)
Schwarz am Zuge. Führt 1. ... ♖g3:+ nur zum Remis?

83 ☆

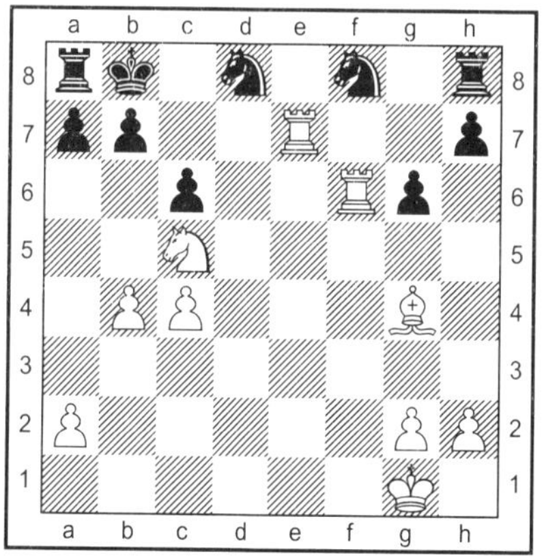

84 ★

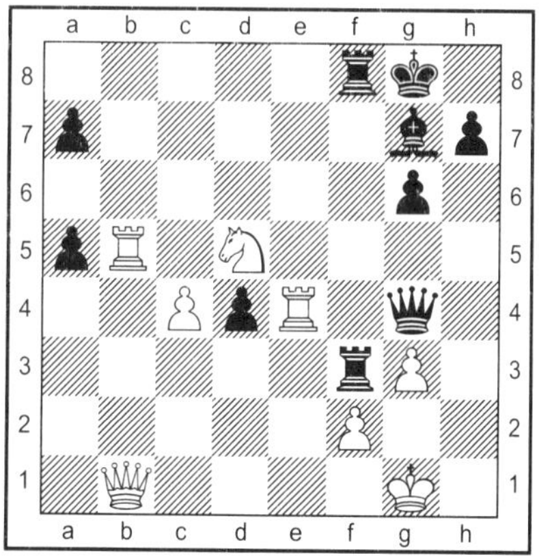

85 ☆

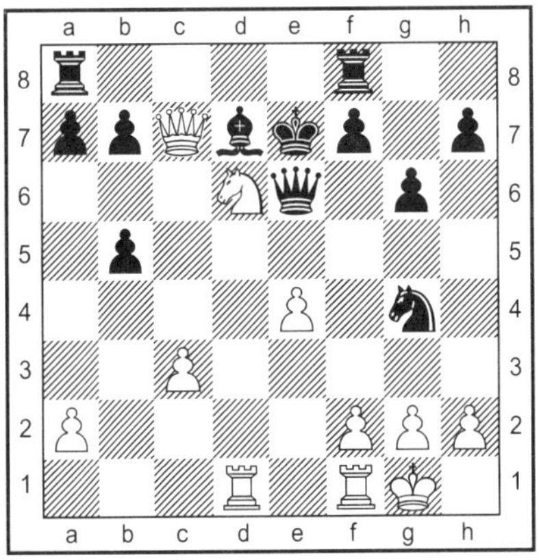

86 ☆

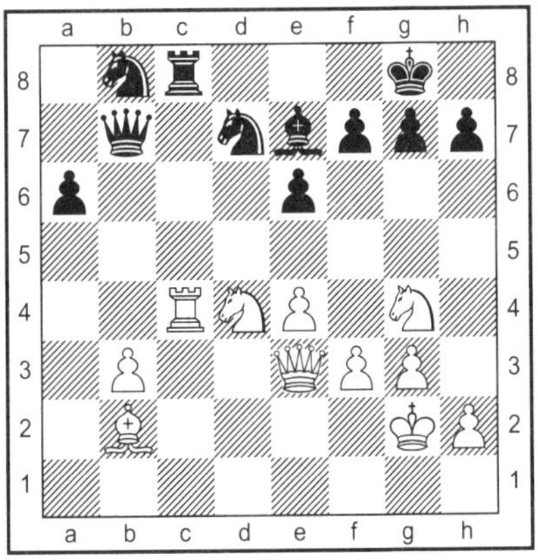

85. Fischer – Celle (Davis College, Kalifornien 1964)
Weiß öffnete sich die benötigten Linien und beendete effektvoll das Spiel.

86. Larsen – Matanovic (Zagreb 1965)
Weiß benützte den letzten schwarzen Zug (♖e8–c8?) für eine „petite combinaison“.

87. Ujtumen – Sawon (Studenten-Olympiade Krakau 1964)
Weiß am Zuge. Die Fortsetzung liegt zwar auf der Hand, eine hübsche Pointe musste er jedoch vorhersehen.

88. Liersch – Plesse (Deutsche Jugendmeisterschaft Köln 1964)
Schwarz zog **1. ... ♗d7?** Wie nutzte Weiß die mit diesem Zuge verbundene Behinderung aus?

87 ☆

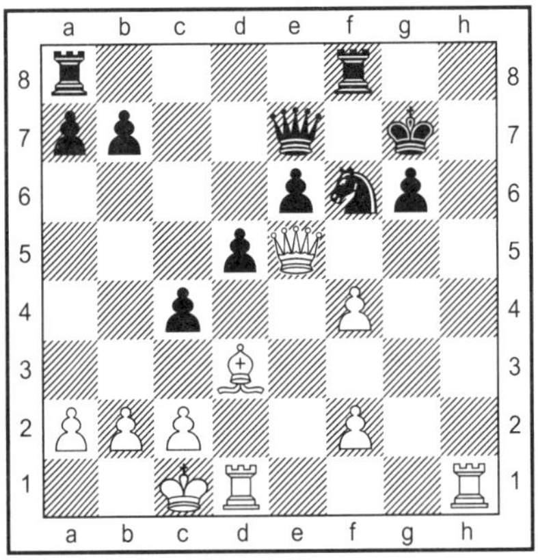

88 ★

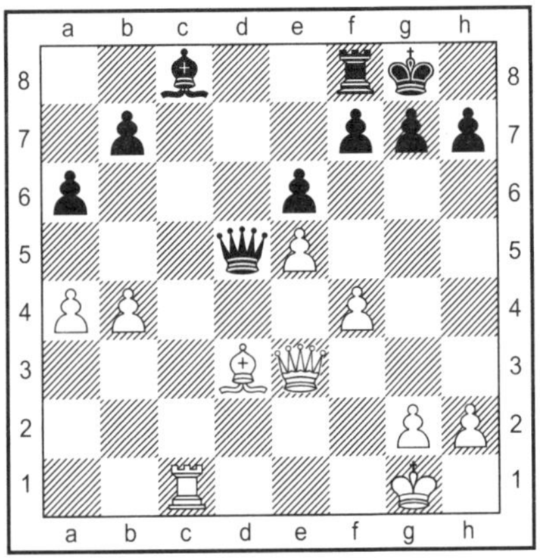

89 ☆

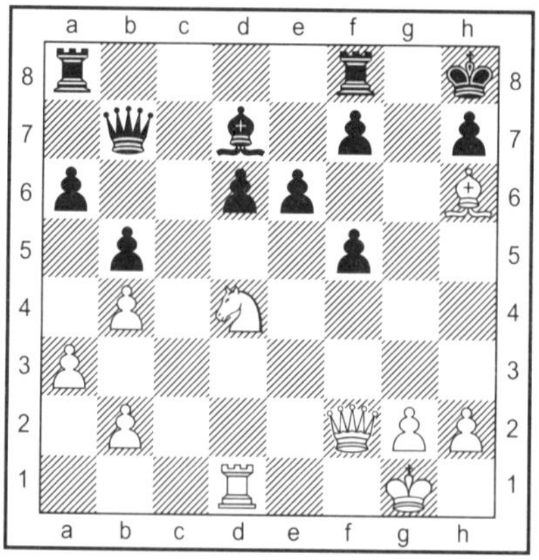

90 ★

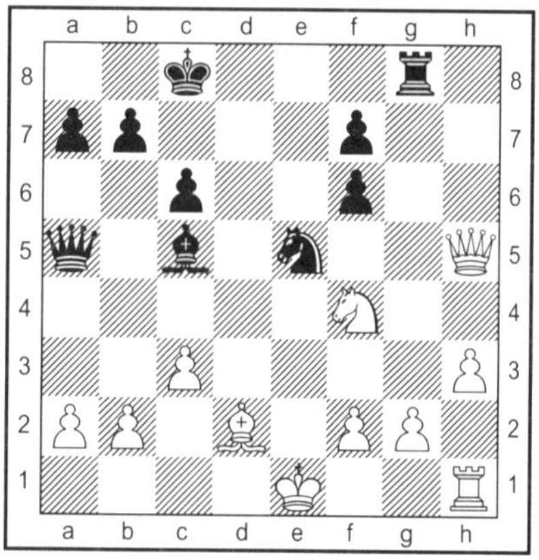

89. Nonnenmacher – Schneider (Dt. Meisterschaft, Vorrunde, Ingolstadt 1964)
Dem Weißen (am Zuge) schwebte nicht der Rückgewinn der Qualität, sondern ein Mattangriff vor.

90. Garcia – Smyslov (Havanna 1964)
Schwarz (am Zuge) nützte sehr geschickt die unsichere weiße Königsstellung aus.

91. Bilek – Szilagyi (Budapest 1964)
Weiß (am Zuge) triumphierte auf der h-Linie.

92. Lengyel – Pogats (Budapest 1964)
Weiß profitierte vom Engpass, in dem sich die schwarze Dame befand.

91 ☆

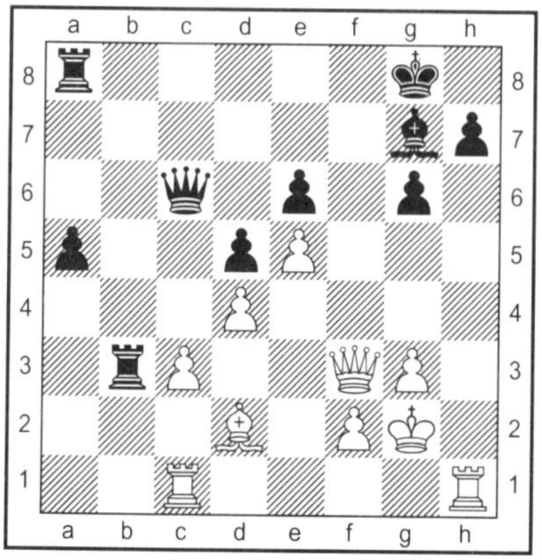

92 ☆

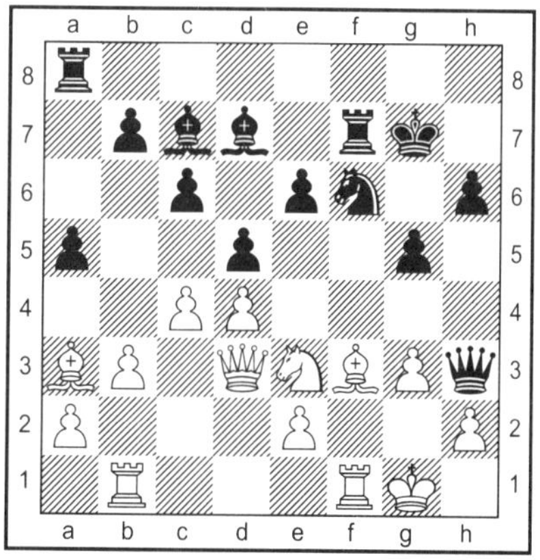

93 ★

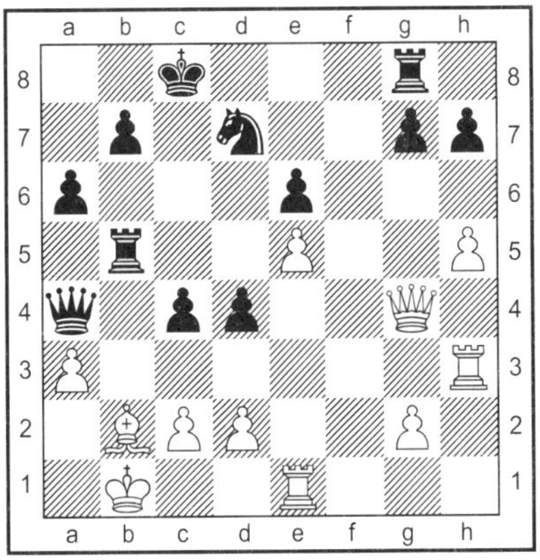

94 ☆

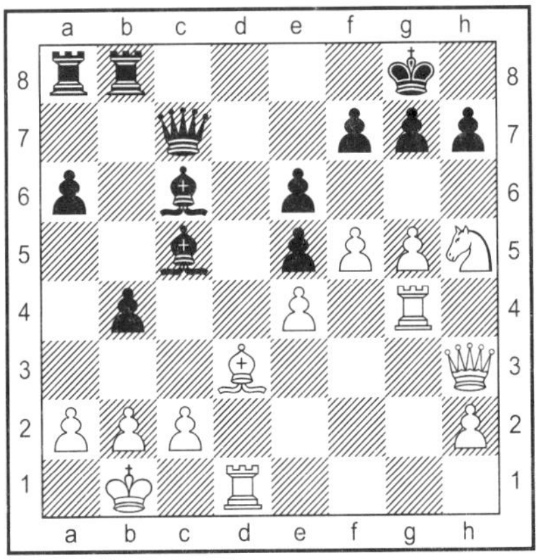

93. Santa Cruz – Uhlmann (Havanna 1964)
Wieder einmal bildet das Vis-a-vis der Damen das Hauptmotiv.
Schwarz am Zuge.

94. Mazzoni – Minaya (Schach-Olympiade Tel Aviv 1964)
Weiß entschied auf einprägsame Weise den Kampf.

95. Cevallos – Möhring (Schach-Olympiade Tel Aviv 1964)
Schwarz nahm die Gelegenheit wahr, den König des Feindes einzukerkern.

96. Uhlmann – Yanofsky (Schach-Olmpiade Tel Aviv 1964)
Schwarz, am Zuge, scheint gefährdet. Ihm fehlt ein Bauer. Doch er eroberte die Qualität und gewann.

95 ★

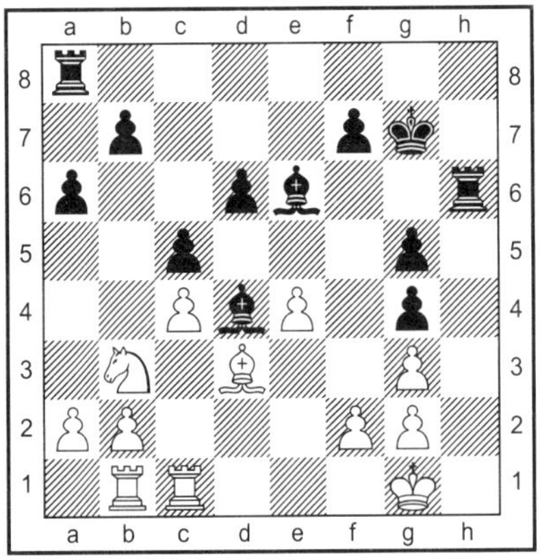

96 ★

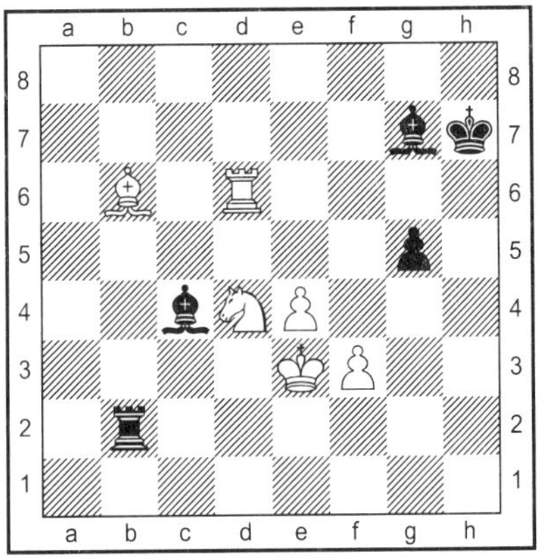

97 ☆

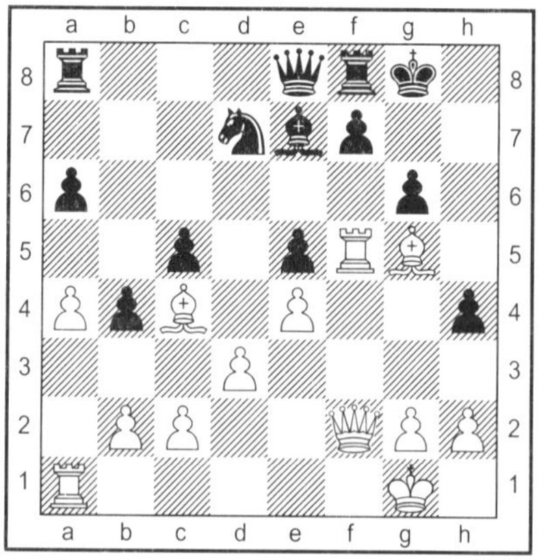

98 ☆

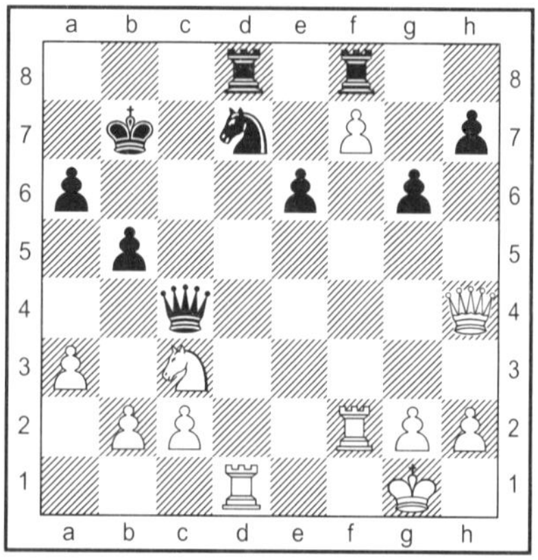

97. Keres – Mardle (Hastings 1964/65)
Weiß, am Zuge, nützte seine Überlegenheit schlagkräftig aus.

98. Lutikov – Tal (Kiev 1964/65)
Wie verwertete Weiß seinen Freibauern?

99. Kraidman – Bouwmeester (Schach-Olympiade Tel Aviv 1964)
Weiß hat den Se5 festgenagelt und steht gewaltig. Er brachte nun den Gnadenstoß an.

100. Madan – Dr. Gragger (Schach-Olympiade Tel Aviv 1964)
Schwarz, obwohl einen Turm ärmer, erzwang das Matt.

99 ☆

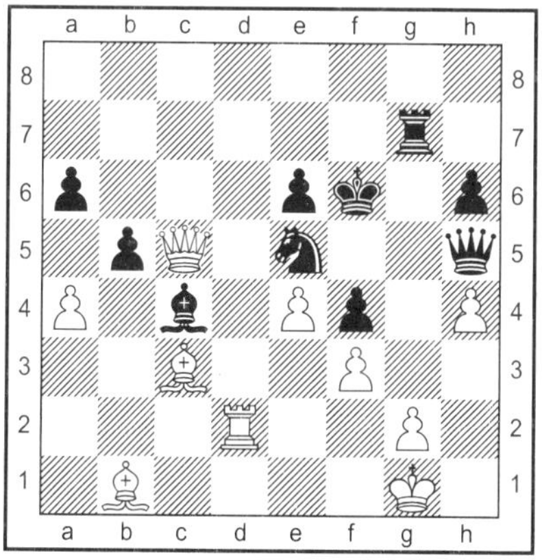

100 ★

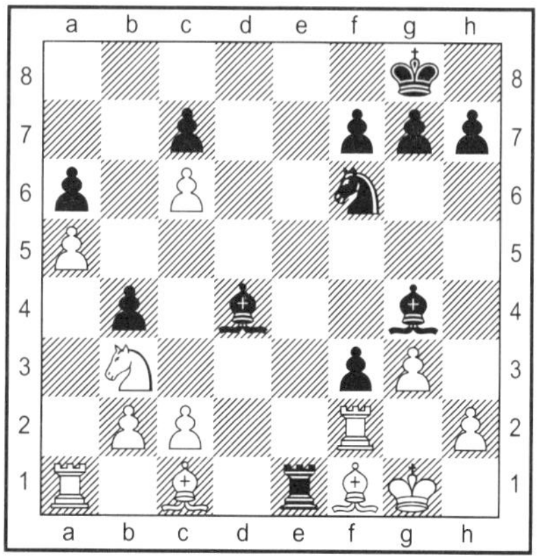

101★
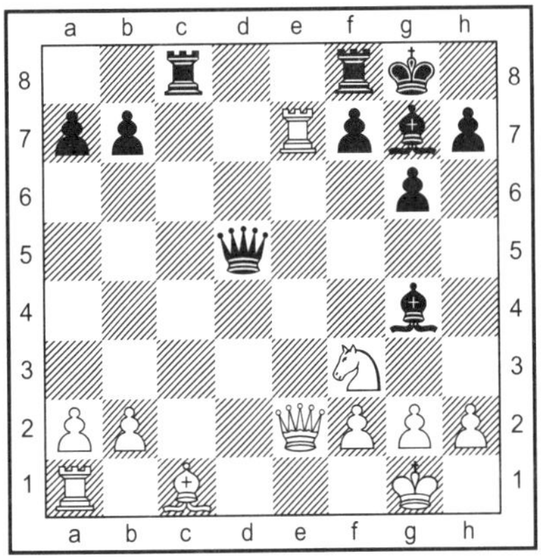

102★
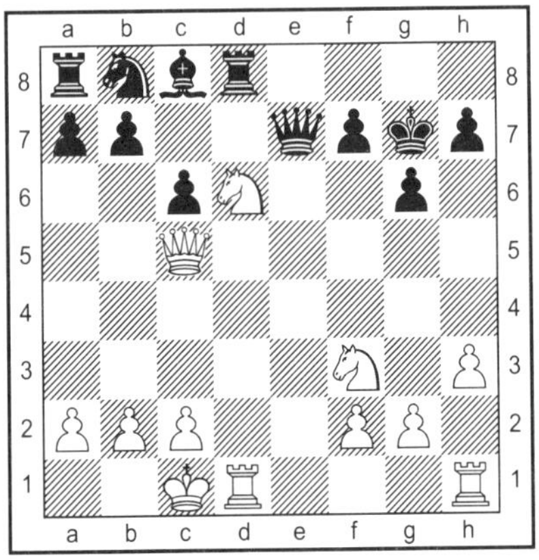

101. Vorberger – Scholz (Österreich 1964)
Schwarz, am Zuge, kam wegen des unentwickelten weißen Damenflügels in Vorteil.

102. Pawelczak – N. N. (Berlin 1964)
Schwarz bemerkte die Drohung (welche?) und zog 1. ... ♔f8. Was folgte?

103. Kortschnoi – Bronstein (Kiev 1964/65)
Weiß am Zuge; einer jener Fälle, in denen Figuren nicht verteidigen, sondern behindern.

104. Noorda – Sibe (Beverwijk 1965)
Weiß variierte eine uralte Kombination.

103☆
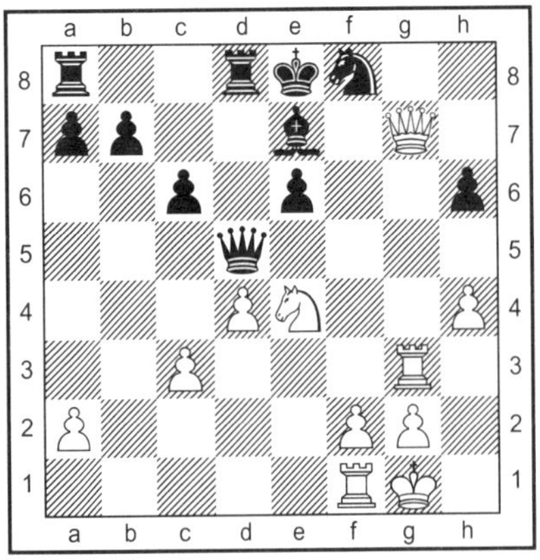

104☆
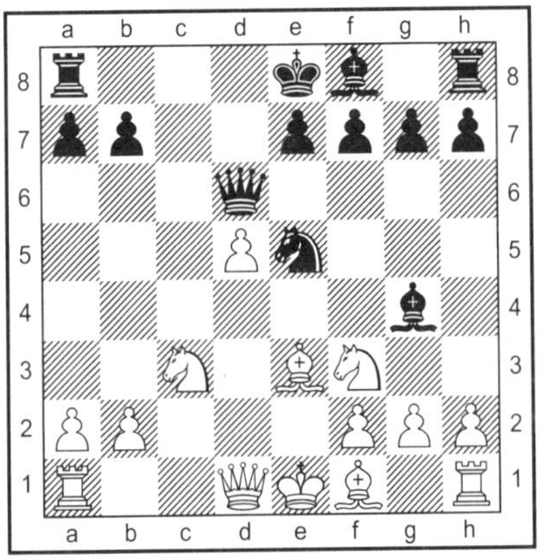

105☆

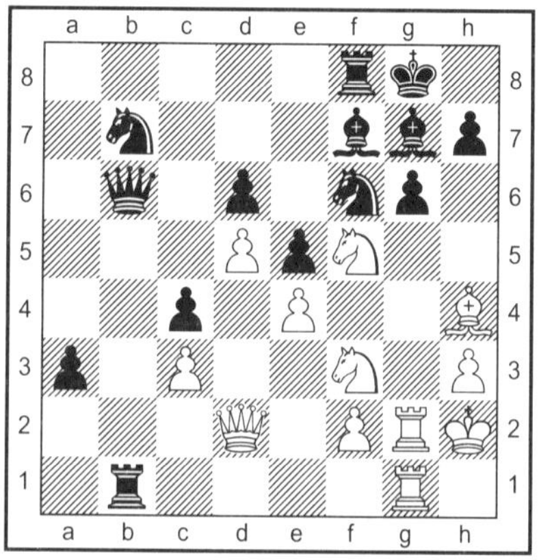

106☆

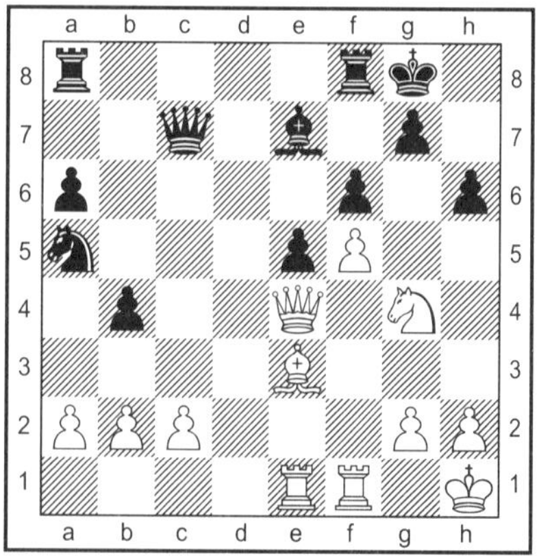

105. Mazzoni – Kraidman (Schach-Olympiade Tel Aviv 1964)
Weiß hat eine Figur geopfert. Der Angriff drang nicht durch; er forcierte darum ein elegantes Remis.

106. Gligoric – Littlewood (Hastings 1964/65)
Weiß am Zuge. Was verspricht ein Opfer auf h6?

107. Schmid – Keres (Schach-Olympiade Tel Aviv 1964)
Wie konnte Weiß den Kampf sofort beenden?

108. Malich – Kovacs (Budapest 1965)
Weiß am Zuge. Muss er nicht den ♙f2 verteidigen?

107☆

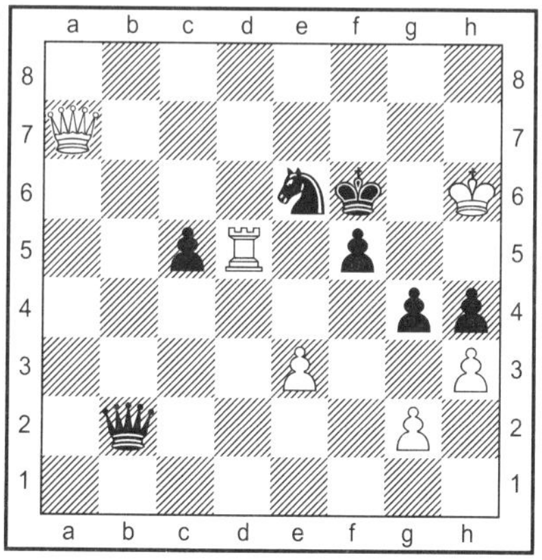

108☆

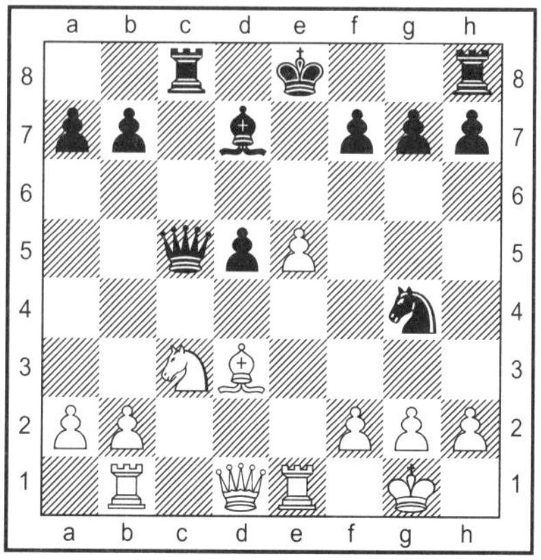

109☆

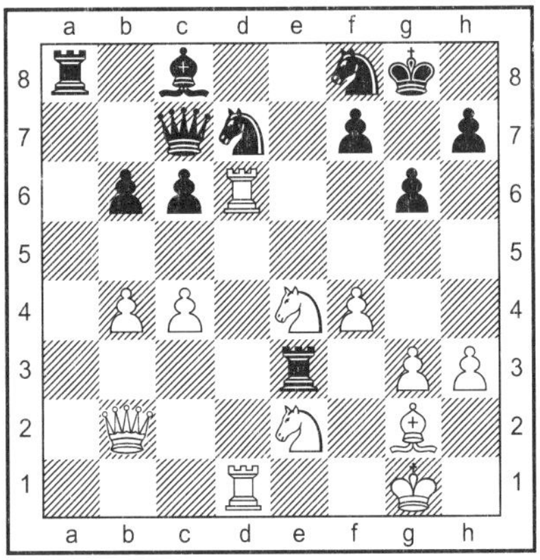

110☆

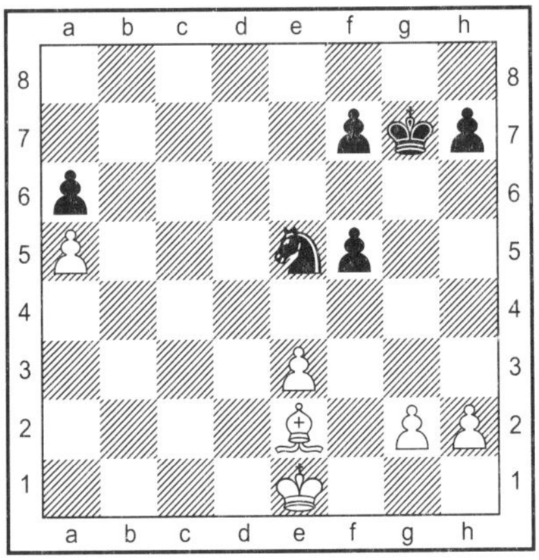

109. Schmid – Langeweg (Europa-Mannschaftsmeisterschaft Hamburg 1965)
Weiß leitete mit einem feinen Bauernzuge die zwingende Schlusswendung ein.

110. Keres – Kavalek (Marienbad 19b5)
Weiß am Zuge. Er bewies die Überlegenheit des Läufers über den Springer in offenen Stellungen und bei Bauern auf beiden Flügeln. 1. ♗a6: ♘c6 bringt noch nichts ein ...

111. Kluger – Szilagyi (Budapest 1965)
Schwarz (am Zuge) kann scheinbar leicht im Opferstil gewinnen. Es empfiehlt sich jedoch, genau zu rechnen!

112. Porat – Gligoric (Natanya 1965)
Schwarz setzte den Punkt auf das i; der Stützpunktbauer g3 ist die geopferte Figur wert.

111★

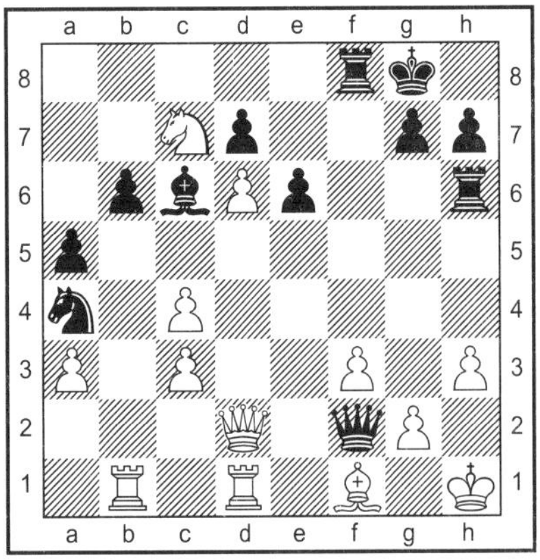

112★

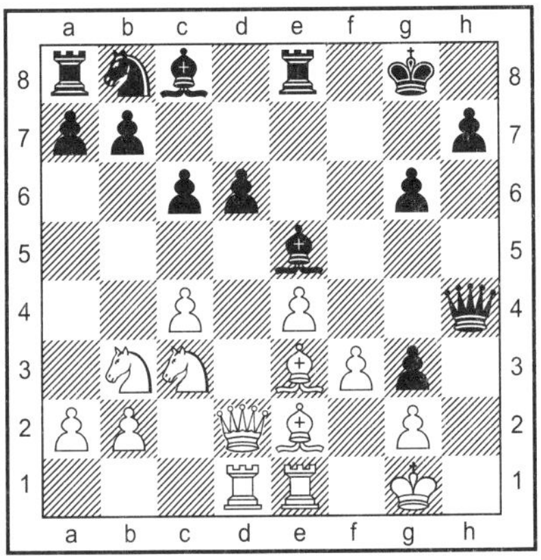

113★

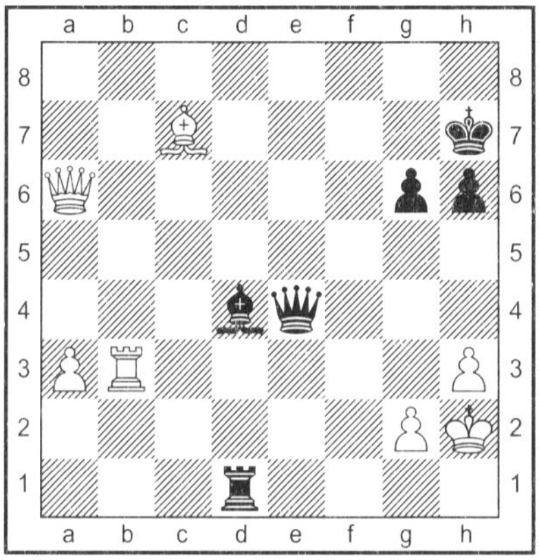

114☆

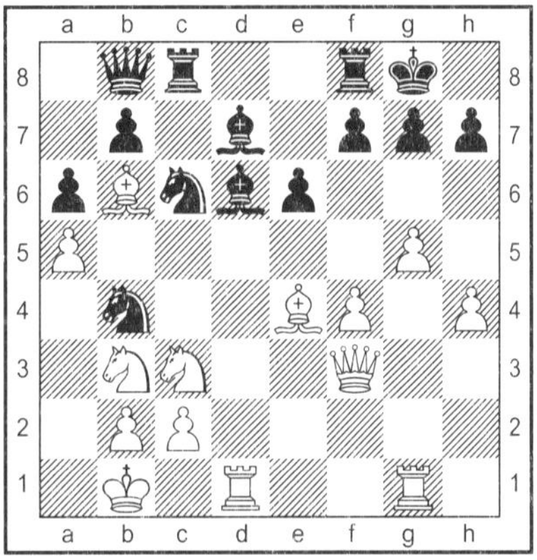

113. Rubis – Ciocaltea (Natanya 1965)
Schwarz erlegte den König mit einem zwickmühlenartigen Manöver.

114. L. Schmid – Höhenberger (Regensburg 1965)
Weiß gewann durch eine instruktive Wendung, bei der es auf den zweiten Zug ankam.

115. Unzicker – Antoschin (Sotschi 1965)
Weiß (am Zuge) erwies sich als schlagfertiger Taktiker. Seine Kombination beruhte auf der schutzlosen schwarzen Dame.

116. Kortschnoi – Dr. Paoli (Gyvla 1965)
Trotz der geöffneten f-Linie steht Schwarz sehr gedrückt. Die Schwächen am Damenflügel machte sich Weiß (am Zuge) geschickt zunutze.

115☆

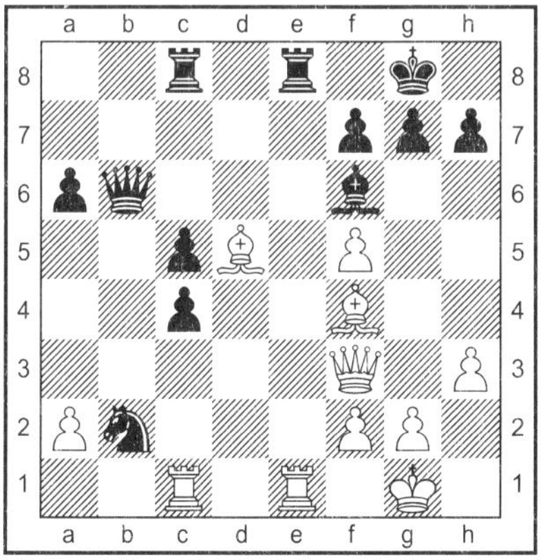

116★

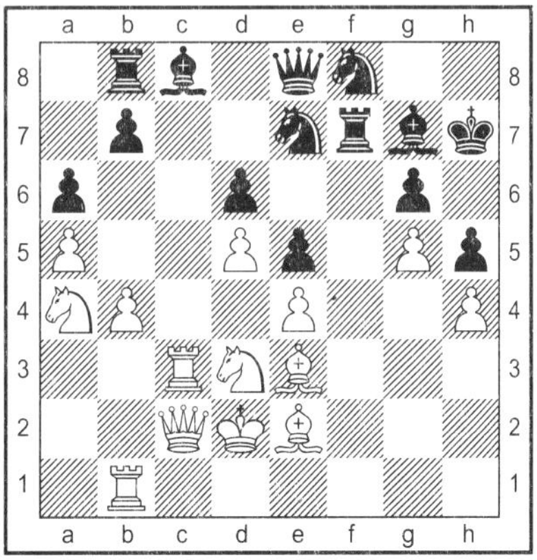

117☆

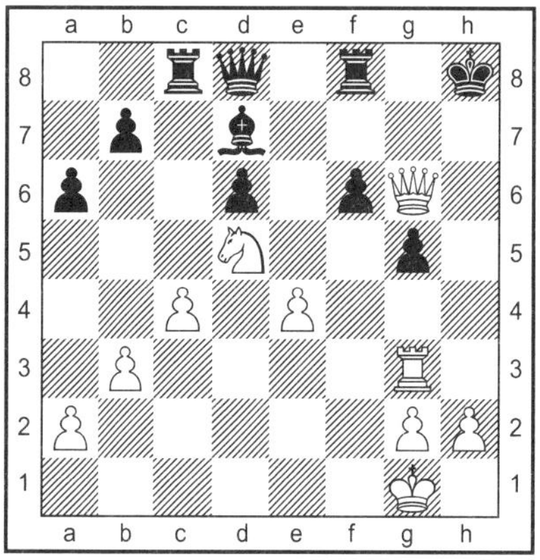

118☆

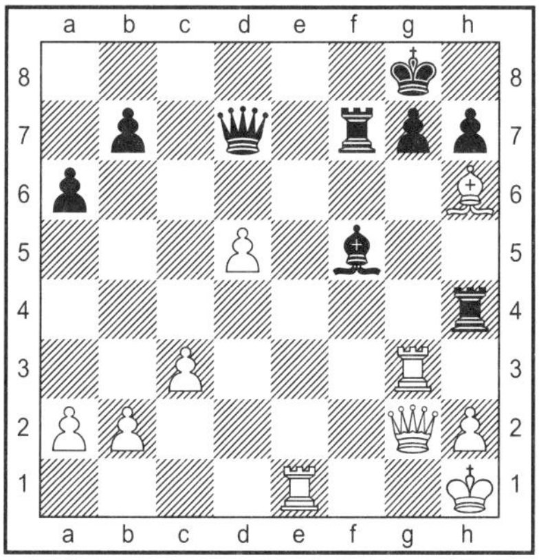

117. Bilek – Ghitescu (Europa-Mannschaftsmeisterschaft Hamburg 1965)
Weiß, der einen Turm geopfert hatte, bot Remis an (ewiges Schach). War mehr „drin"?

118. Spassov – Kozma (Zinnowitz 1965)
Weiß (am Zuge) komponierte einen hübschen Schluss.

119. Stein – Liberson (Jerewan 1965)
„In solcher Lage muss eine kombinatorische Lösung stecken", schrieb die Deutsche Schachzeitung. „Es gilt nur, sie zu finden." Weiß am Zuge.

120. Sallay – Berczy (Budapest 1965)
Schwarz zog **1. ... 0-0**. Warum war das ein Fehler?

119☆

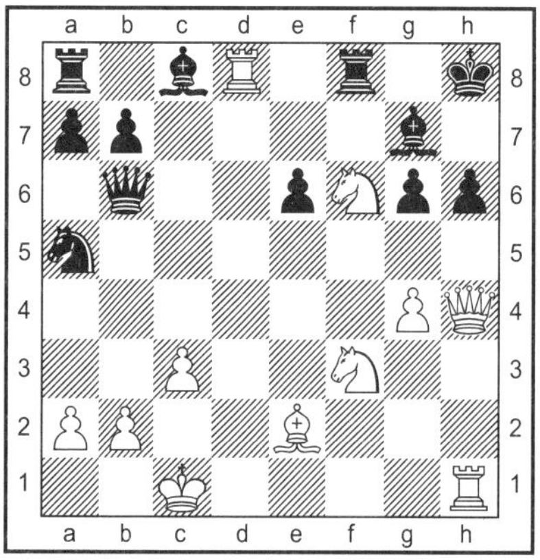

120★

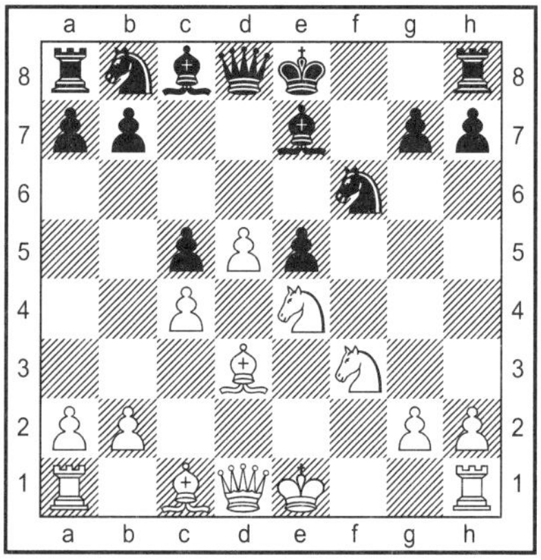

121★

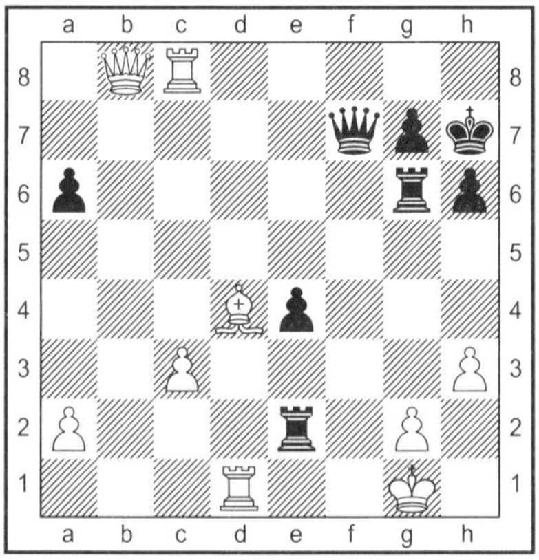

122☆

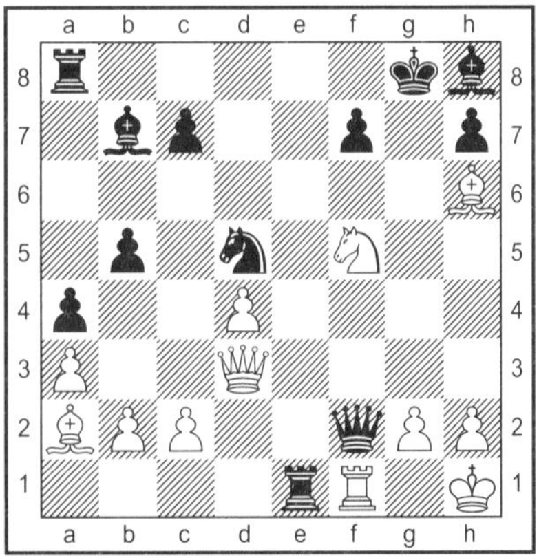

121. Sacharov – Cholmov (Kiev 1965)
Schwarz, am Zuge, setzte in kurzer Frist matt, indem er sich eines „Fernzuges“ bediente.

122. Hallier – Herman (Hamburg 1965)
Selbst in großer Gefahr, nützte Weiß (am Zuge) auf wunderschöne Weise die eingeklemmte Lage des schwarzen Monarchen aus. .

123. Fischer – Benkö (New York 1965)
Weiß, am Zuge, wandelte auf Morphys Spuren.

124. Wasjukov – Taimanov (Tallinn 1965)
Wie eroberte Weiß (am Zuge) die Qualität und gewann?

123☆

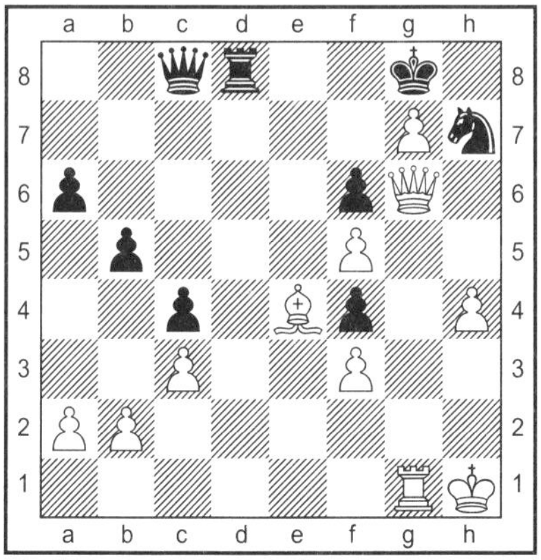

124☆

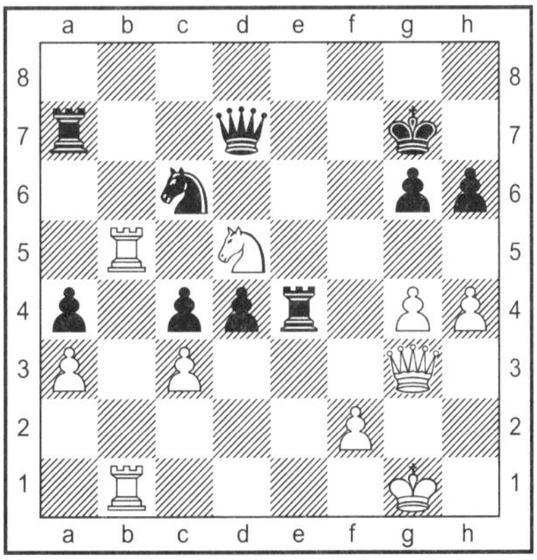

125★

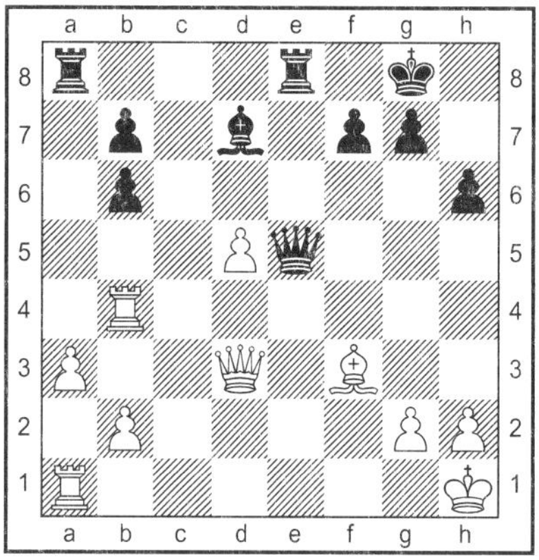

126★

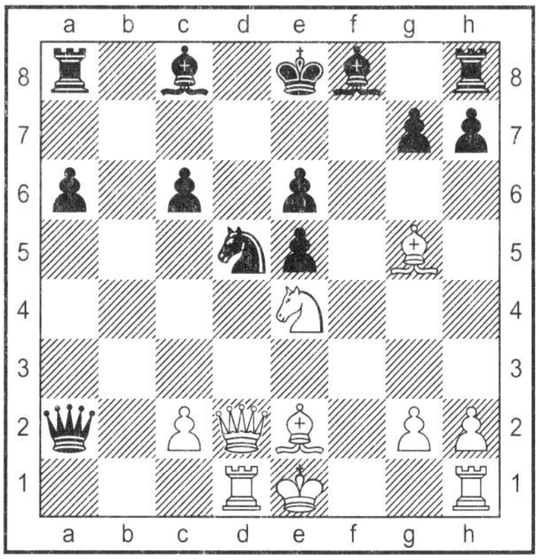

125. Mikenas – Bronstein (Tallinn 1965)
Schwarz beendete die Partie mit einem Paukenschlag und führte eine Situation mit tragikomischem Anstrich herbei.

126. Reinhardt – Panno (Buenos Aires 1965)
Schwarz zog **1. ... ♕a4** und verlor nach **2. ♗h5+ ♔d7 3. ♕e2 ♔c7 4. 0-0**. Warum spielte er nicht 1. ... ♗b4! ?

127. Smyslov – Donner (Havanna 1965)
Weiß lenkte in ein gewonnenes Endspiel mit einem Bauern mehr ein. Wie?

128. Damjanovic – Dr. Lehmann (Beverwijk 1966)
Schwarz zog **1. ... ♕b3?** Sehen Sie die Widerlegung?

127☆

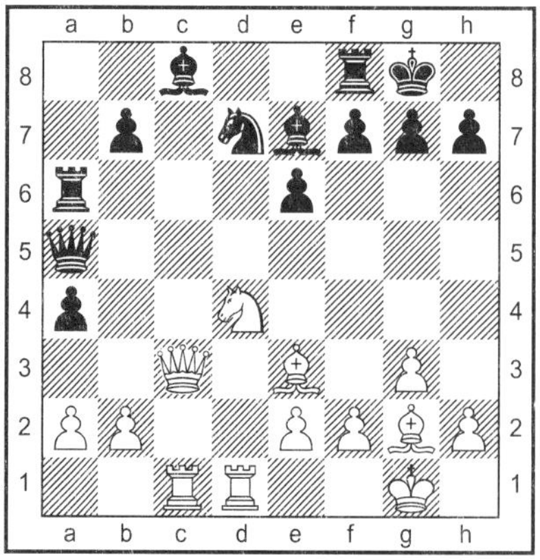

128★

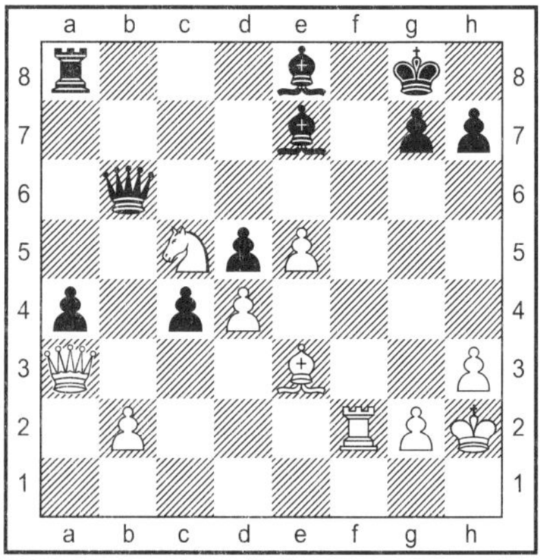

129☆ 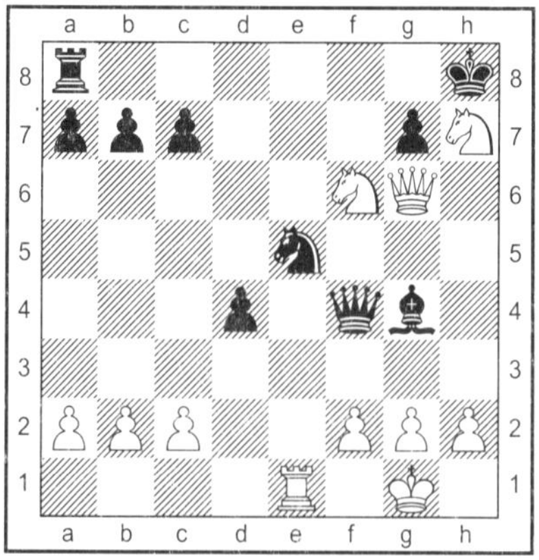

130★ 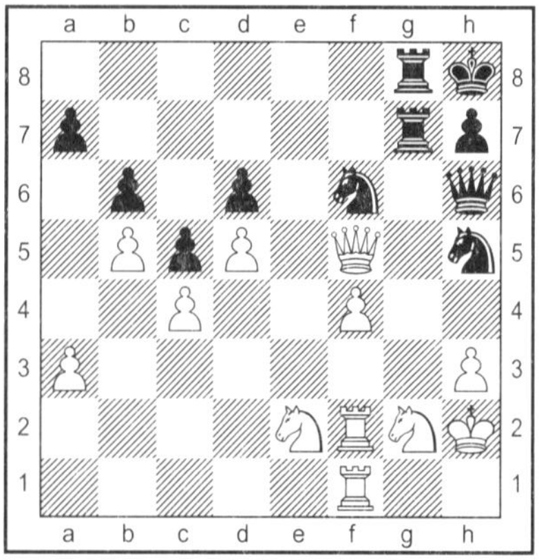

129. Morse – Buschine (Fernpartie USA 1963–1966)
Weiß am Zuge. Obwohl seine Dame hängt, erzwang er das Matt.

130. Halfdanarson – Wade (Reykjavik 1966)
Schwarz setzte seine Springer als „Winkelriede“ ein und holte den König ins Freie.

131. Gheorghiu – Möhring (Halle 1966)
Weiß (am Zuge) fand einen höchst erbaulichen Schluss.

132. Stein – Pelikan (Mar del Plata 1966)
Weiß am Zuge. Wie nützte er die Abseitsstellung der schwarzen Dame aus?

131☆ 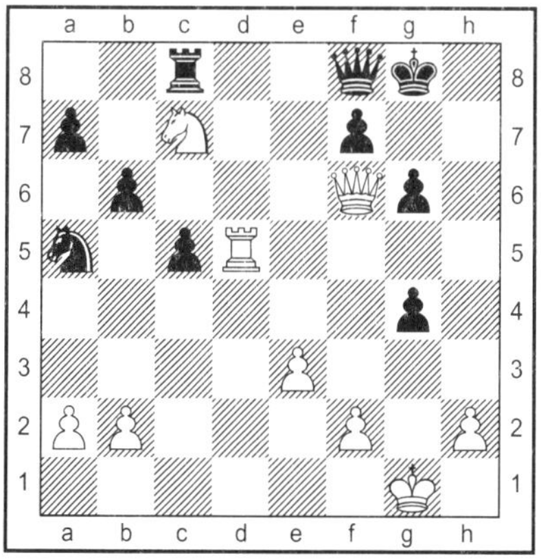

132☆ 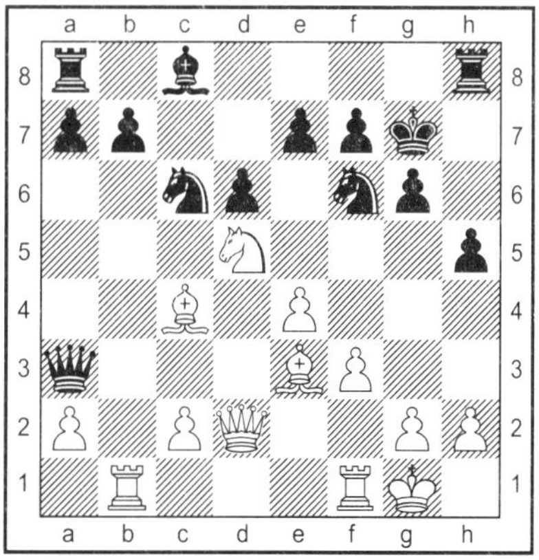

133☆

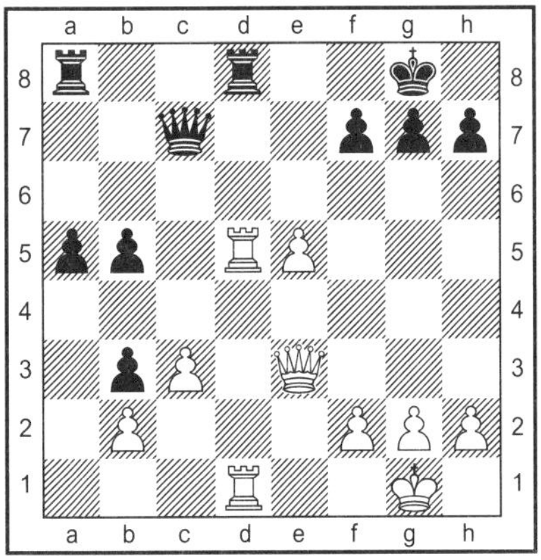

134☆

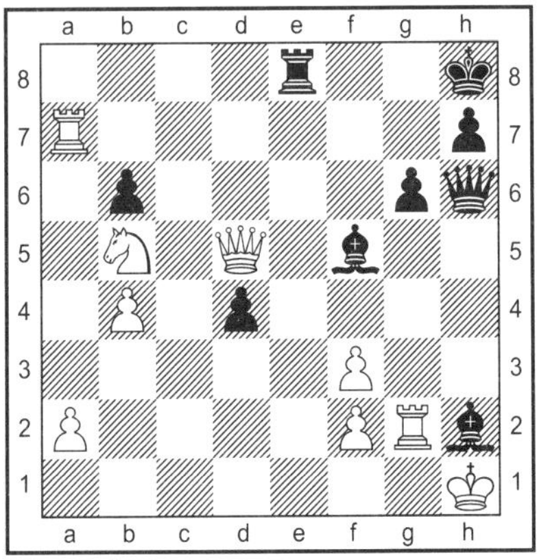

133. Minic – Honfi (Vrnjacka Banja 1966)
Weiß am Zuge. Dem schwarzen König fehlt das „Ventil". Lässt sich das ausnützen?

134. Mileika – Rosenfeld (Fernländerkampf Lettland – Estland 1966)
Weiß gab auf. Er sah 1. ♖h2: ♖e1+2. ♔g2 ♕g5+ und fand keine Rettung. Dabei konnte er gewinnen!

135. Ekblom – Heemsoth (Ostseeländer-Fernturnier 1966)
Schwarz zog **1. ... ♖4c8**, weil er 1. ... ♖c3: wegen 2. ♗f6: verwarf. Zu Recht?

136. Böök – Halfdanarson (Reykjavik 1966)
Weiß (am Zuge) fand eine reizende Schlusswendung.

135★

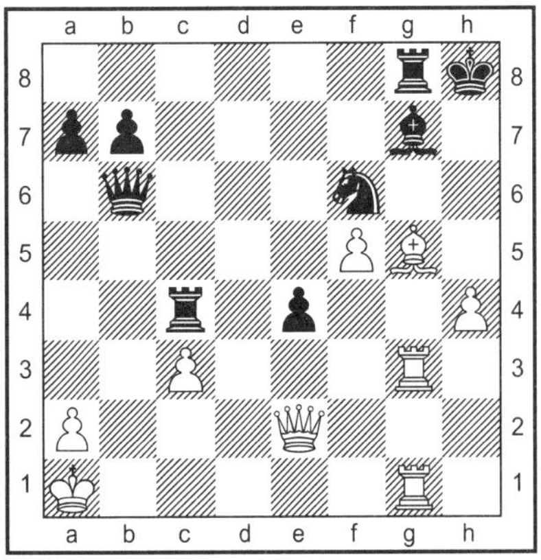

136☆

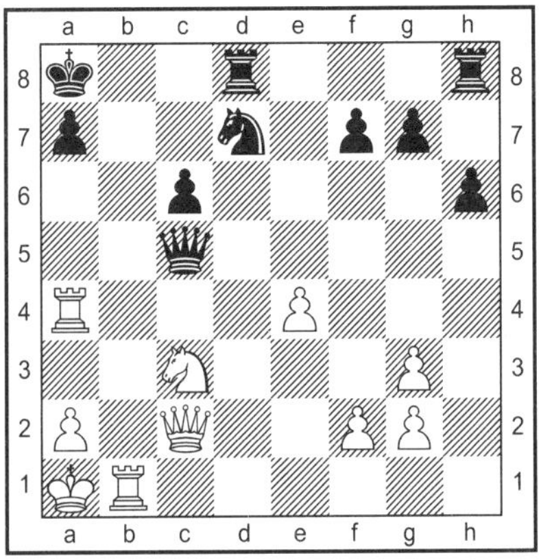

137☆

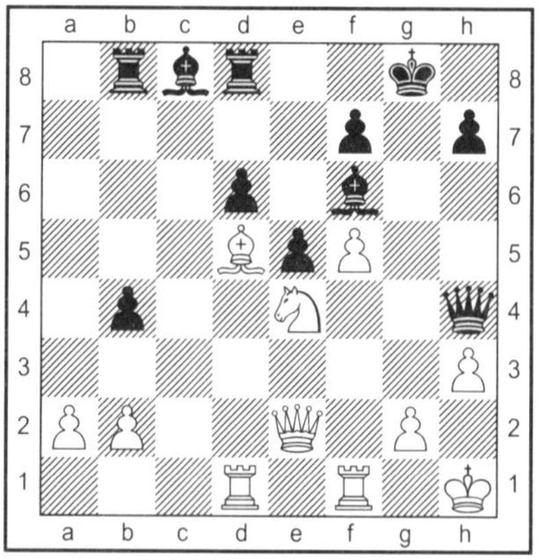

138☆

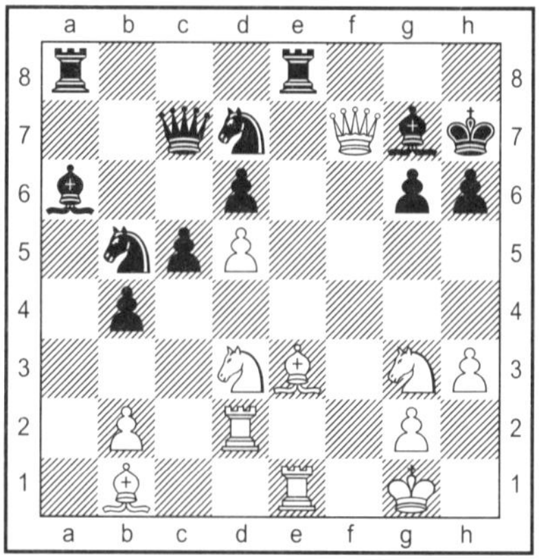

137. Matulovic – Damjanovic (Sarajewo 1966)
Weiß verstärkte sehr hübsch seine positionelle Druckstellung mit einem geschickten taktischen Manöver.

138. Mermagen – Kühne (BdF-Fernturnier 1966)
Weiß „feuerte“ eindrucksvoll aus allen Rohren.

139. Awerbach – Osnos (Kiev 1965)
Weiß (am Zuge) verstand seinen Springer sehr agil einzusetzen.

140. Radunov – Sapurov (Bulgarische Meisterschaft 1966)
Weiß eroberte zwangsläufig Material.

139☆

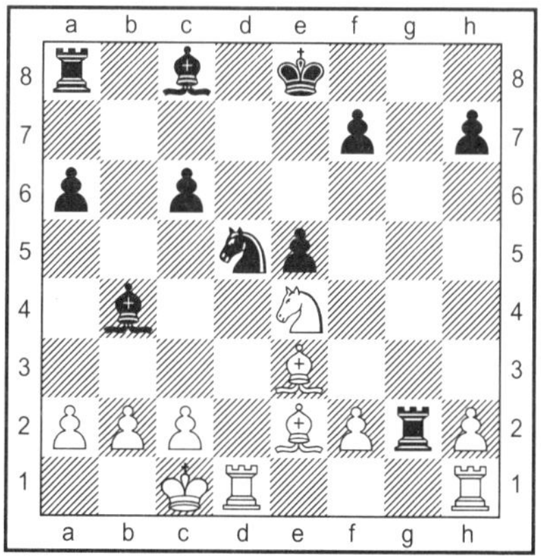

140☆

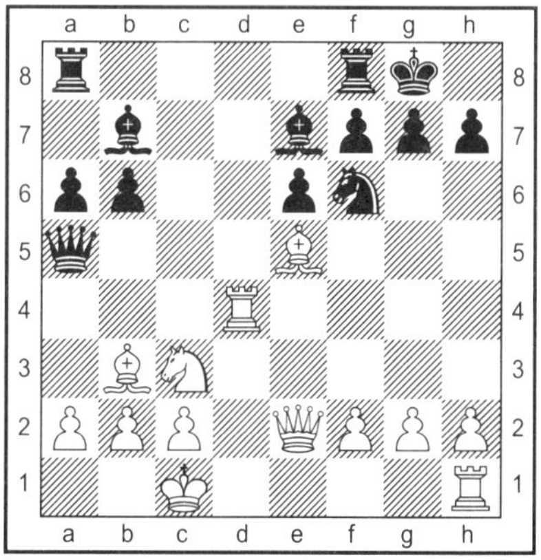

141☆

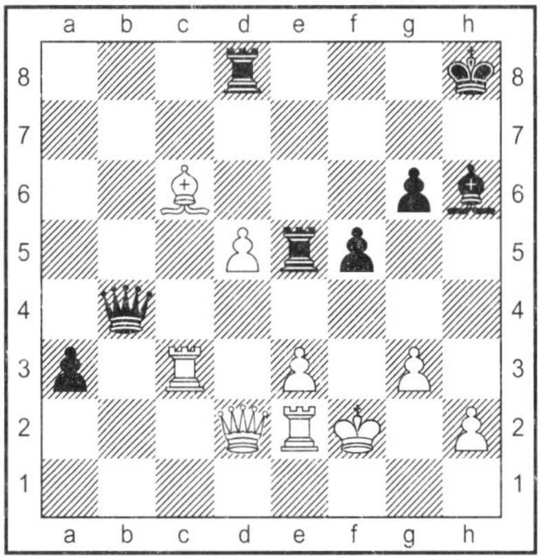

142★

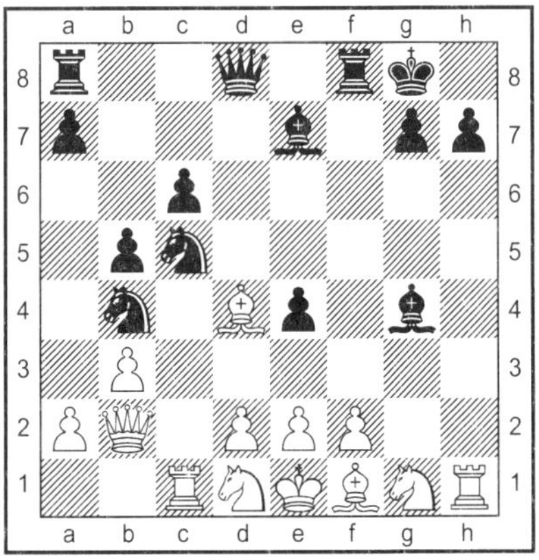

141 . G. Szilagyi – Gheorghiu (Tel Aviv 1966)
Weiß, am Zuge, glaubte sich mit **1. ♕d4** befreien zu können. Das erwies sich als grob fahrlässig.

142. Dr. Ujtelky – Kolarov (Batumi 1966)
Schwarz am Zuge. Er ritt die „Hohe Schule“ der Kavallerie. Dem weißen König nützen alle Barrikaden nichts.

143. Minic – Kurajica (Batumi 1966)
Weiß am Zuge. Wie setzte er seinen Gegner in fünf Zügen matt?

144. Sokolov – Ruschnikov (Fernpartie UdSSR 1965/66)
Weiß am Zuge. Dame bedroht, Bauer vor der Umwandlung, Turm in Gefahr. Was ist zu tun?

143☆

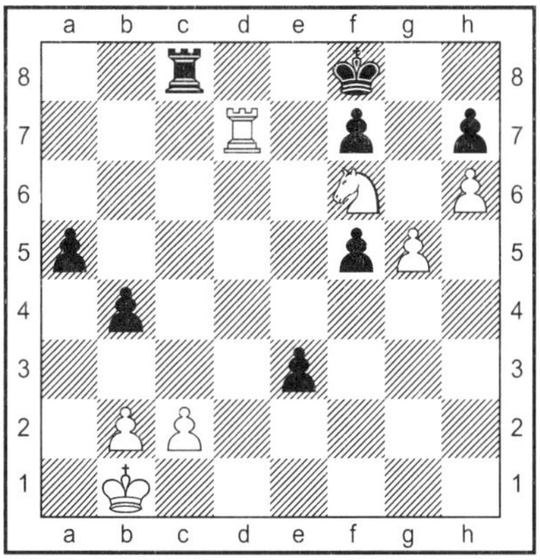

144☆

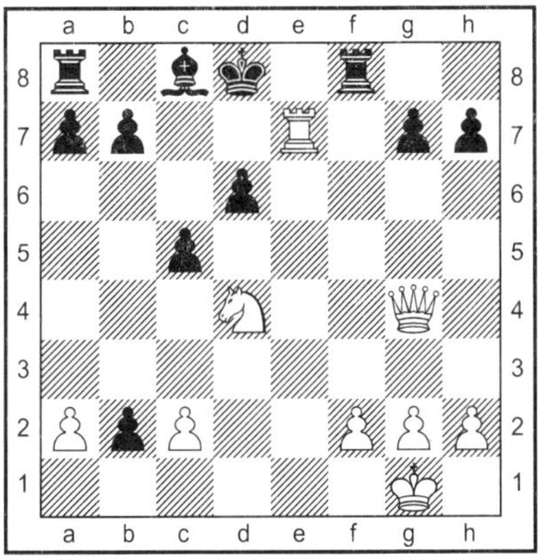

145☆

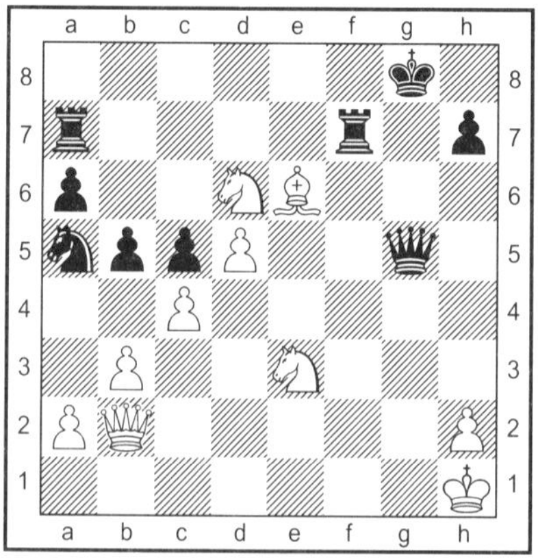

146★

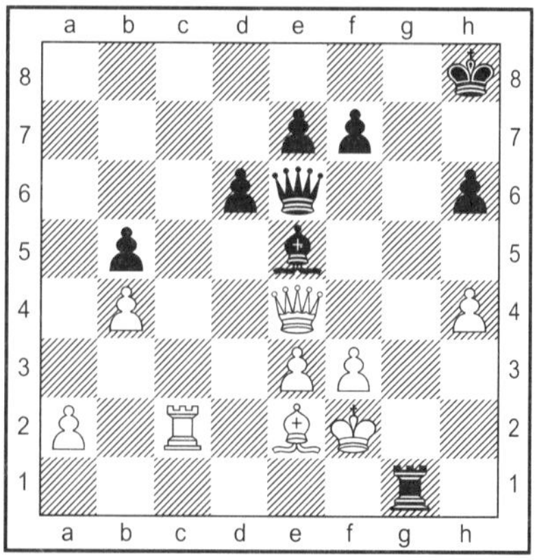

145. Petrosjan – Spassky (Weltmeisterschaft Moskau 1966)
Weiß eroberte für einen Läufer zwei Türme. Die Dame gab dem Springer selbstlos Hilfestellung.

146. Larsen – Unzicker (Santa Monica 1966)
Schwarz, am Zuge, leitete elegant den Mattangriff ein.

147. Pomar – M. Johansson (Schach-Olympiade Havanna 1966)
Schwarz ließ sich auf **1. ... ♗g2: 2. ♗e6: ♗f1:** mit Mattdrohung auf g2 ein. War er gut beraten?

148. Ree – Dr. Lehmann (Ter Apel 1966)
Schwarz bot Remis an, weil er zu 1. ... ♕e5: wegen 2. ♕h6 kein Zutrauen hatte. Zu Recht?

147★

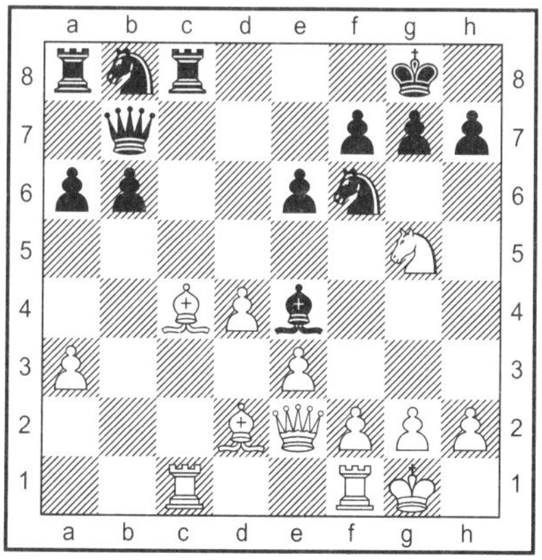

148★

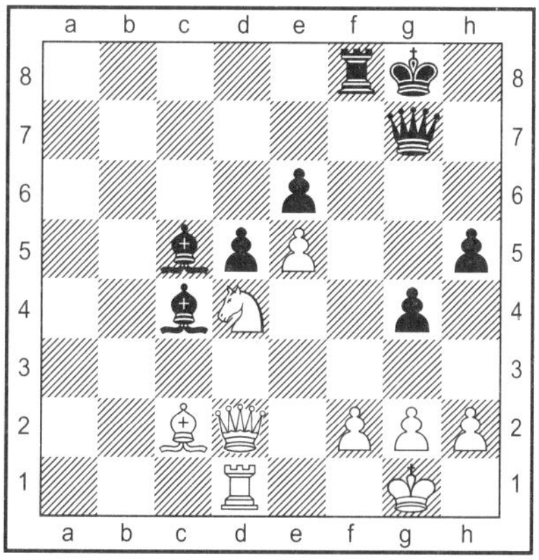

149☆
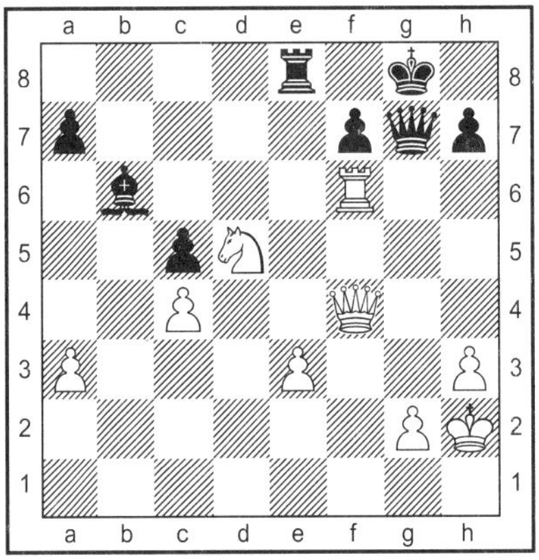

150☆
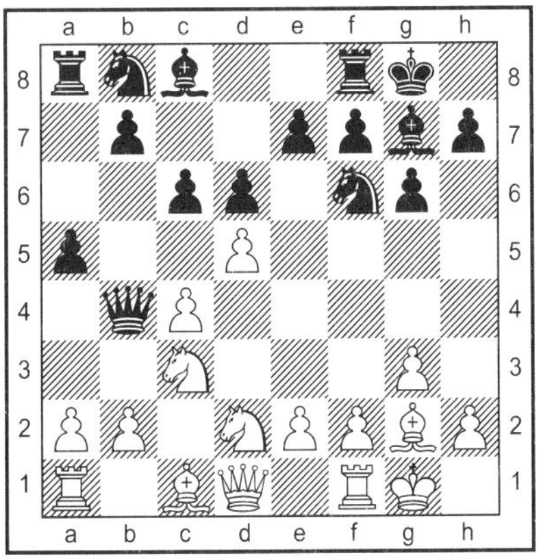

149. Uhlmann – Bronstein (Szombately 1966)
Weiß, am Zuge, ließ sich auf keine langen Diskussionen ein.

150. Roth – Durao (Den Haag 1966)
Weiß zog **1. a3 ♕b6**. Stattdessen hätte er die Dame fangen können. Wie?

151. Benkö – Weinberger (Mission Bay 1965)
Weiß gewann mit einer sehenswerten Wendung, die in ein „Zugzwang-Wunder“ mündet.

152. Trojanska – Jovanovic (Frauenolympiade Oberhausen 1966)
Weiß holte sich mit **1. ♗c6:** die geopferte Figur zurück. Warum ging das nicht gut?

151☆
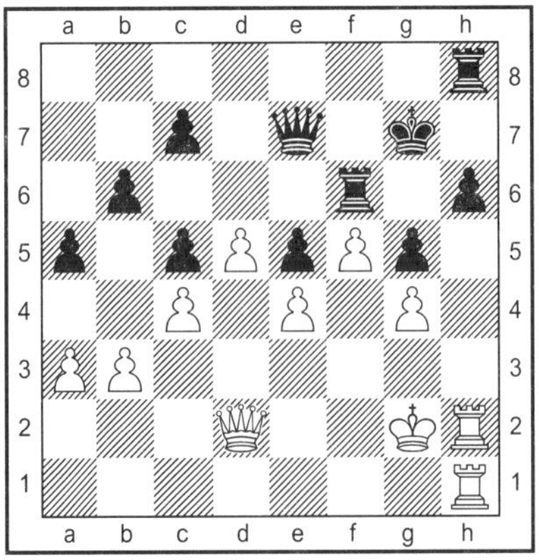

152☆
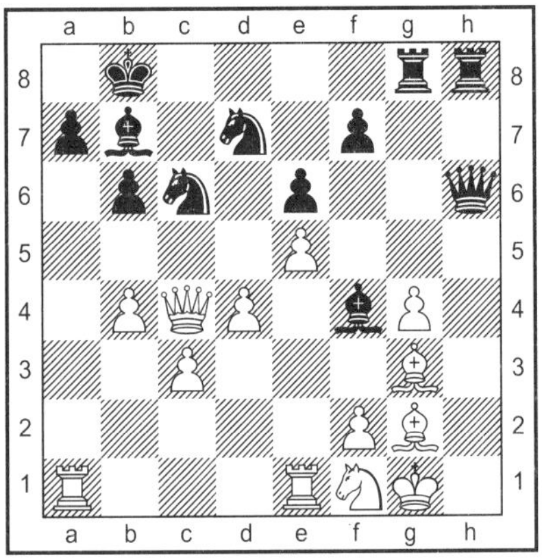

153☆

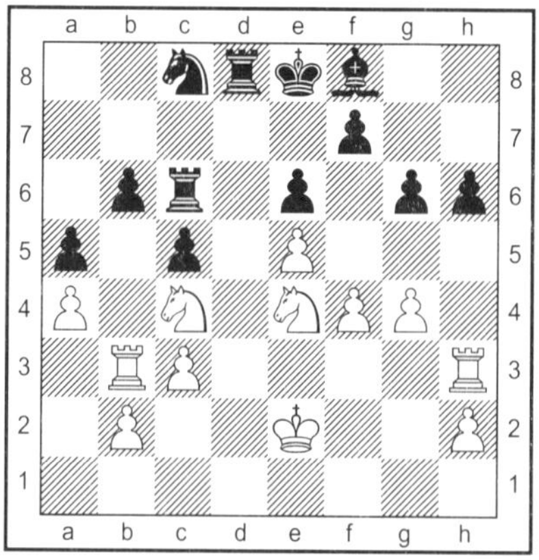

154☆

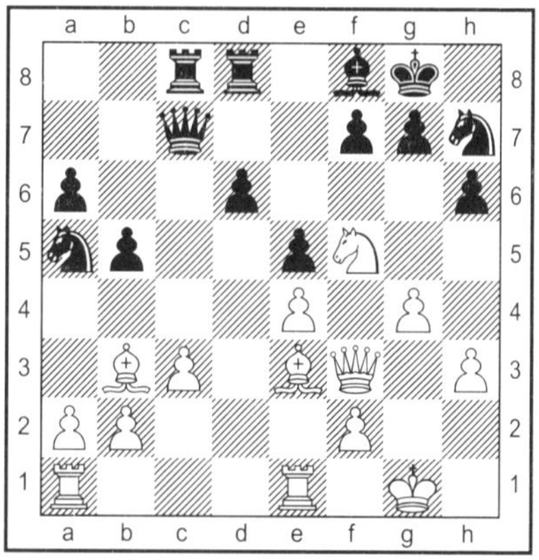

153. Fischer – Durao (Schach-Olympiade Havanna 1966)
Weiß am Zuge. Sollte man gleich 1. ♘f6+ ziehen oder diesen Zug als Drohung aufsparen?

154. Kinnmark – Oliveira (Schach-Olympiäde Havanna 1966)
Weiß erobert entweder Material oder setzt matt.

155. Darga – Teschner (Deutsche Mannschaftsmeisterschaft Frankfurt 1966)
Schwarz, am Zuge, machte Remis, indem er **1. ... ♗c6 2. ♘e3 ♕b1+** 3. ♘d1 ♕e4 fortsetzte und die Züge wiederholte. War mehr zu erreichen?

156. Böök – Westerinen (Helsinki 1966)
Weiß am Zuge. Seine Bauernkette g5/f6, ein Alpdruck für den Gegner, bildet den Haupttrumpf einer „petite combinaison“.

155★

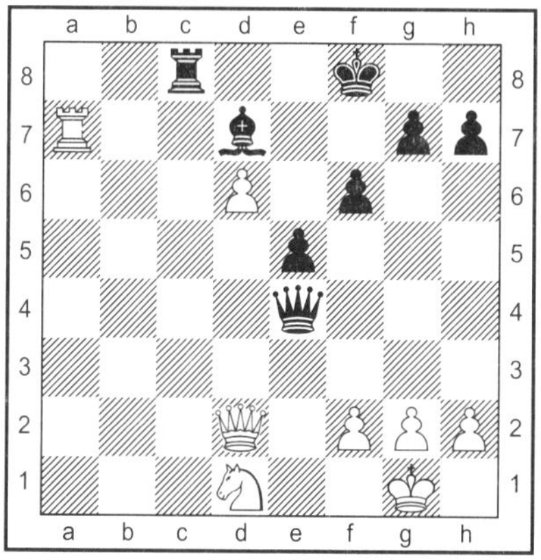

156☆

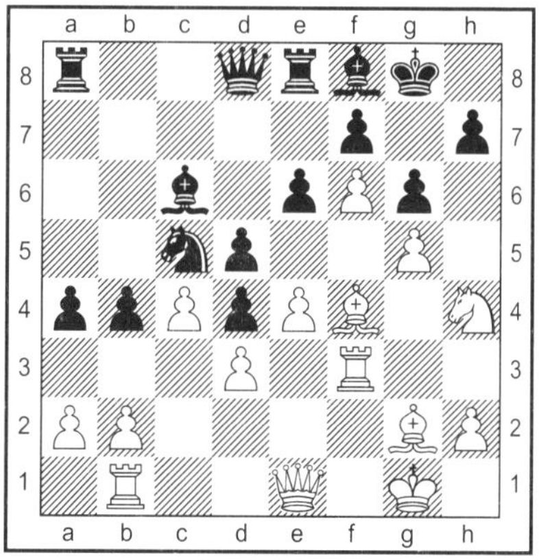

157★

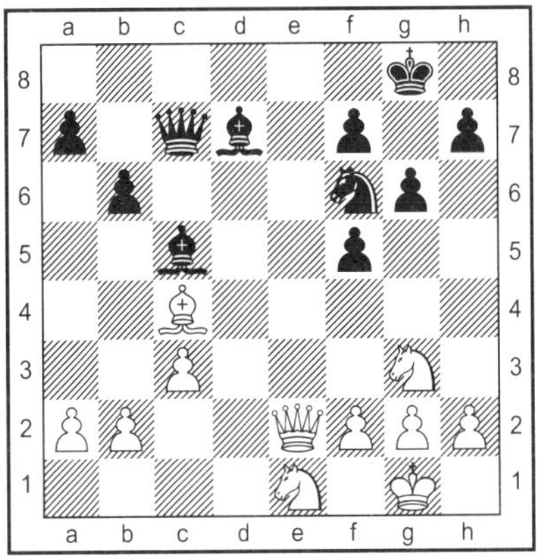

158☆

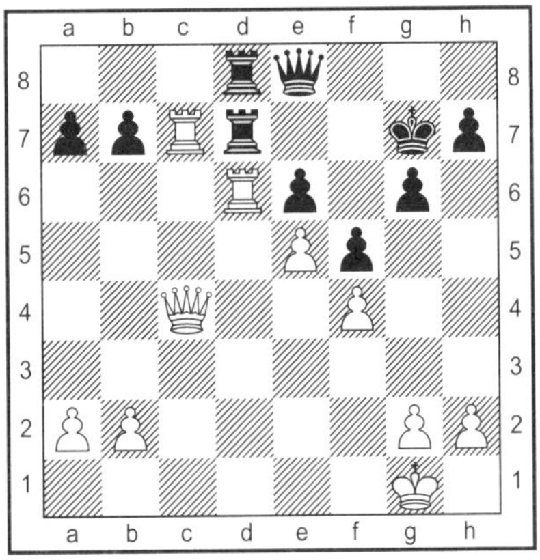

157. Wisantiadis – Pachmann (Vrnjacka Banja 1967)
Schwarz, am Zuge, profitierte von einer Springergabel.

158. Pachmann – Gunnarsson (Vrnjacka Banja 1966)
Weiß gewann einen Turm oder die Dame für einen Turm. Motiv war eine Kreuzfesselung.

159. Fischer – Kraidman (Israel 1967)
Schwarz, am Zug, muss sich um den abgesperrten Läufer kümmern (1. ... gf?? 2.♕g5 matt). Er hatte sich auf den witzigen Zug **1. ... ♗e2** verlassen. Was folgte?

160. Gufeld – Suetin (Tiflis 1967)
Schwarz (am Zuge) fürchtete auf 1. ... de 2. ♖f7: ♖f7: 3. ♕g4:+ ♖g7 4. ♗e4:. Deswegen schaltete er **1. ... ♗d3:** ein ...und kam vom Regen in die Traufe.

159★

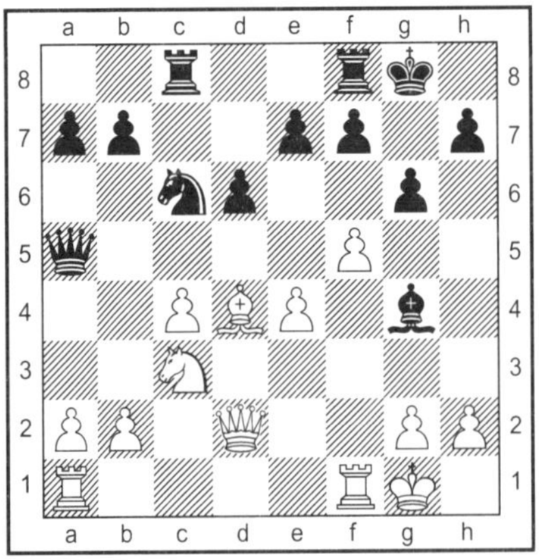

160★

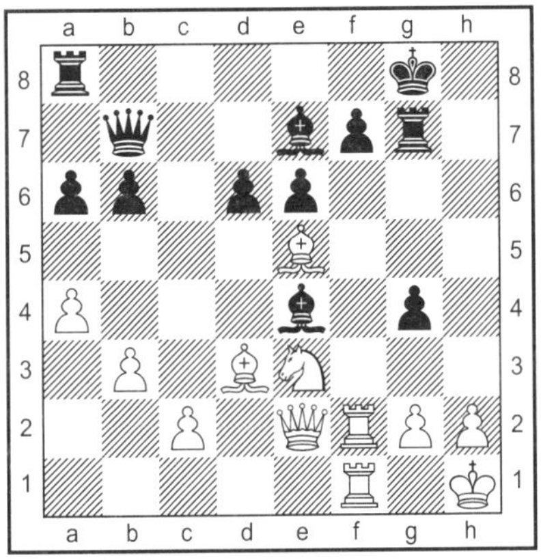

161★

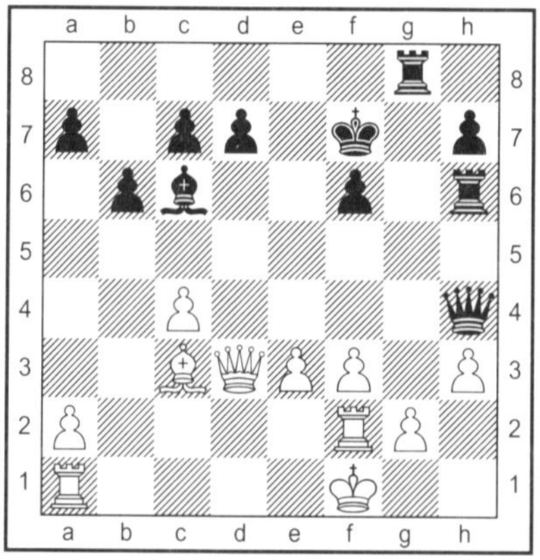

162☆

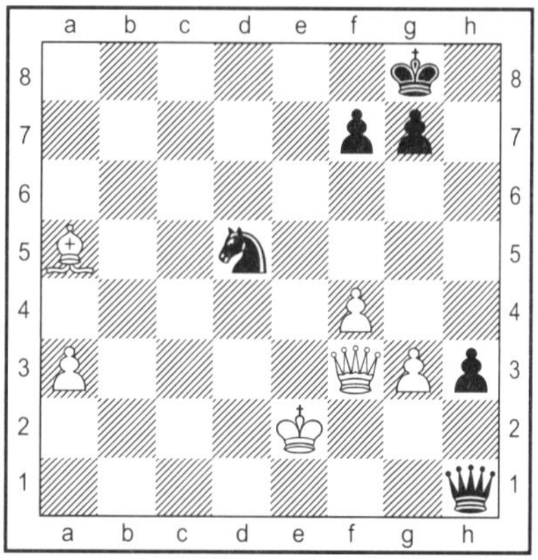

161. Gligoric – Larsen (Havanna 1967)
Schwarz hat alle Streitkräfte zum Angriff versammelt und führt nun den wohlvorbereiteten Schlag aus.

162. Medina – Tal (Palma de Mallorca 1966)
Mit 1. ♕f2–f3 lud Weiß soeben zum Damentausch ein und rechnete auf 1. ... ♕h2+ 2. ♕f2 oder 1. ... ♕g1 2. ♕d5: h2 3. ♕d8+ ♔h7 4. ♕h4+. Tal antwortete jedoch mit einem einfachen Kunstgriff.

163. Larsen – Bednarski (Havanna 1967)
Weiß am Zuge. Weicht der bedrohte Turm zurück, gleicht 1... ♗f6 aus. Wie ist der Druck entscheidend zu verstärken?

164. Dr. Lehmann – Pomar (Palma de Mallorca 1966)
Weiß zog **1. ♕e4** und gewann nach **♖d1+ 2. ♖d1: ♕d1:+ 3. ♔a2** im Endspiel. Er konnte im Sturm gewinnen, wie M. Lungmuss herausfand.

163☆

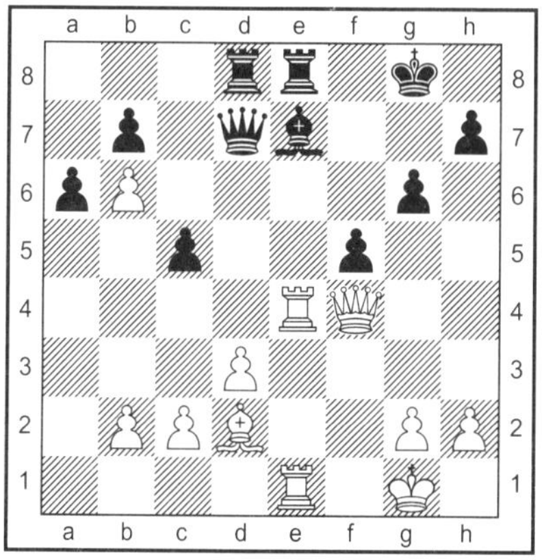

164☆

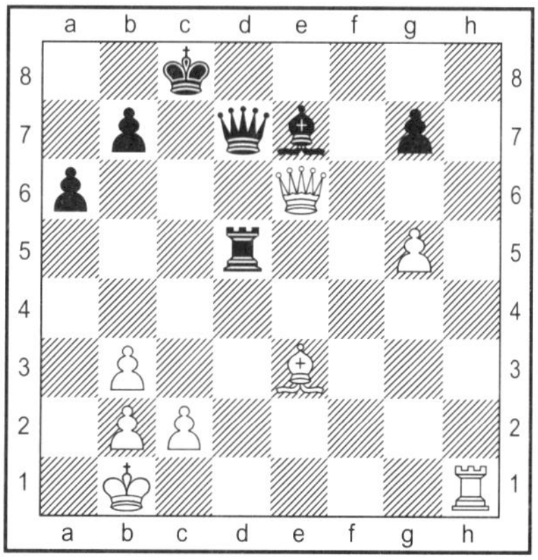

165☆

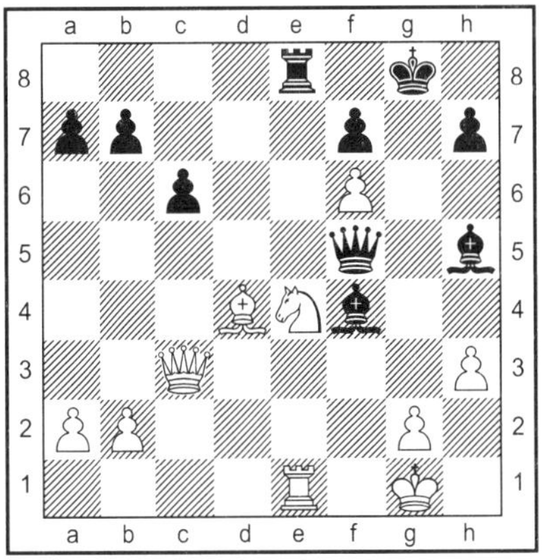

166★

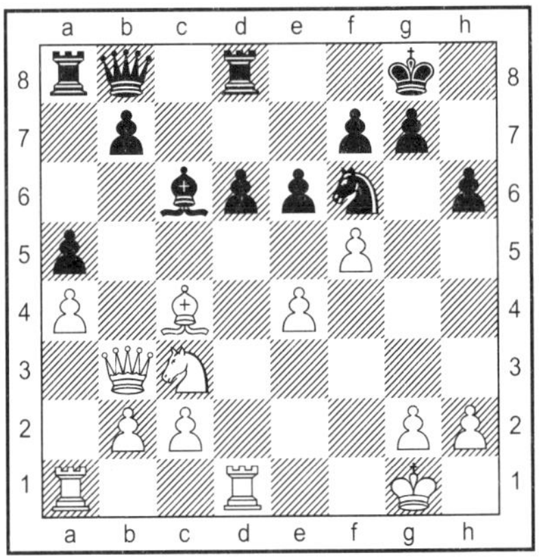

165. Uhlmann – Witkowski (Polanica Zdroj 1967)
Weiß komponierte einen witzigen Schluss und gewann eine Figur.

166. Letelier – L. Schmid (Havanna 1967)
Schwarz am Zuge. Was kann er gegen den dreifachen Angriff auf e6 tun?

167. Wladimirov – Doda (Leningrad 1967)
Weiß, am Zuge, zertrümmerte die feindliche Königsstellung mit einem eleganten Damenopfer.

168. Dueball – Müller (Berlin 1967)
Der Weiße brachte die gegnerische Festung auf die bündigste Weise zum Einsturz.

167☆

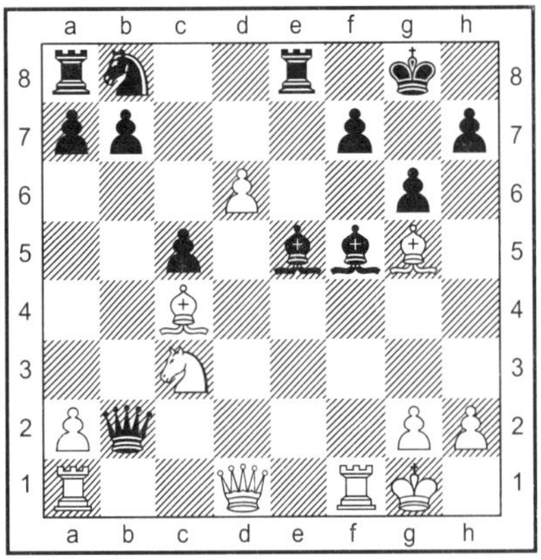

168☆

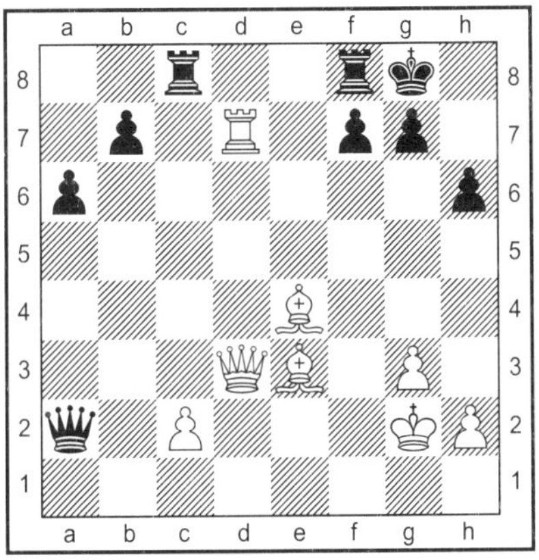

169☆

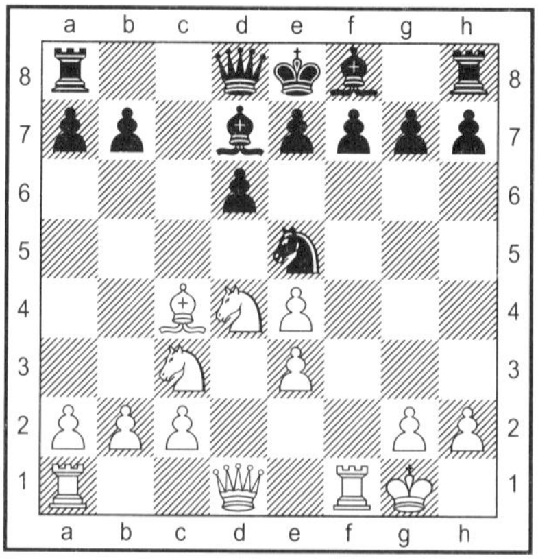

170☆

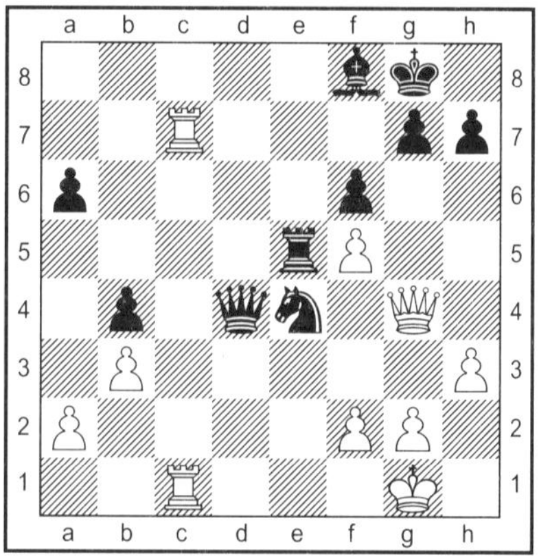

169. Zuidema – Ree (Zevenbergen 1967)
Weiß am Zuge. Muss er etwas für seinen Läufer tun?

170. Bronstein – Gligoric (Moskau 1967)
Weiß, am Zuge, zeigte die Macht der schweren Figuren auf.

171. Danielsson – Blomberg (Juniorenturnier Löndsboda 1967)
Schwarz am Zuge. Verliert er eine Figur?

172. Rossolimo – Reissman (San Juan 1967)
Weiß schloss die Partie mit einem prächtigen Manöver ab, das an berühmte Vorbilder erinnert.

171★

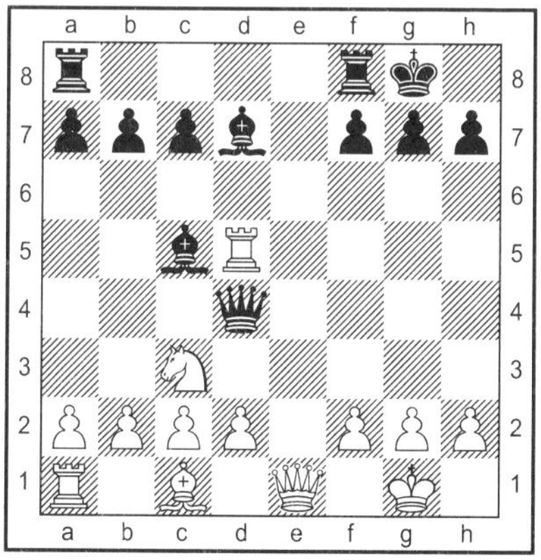

172☆

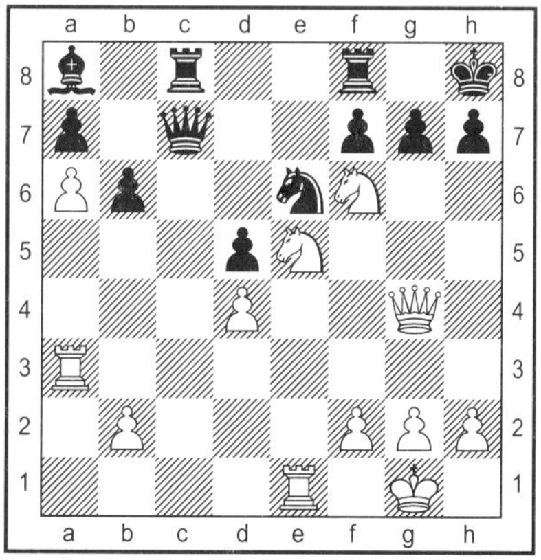

173☆

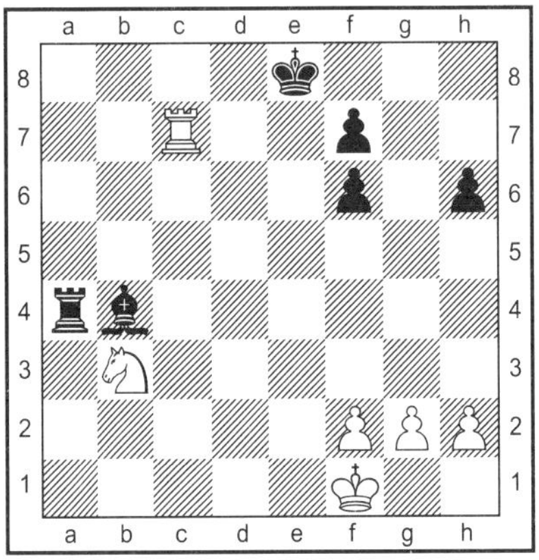

174☆

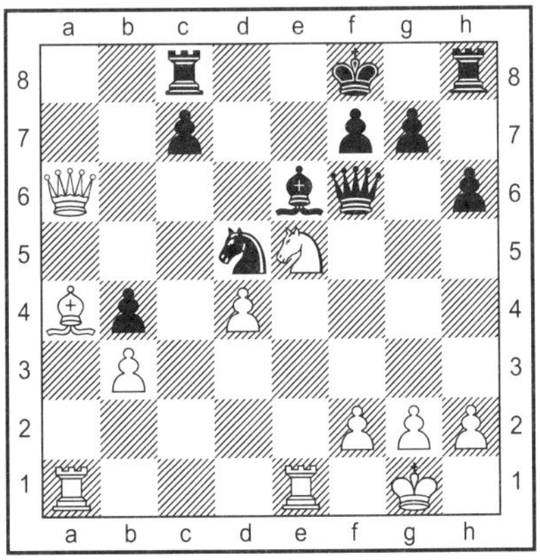

173. Ivkov – Dückstein (Sarajewo 1967)
Weiß am Zuge. Kaum zu glauben, dass er in dieser einfachen Stellung einen zwingenden Gewinnweg findet.

174. Friedrich – Bantleon (Hannover 1967)
Weiß, am Zuge, setzte unter Linienräumung und Lenkung matt.

175. Zinn – Matutovic (Maribor 1967)
Weiß stand sehr gut und gewann mit **1. ♕e4** schließlich auch. Er versäumte jedoch einen wunderschönen Abschluss.

176. Medina – Slisser (IBM-Turnier, Amsterdam 1967)
Weiß entschied mit einem dolchstoßartigen, feinsinnigen Manöver.

175☆

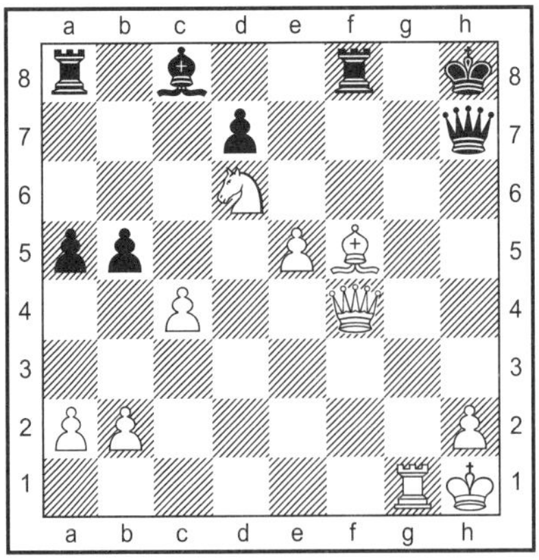

176☆

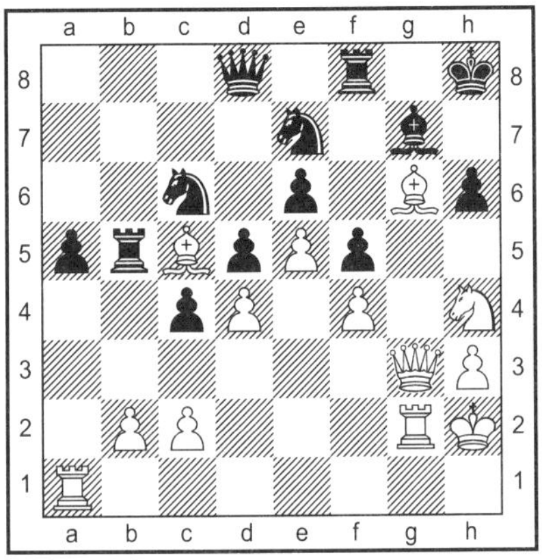

177☆

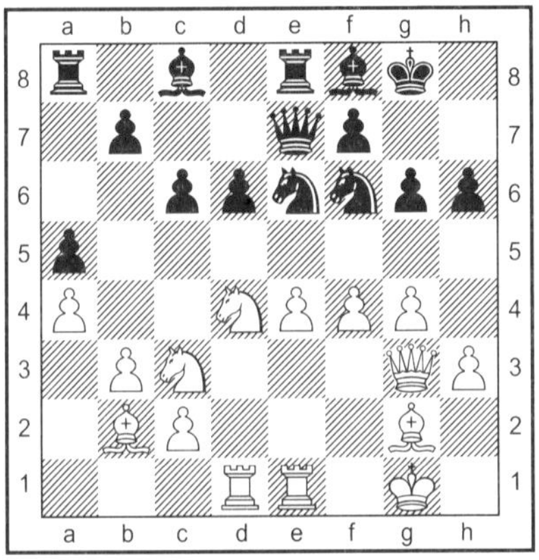

178☆

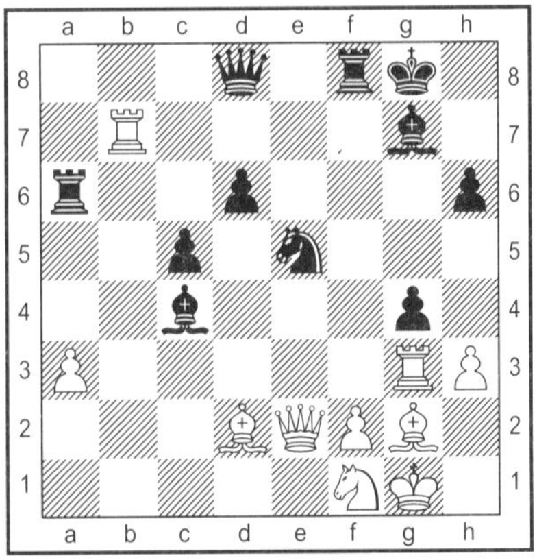

177. Schamkowitsch – Barcza (Salgotarjan 1967)
Weiß krönte seinen methodischen Aufbau mit einer technisch präzisen Wendung unter Scheinopfer.

178. Hübner – Süß (Deutsche Meisterschaft Kiel 1967)
Weiß am Zuge. Seine Dame ist gefährdet; aber was ist mit dem schwarzen König?

179. Unzicker – Dückstein (Krems 1967)
Weiß hatte einen feinen Durchbruch genau vorbereitet.

180. Cuellar – Reshevsky (Sousse 1967)
Ein aparter Zug des Weißen veranlasste den amerikanischen Großmeister zur sofortigen Aufgabe. Schwarz hatte wohl nur mit 1. ♕c3? ♖8e3 2. ♗d3 gf und Vorteil gerechnet.

179☆

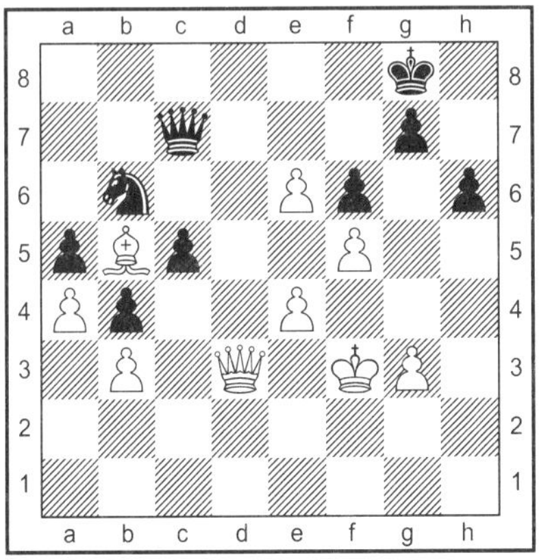

180☆

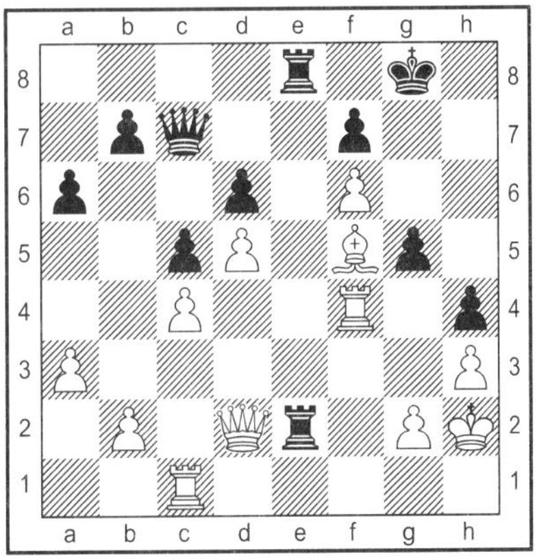

Txg6

181☆

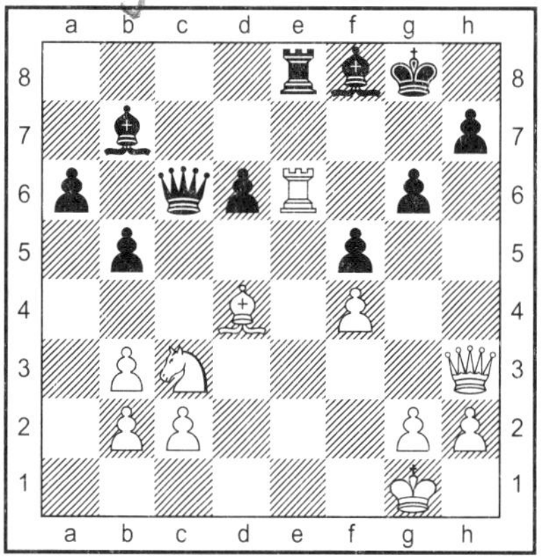

182★

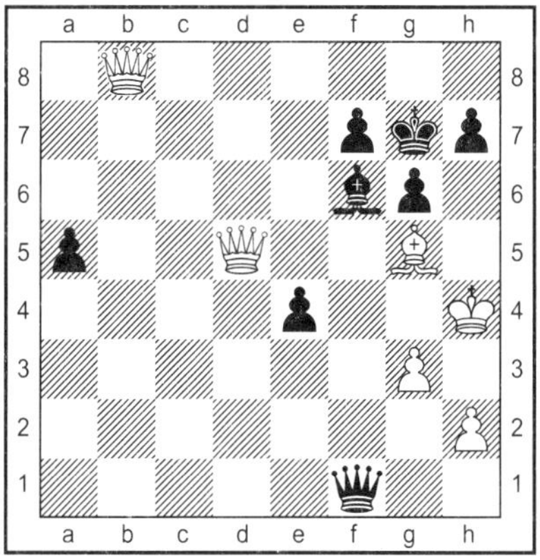

181. Espig – Pietzsch (Zinnowitz 1967)
Weiß am Zuge. Trotz seines Diagonaldrucks wurde Schwarz bei heiterem Himmel durch einen Blitzschlag niedergestreckt.

182. Spiridonov – Neukirch (Zinnowitz 1967)
Schwarz gab auf, der Gegner hat eine Dame mehr. Anscheinend also zu Recht? Aber lohnte nicht der „König am Rand“ einen Versuch?

183. Westman – Walther (Schach-Olympiade Havanna 1966)
Schwarz am Zuge; er nahm seine Chancen glänzend wahr.

184. Schöneberg – Tukmakov (Zinnowitz 1967)
Weiß hatte für die geopferte Figur Angriff und einen gefährlichen Freibauern auf f7. Wie krönt er sein Spiel?

Lxg2

183★

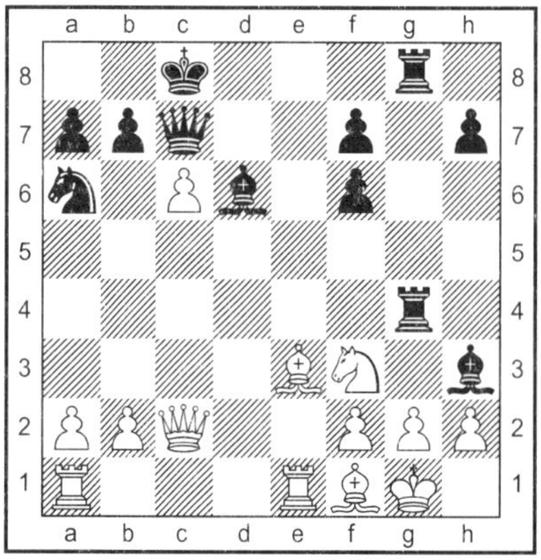

184☆

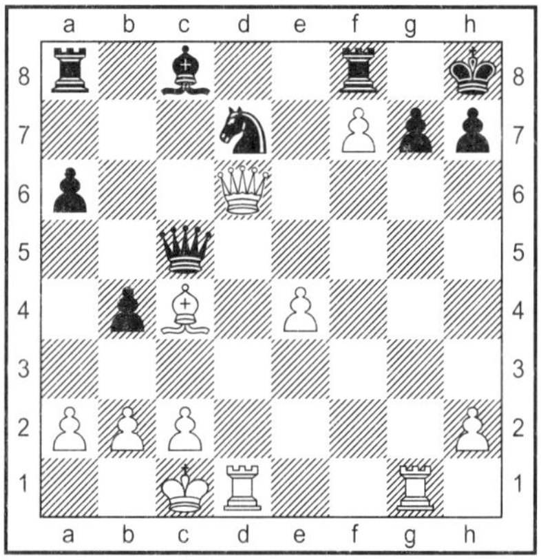

185☆

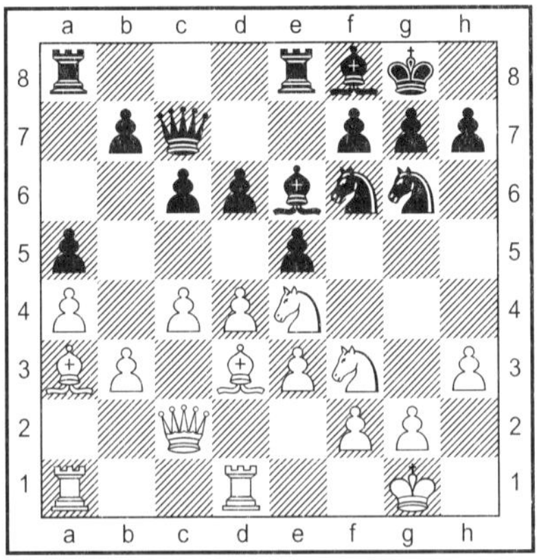

186★

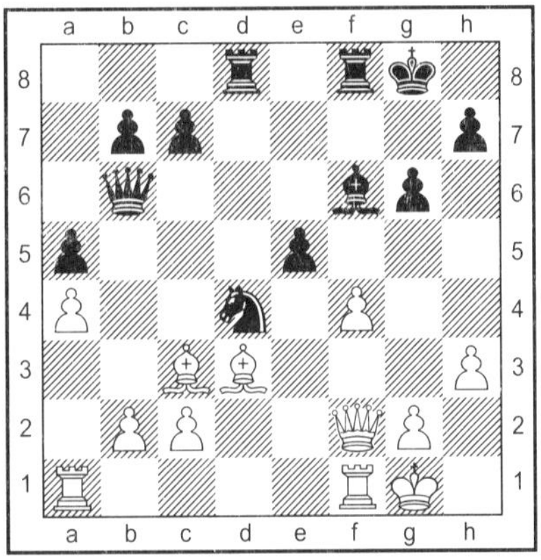

185. Koslovska – Kislowa (Frauen-WM-Kandidatenturnier, Subotica 1967)
Weiß, am Zuge, eroberte einen wichtigen Bauern.

186. Konarkovska – Satulovska (Frauen-WM-Kandidatenturnier, Subotica 1967)
Schwarz, am Zuge, kombinierte geschickt auf den Diagonalen. Weiß bedauerte bald die Schwäche des Punktes g3.

187. Hesse – Hauck (Studententurnier 1967 Berlin)
Weiß, am Zuge, brauchte die geschlagene Figur nicht wieder zurückzugeben.

188. Fischer – Dely (Skopje 1967)
Weiß schloss die Partie mit einer recht originellen Wendung ab.

187☆

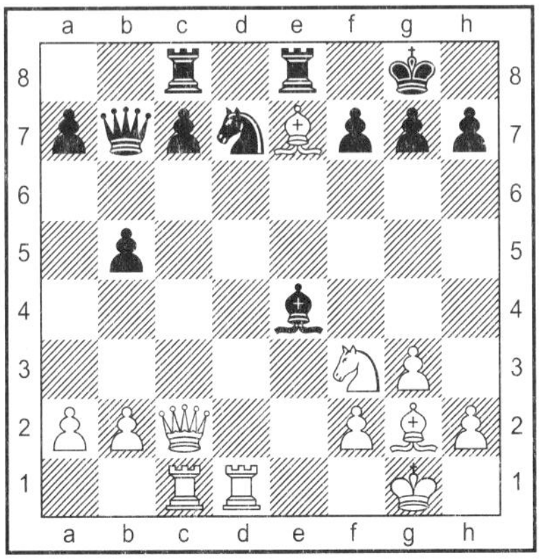

188☆

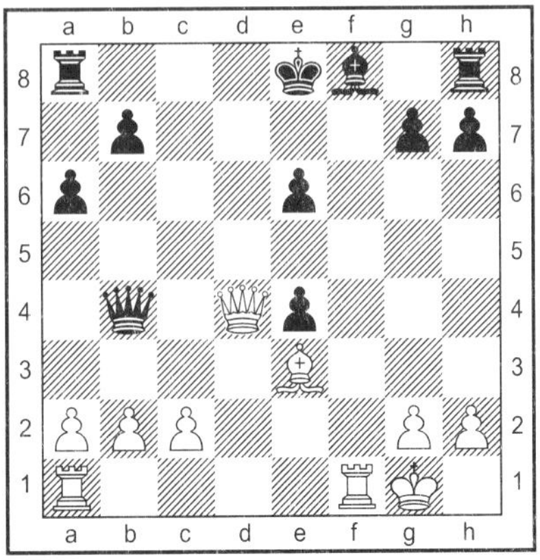

189☆

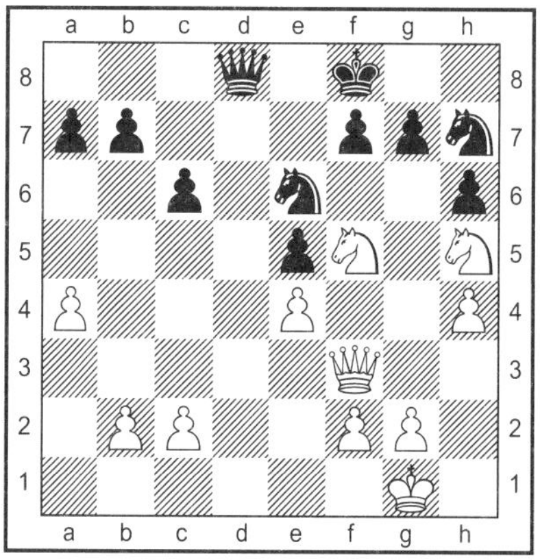

190★

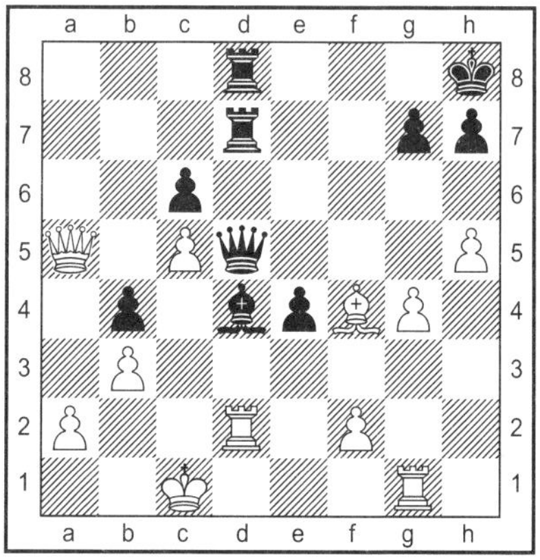

189. Faibissowitsch – Bachman (Spartakiade Leningrad 1967)
Weiß entschied elegant und „von langer Hand“.

190. N. N. – Mart (Natanya 1967)
Wie brachte Schwarz die geballte Kraft in der d-Linie zur Entfaltung?

191. A. Saizev – Furman (Charkov 1967/68)
Weiß packte die Gelegenheit zu einem Überfall beim Schopfe.

192. Toran – O’Kelly (Palma de Mallorca 1967)
Weiß am Zuge. Ein lehrbuchmäßiges Opfer erfuhr eine Neuauflage mit kleiner Zusatzpointe, und Weiß erhielt den Schönheitspreis.

191☆

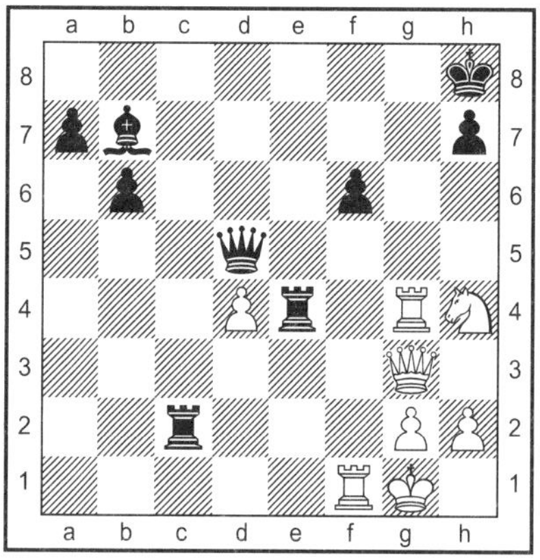

192☆

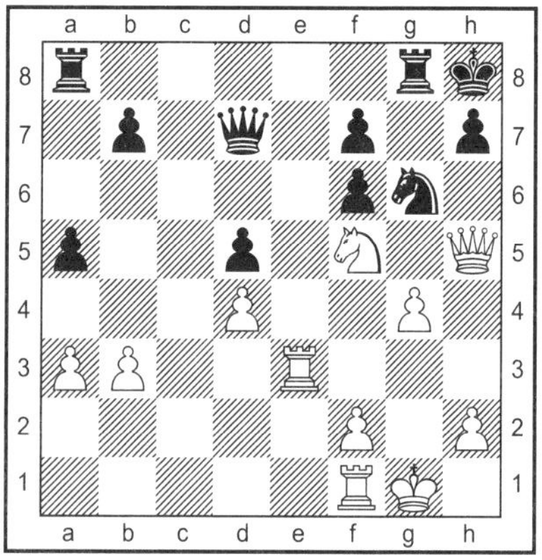

193★

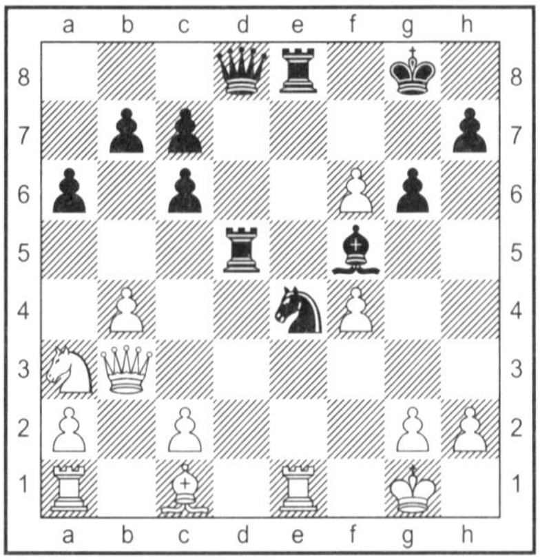

194☆

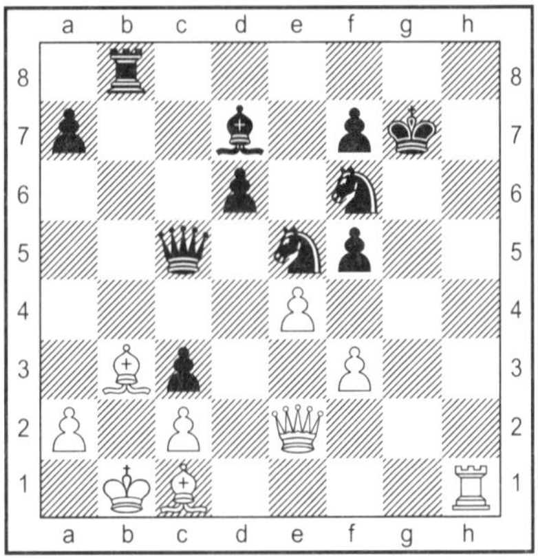

193. Jimenez – Gligoric (Palma de Mallorca 1967)
Schwarz erkannte die Schwäche der weißen Grundreihe, verursacht durch die rückständige Entwicklung des Damenflügels.

194. Bednarski – Tatai (Palma de Mallorca 1967)
Weiß spielte **1. ♗h6+**, verspielte damit einen Angriffstrumpf und verlor die Partie. Was sollte geschehen?

195. Bilek – Tarazi (Schach-Olympiade Havanna 1966)
Schwarz zog **1. ... ♗h4?** und gab nach **2. ♕h5:** auf. Der unbekannte Tunesier versäumte es, die Mängel im Partieaufbau des ungarischen Großmeisters darzulegen.

196. Kortschnoi – Udovcic (Leningrad 1967)
Dem Weißen (am Zuge) gelang eine verblüffende Wendung, die sich im wesentlichen auf eine „Kreuzfessel“ stützte.

195★

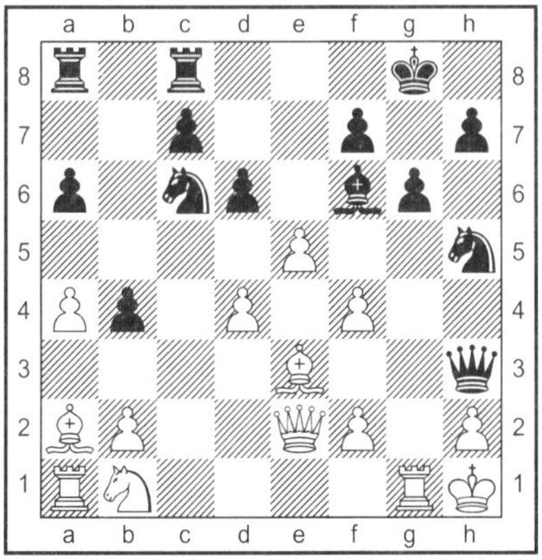

196☆

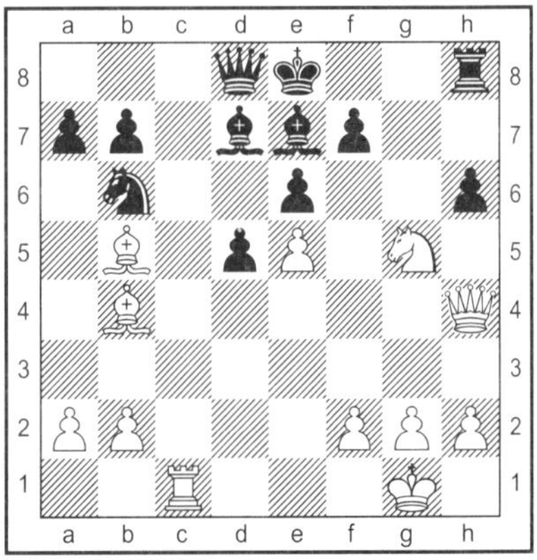

197☆

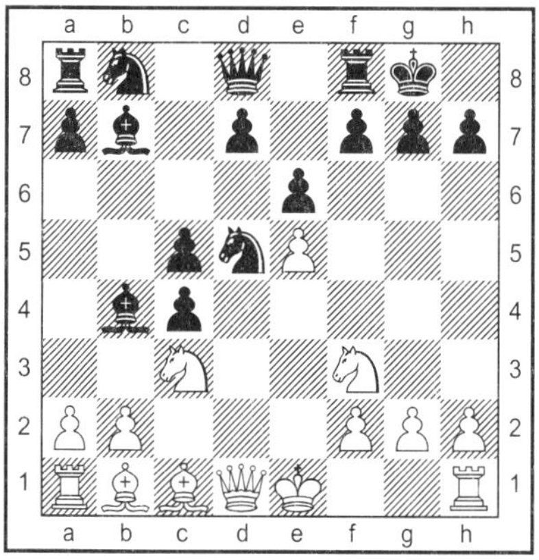

198☆

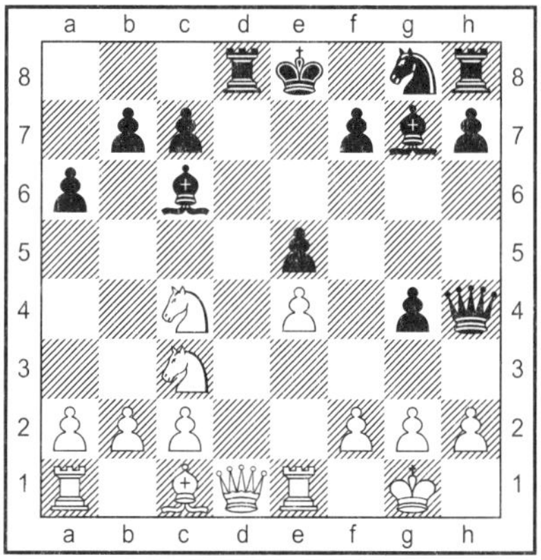

197. Donner – Portisch (Wijk aan Zee 1968)
Weiß am Zuge. In einem Großmeisterturnier dürften abgegriffene Wendungen wie die von dem Ungarn zugelassene Seltenheitswert besitzen.

198. Kortschnoi – Portisch (Wijk aan Zee)
Weiß sollte 1. ♕e2 ziehen, setzte jedoch **1. ♘d5** fort und ... büßte eine Figur ein.

199. Ek – Gaprindaschwili (Göteborg 1967/68)
Weiß führte die Anfälligkeit der Punkte f6 und e7 eindringlich vor Augen. Eine Handhabe bildet die deplazierte schwarze Dame.

200. Kaplan – Tatai (Malaga 1968)
Wie erobert Weiß (am Zuge) eine Figur?

199☆

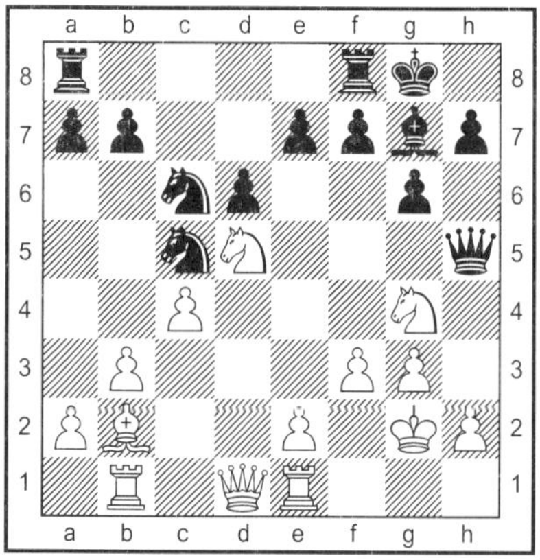

200☆

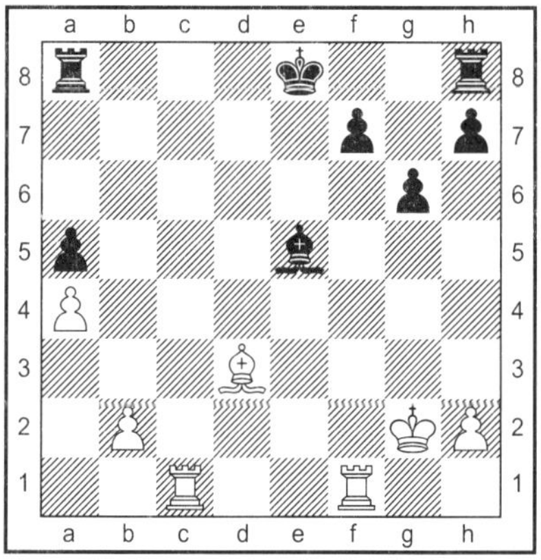

201☆
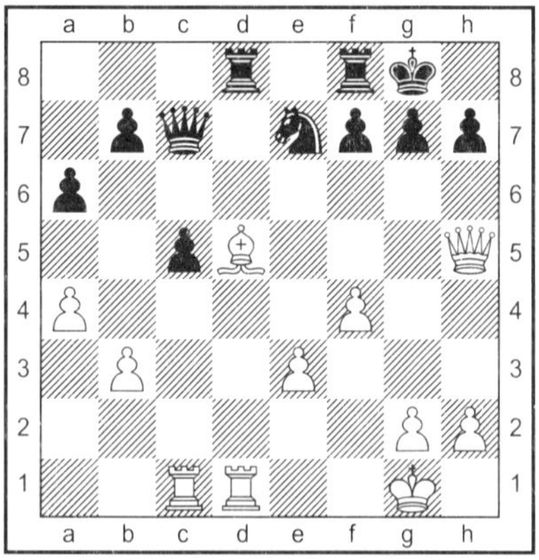

202★
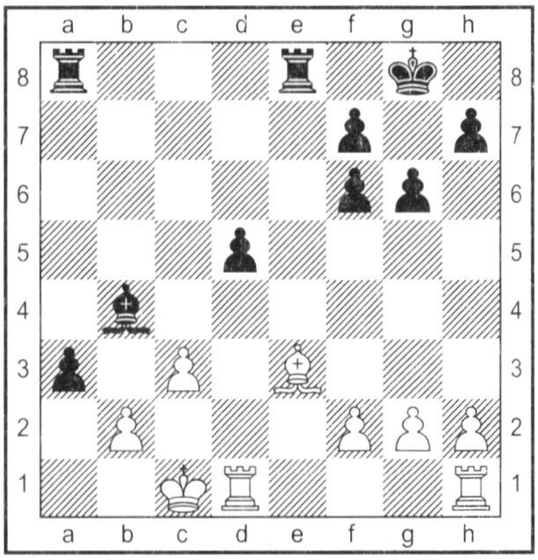

201. Uhlmann – Hennings (Wismar 1968)
Weiß am Zuge. Er spielte **1. ♗f3**, weil er glaubte, bei 1. ♖c5: materiell nicht gut abzuschneiden. Rechnete er richtig?

202. Packroff – Möhring (Weimar 1968)
Schwarz (am Zuge) überrumpelte den Gegner mit einem feinen Durchbruch.

203. Gheorghiu – Dr. Troianescu (Bukarest 1967)
Weiß, am Zuge, ließ sich von dem Angriff auf e5 nicht ablenken. Wie setzte er fort?

204. Georgescu – Urzica (Bukarest 1967)
Angesichts des eingeschlafenen schwarzen Damenflügels verspricht eine unverzügliche Aktion Erfolg. Weiß, am Zuge, heimste einige Bauern ein.

203☆
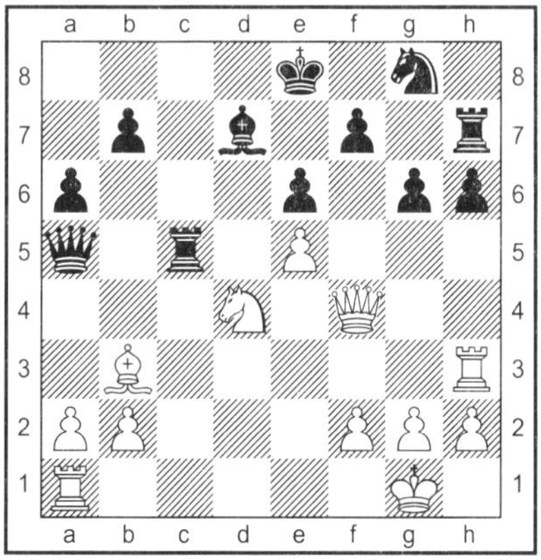

204☆
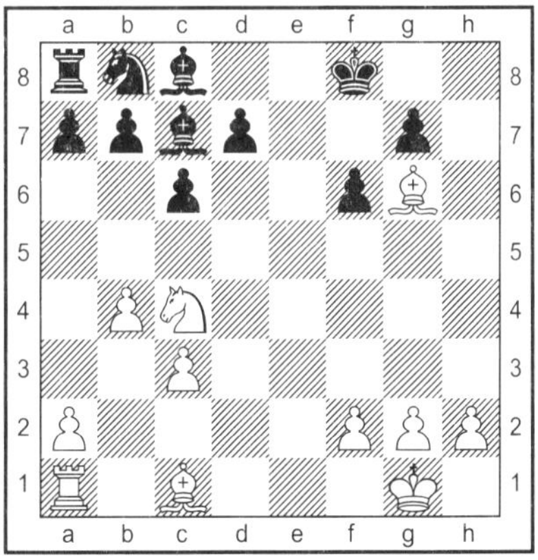

205☆

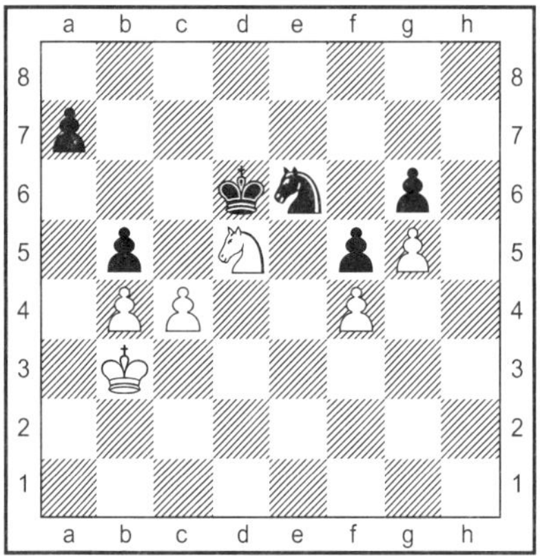

206☆

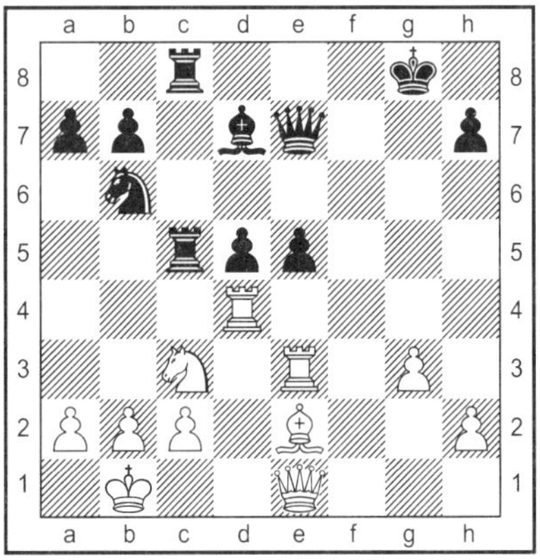

205. Petrosjan – Schmid (Bamberg 1968)
Weiß, am Zuge, bot Remis an (Schwarz hatte soeben b6–b5! gespielt), Schwarz stimmte zu. Ist die Stellung wirklich remis?

206. Unzicker – Szabo (Bamberg 1968)
Weiß fand eine durchschlagende Verstärkung seines Angriffs.

207. Schmid – Westerinen (Bamberg 1968)
Schwarz hatte keine Bedenken gegen **1. ... Sd4:**. Wie lautete die Widerlegung?

208. Botwinnik – Portisch (Monaco 1968)
Wo erspähte Weiß (am Zuge) die tödliche Schwäche?

207★

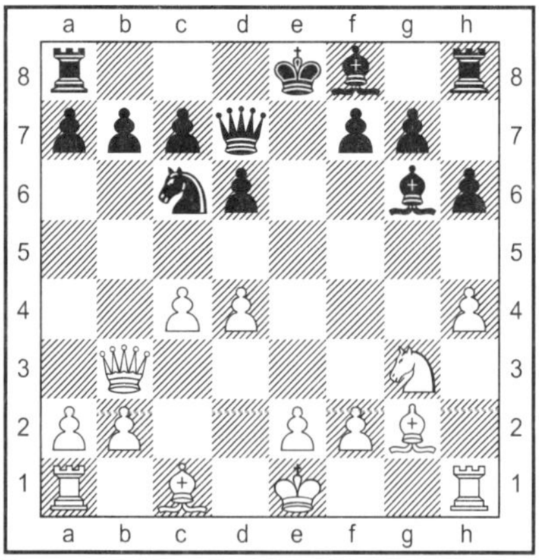

208☆

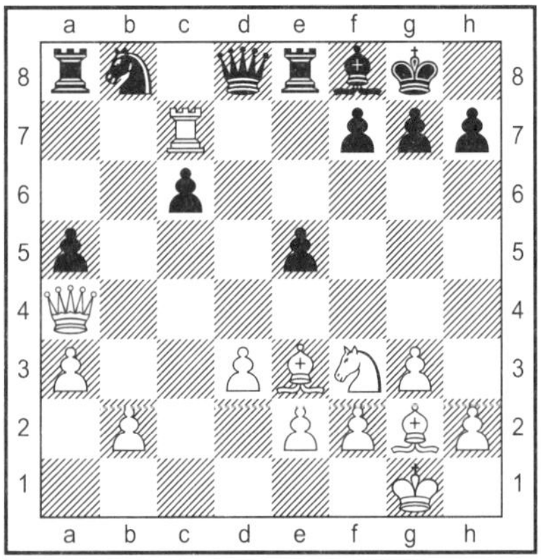

209☆

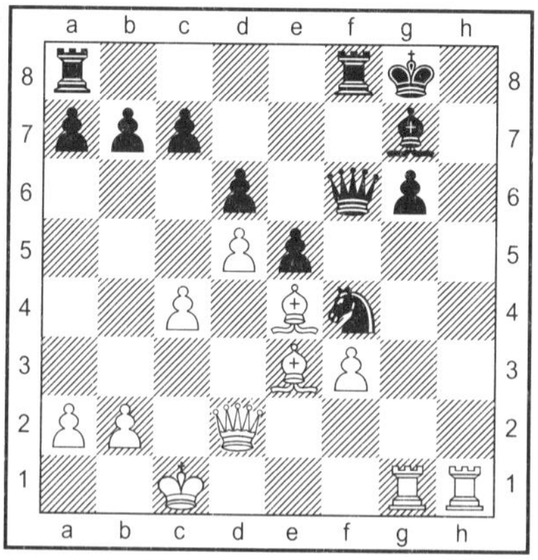

210★

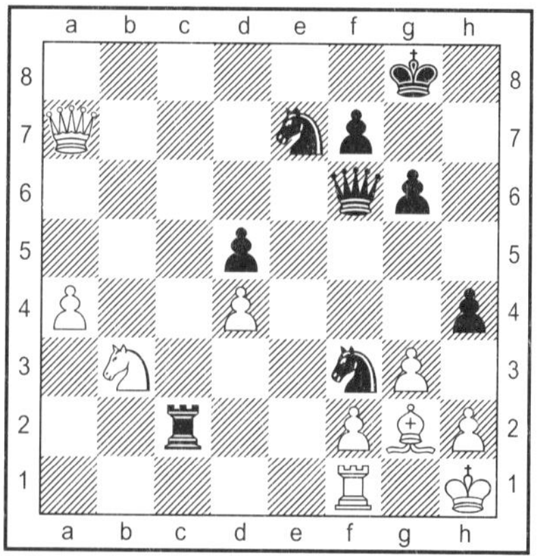

209. Kavalek – Martinovic (Sarajewo 1968)
Weiß (am Zuge) löste das Problem, wie der Angriff richtig zu führen sei, nachdem er erkannte, dass 1. ♕h2 ♔f7 2. ♗f4: ♕f4:+ wenig einbringt.

210. Petrosjan – Teufel (Bamberg 1968)
Schwarz (am Zuge) brachte den damaligen Weltmeister in schwere Bedrängnis.

211. Fischer – Minic (Vinkovci 1968)
Weiß, am Zuge, führte seinen Angriff auf klassische Weise und äußerst schwungvoll zu Ende.

212. Fischer – Ree (Natanya 1968)
Weiß, am Zuge, wickelte in ein vorteilhaftes Endspiel ab.

211☆

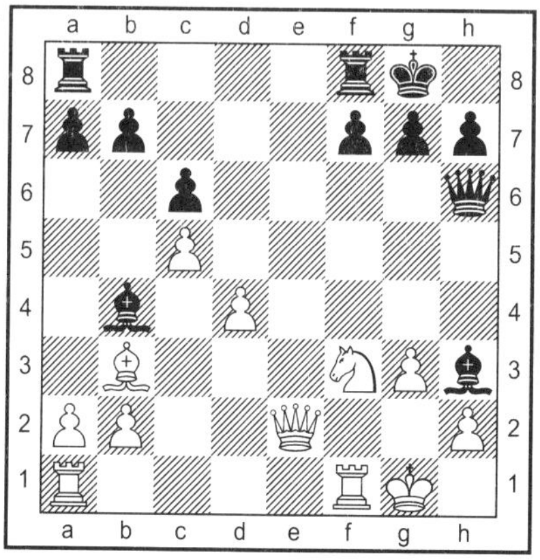

212☆

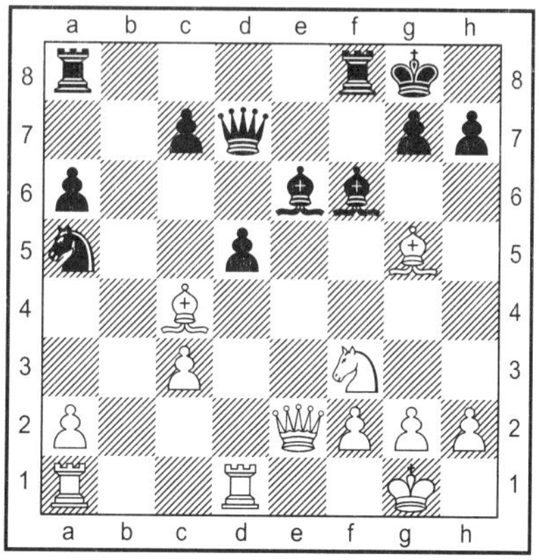

213☆

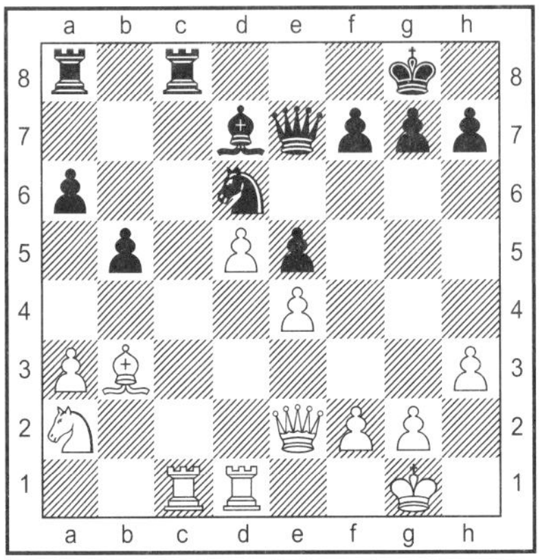

214★

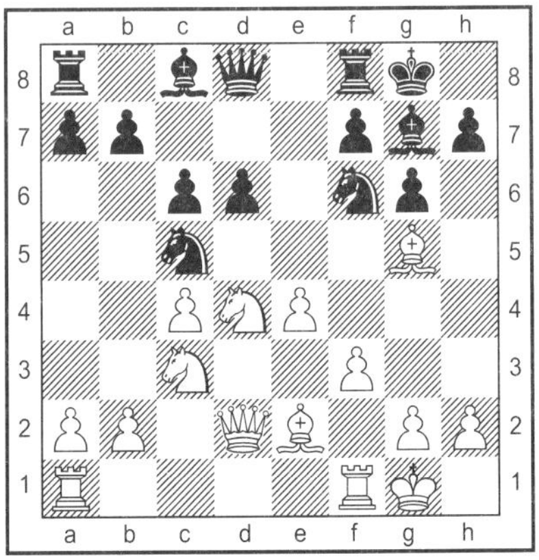

213. Reshevsky – Larsen (Schach-Olympiade Lugano 1968)

Weiß setzte **1. ♘b4** fort und versprach sich etwas von der Möglichkeit 2. ♘c6. Was hatte der Großmeister übersehen?

214. Adamski – Geller (Schach-Olympiade Lugano 1968)

Schwarz am Zuge. Er nützte die Tatsache aus, dass eine Dame nicht „zween Herren dienen“ kann.

215. Tringov – Donner (Büsum 1968)

Schwarz am Zuge. **1. ... ♗b2:?**, was Donner spielte, war unbrauchbar. Was antwortete Weiß? Was wäre auf 1. ... ♖e8 geschehen?

216. Donner – Hübner (Büsum 1968)

Schwarz ließ die Falle zuschlagen, in die der Weiße sich in der irrigen Annahme, die Fesselung sei harmlos, begeben hatte.

215★

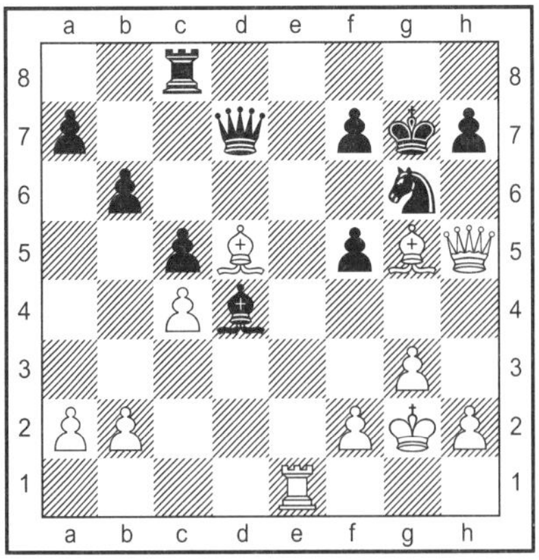

216★

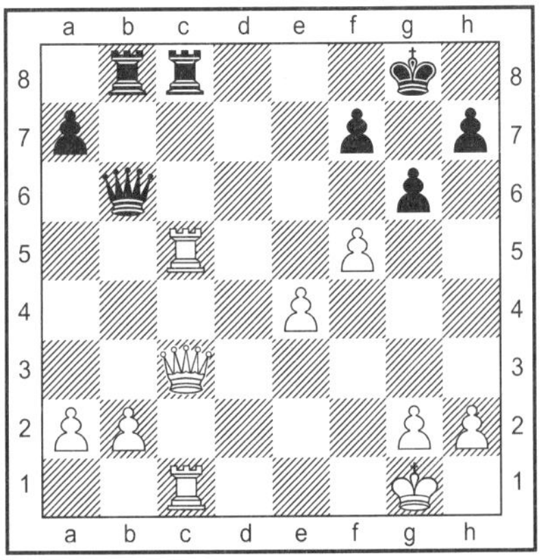

217☆
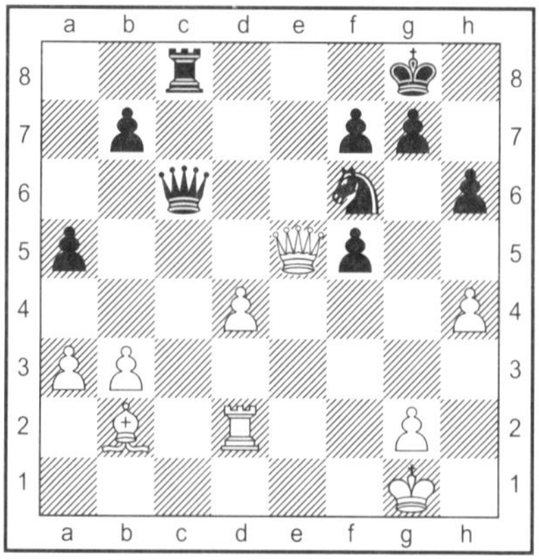

218☆
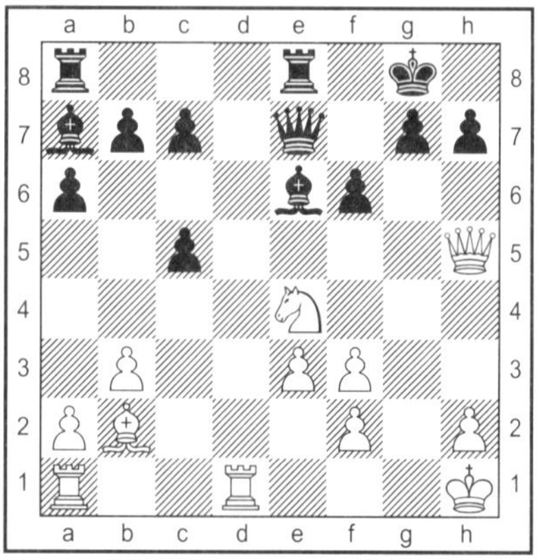

217. Sirkiä – Eichhorn (Studentenolympiade Ybbs 1968)
Weiß, am Zuge, glaubte die Gelegenheit zu **1. d5**, zur Öffnung der Diagonalen, wahrnehmen zu müssen. Er büßte nun eine Figur ein.

218. Sigurjonsson – Segal (Studentenolympiade Ybbs 1968)
Weiß, am Zuge, entfesselte einen Wirbelsturm.

219. Epstein – Veröczy (Lipeck 1968)
Schwarz (am Zuge) hat starken Angriff. Wie setzte er das Tüpfelchen aufs i?

220. Schmidt – Padevsky (Polanica Zdroj 1968)
Weiß am Zuge brachte Leben in die Bauern-Bude ...

219★
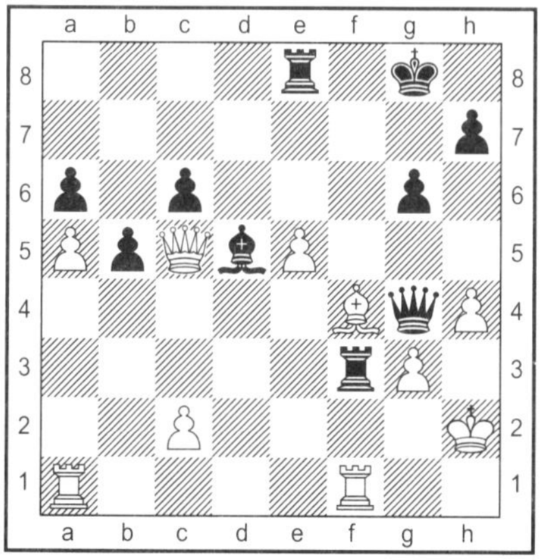

220☆
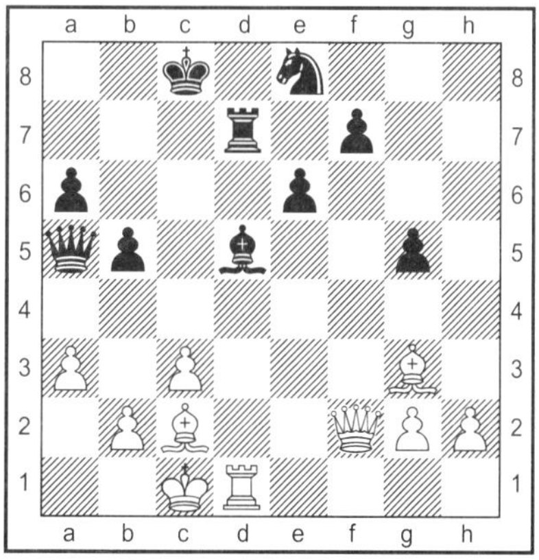

221☆
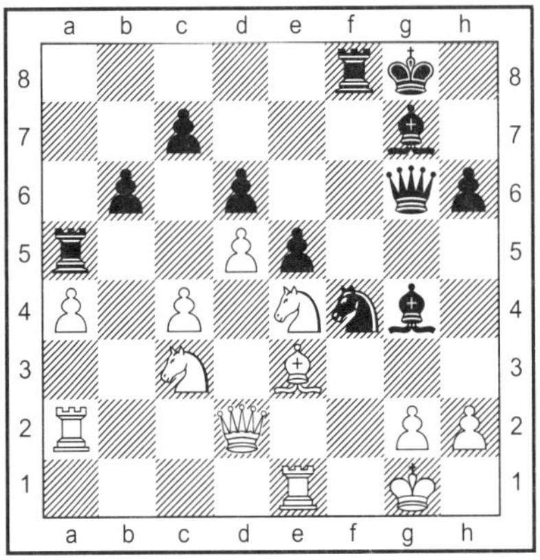

222☆
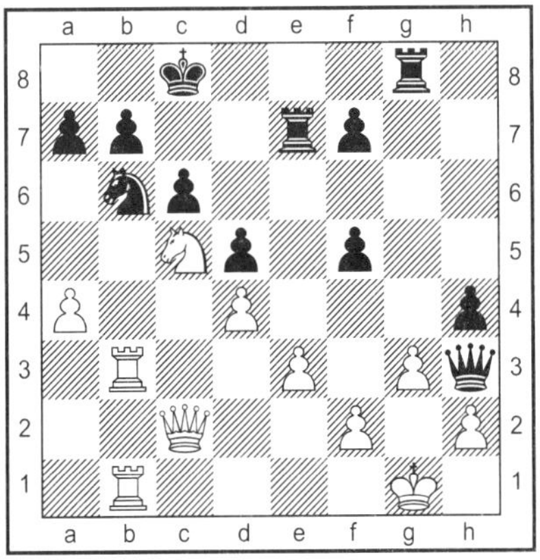

221. O'Kelly – Yanofsky (Schach-Olympiade Lugano 1968)
Weiß zog **1. ♖f1?** und begab sich damit auf ein glattes Parkett (der Turm ist nur vom König gedeckt ...)!

222. Lengyel – Rubinetti (Schach-Olympiade Lugano 1968)
Weiß am Zuge. Wessen Angriff kommt eher?

223. Dubinsky – Bychovsky (Moskau 1968)
1. ♖d1, ein naheliegender Versuch, mit dem Weiß glaubte, ein Geschäft zu machen, erwies sich als Bumerang.

224. Gibbs – L. Schmid (Schach-Olympiade Lugano 1968)
Schwarz, am Zuge, holte zum Blitzsieg aus.

223☆
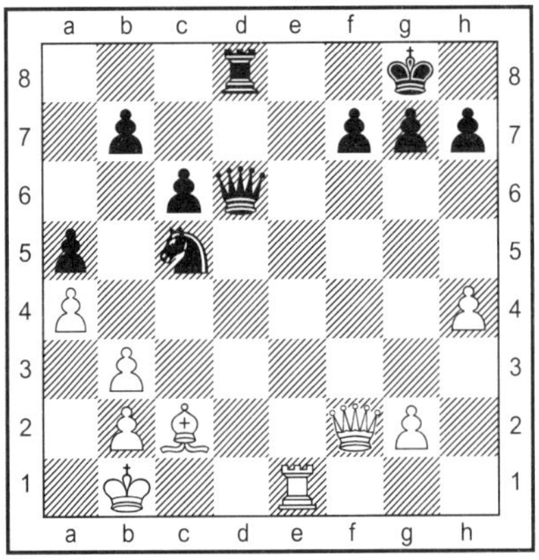

224★
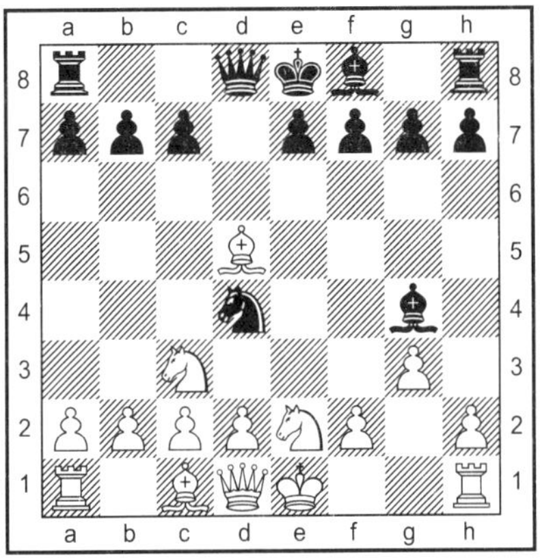

225☆

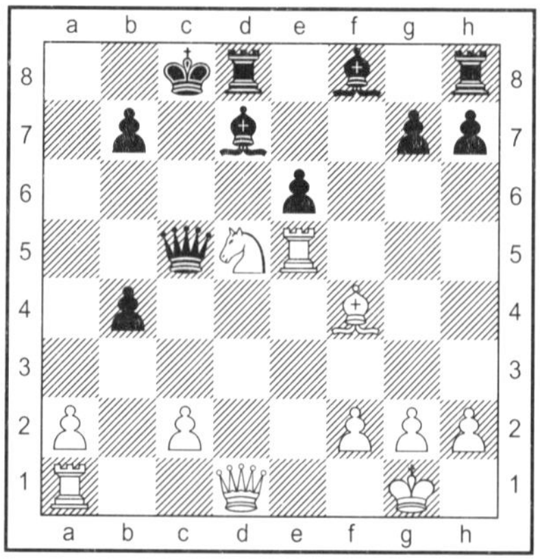

226☆

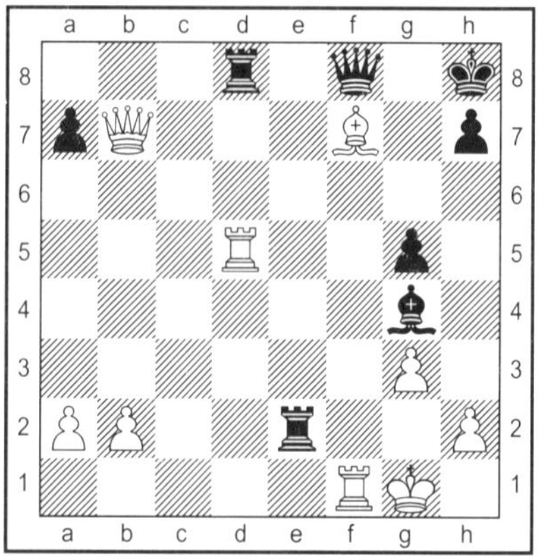

225. Gurgenidse – Grigorjan (Gori 1968)
Weiß am Zuge. Mit einem schönen Coup holte er sich die Dame für Turm und Springer.

226. Belussenko – Pugatschov (1. Allrussisches Fernturnier 1966/68)
Weiß, am Zuge, muss aufpassen: 1. ♖g5:? ♕h6! und Schwarz gewinnt; doch er hat einen Joker im Spiel.

227. Kurajica – Dr. Ujtelky (Wijk aan Zee 1969)
Weiß (am Zuge) darf nicht warten, bis der schwarze Trumpf auf der langen Diagonalen sticht.

228. Vujacic – Turunen (Niemeyer-Juniorenturnier, Groningen 1968/69)
Schwarz brachte den weißen König auf verblüffende Weise in ein originelles Mattnetz.

227☆

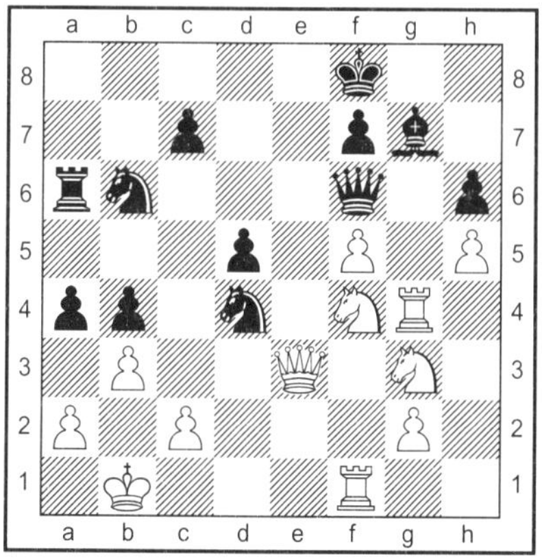

228★

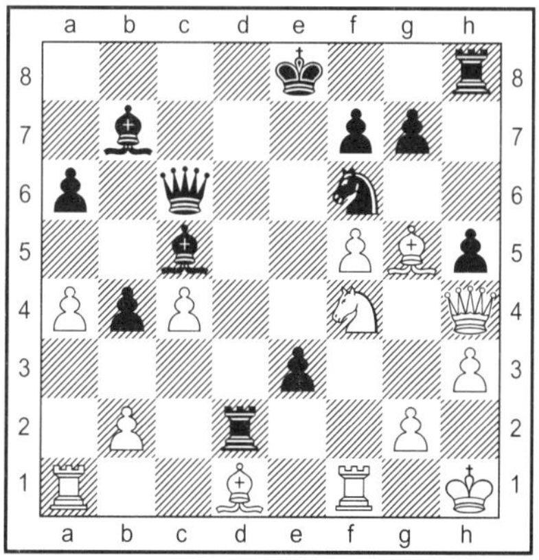

229☆

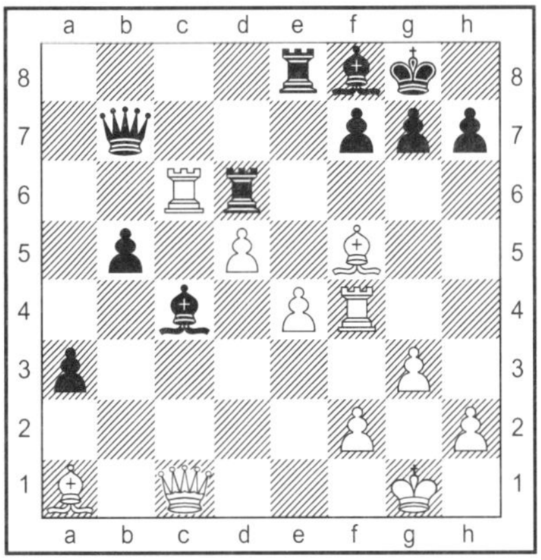

230★

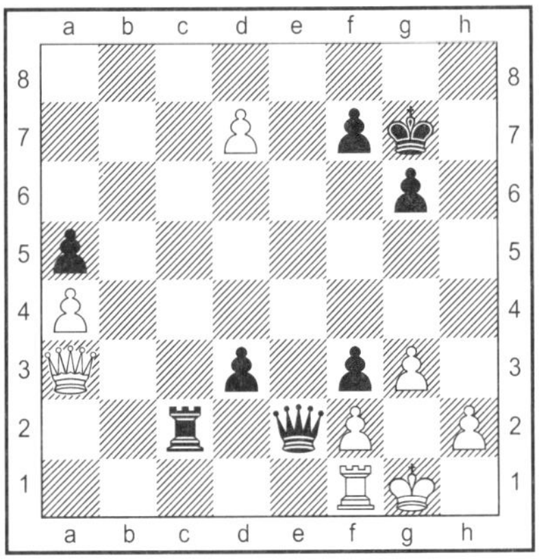

229. Sacharov – Tscherepkov (Alma Ata 1969)
Weiß, am Zuge, komponierte einen eigenartigen Schluss.

230. Ermenkov – Sachs (Warschau 1969)
Schwarz am Zuge. 1. ... d2? (drohend ♕f1:+) 2. ♕a1+! fruchtet nichts. Darum **1. ... ♕f1:+ 2. ♔f1: d2**. Sollte Schwarz gewinnen?

231. Dr. Troianescu – Taimanov (Venedig 1969)
Schwarz scheint verloren (♔g7: ♕d4+, oder ♕a4: ♕d4). Wie drehte er dennoch den Spieß um?

232. Szabo – Polgar (Budapest 1969)
Kann Weiß die Abzugsdrohung in der d-Linie irgendwie wirksam werden lassen?

231★

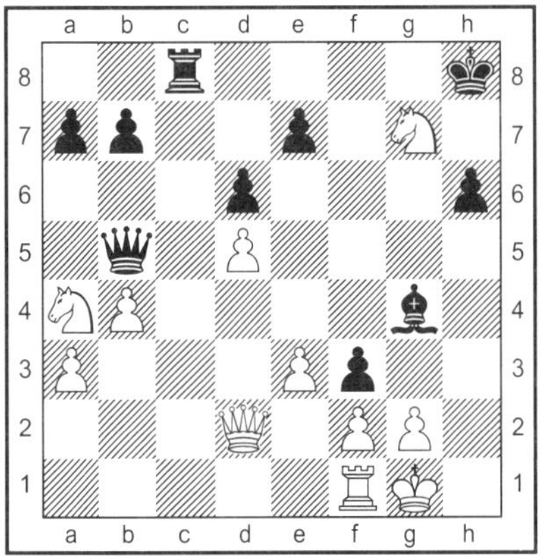

232☆

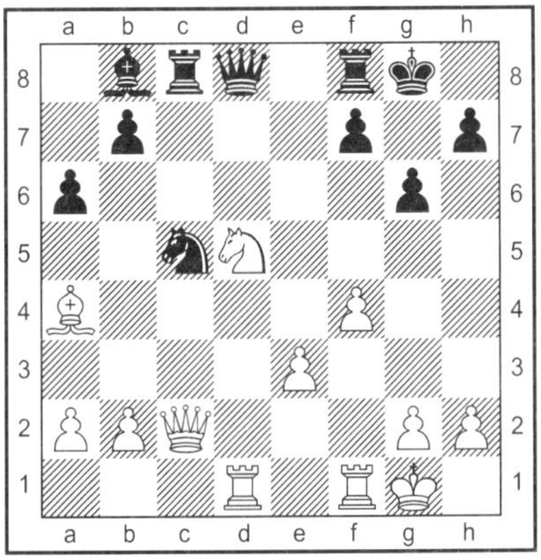

233☆

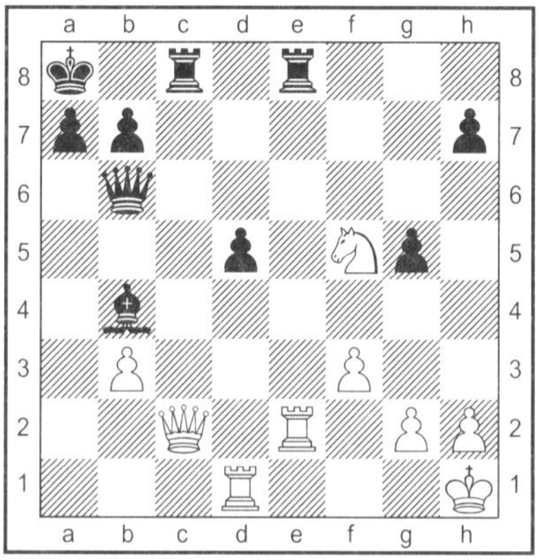

234★

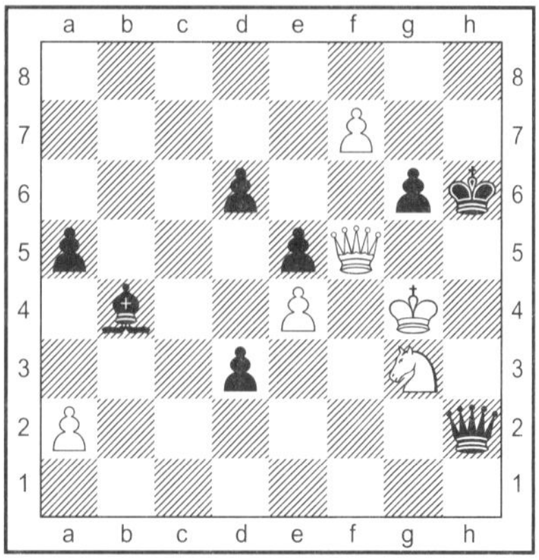

233. Teschner – Portisch (Monaco 1969)
Weiß ließ sich zu **1. ♖d5:?** verleiten (besser 1. ♖c1). Wie konnte Schwarz nun sofort gewinnen?

234. Hennings – Barczay (Sarajewo 1969)
Schwarz am Zuge. Wie wird er mit dem Freibauern fertig?

235. Huguet – Gerusel (Monaco 1969)
Schwarz, am Zuge, eroberte eine Figur.

236. Medina – Marovic (Malaga 1969)
Wie beendete Weiß unmittelbar das Scharmützel?

235★

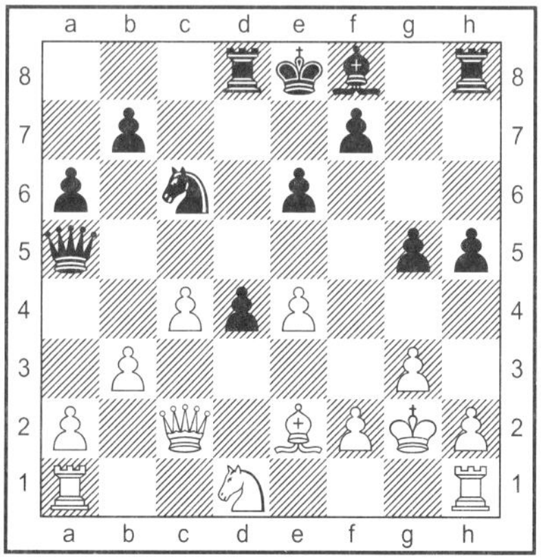

236☆

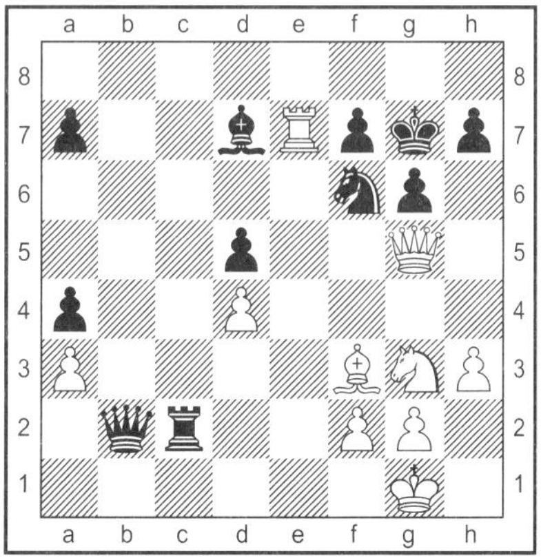

237★

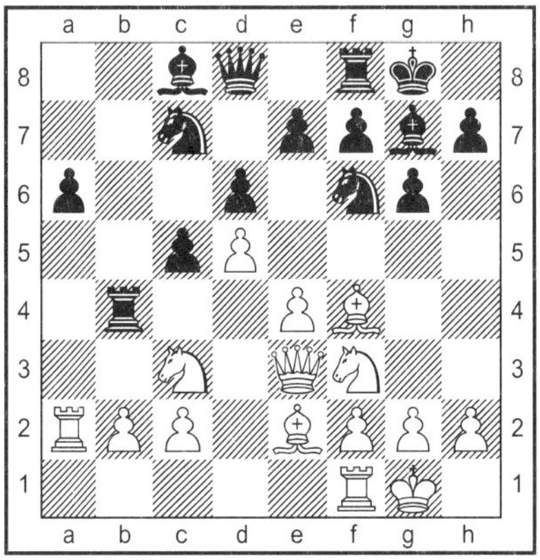

238☆

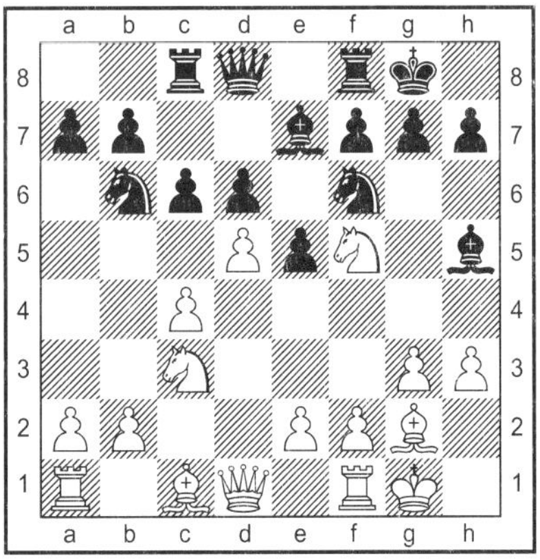

237. Westerinen – Jansson (Uppsala 1969)
Schwarz am Zuge. Er suchte und fand eine taktische Finesse, um das Zentrum aufzubrechen.

238. Darga – Stein (IBM-Turnier, Amsterdam 1969)
Auf eigenartige Weise nahm Darga dem sowjetischen Großmeister eine Figur ab.

239. Csom – Ostojic (IBM-Turnier Amsterdam 1969)
Der nächste weiße Zug traf den Gegner wie ein Blitz aus heiterem Himmel.

240. Teschner – Martius (Dt. Mannschaftsmeisterschaft, Vorrunde, München 1969)
Schwarz spielte **1... ♘h4:**, weil der Bauer unangenehm zu werden drohte. Wie lautet die Widerlegung?

239☆

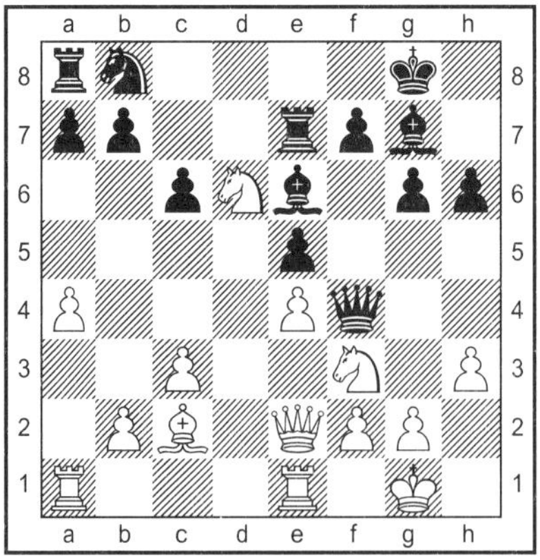

240★

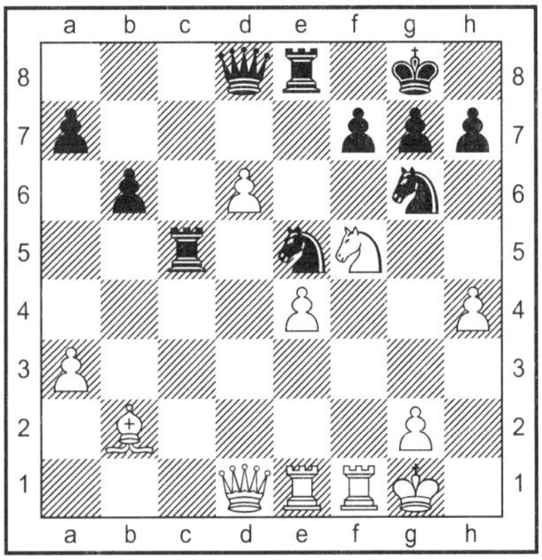

241☆

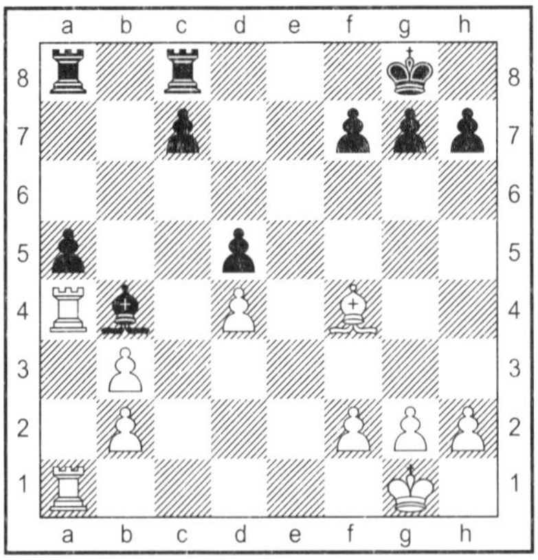

242☆

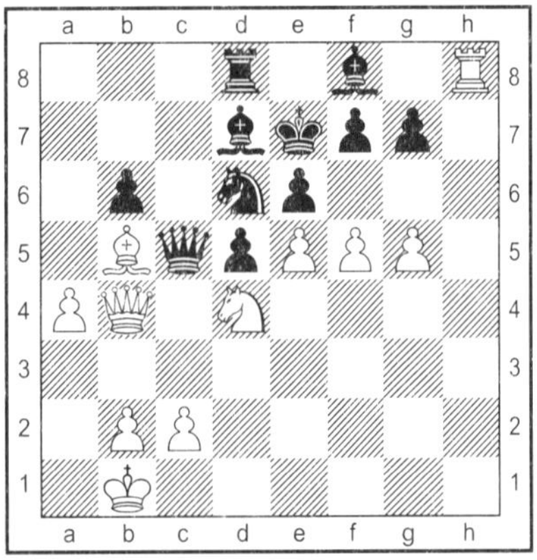

241. Tuk – Assenova (Frauenturnier Lublin 1969)
Weiß glaubte sich den Bauerngewinn **1. ♗c7:** leisten zu können und pochte dabei auf den gefesselten a-Bauern. Was hatte die Führerin der weißen Steine übersehen?

242. Zinser – Lombardy (Zagreb 1969)
Weiß am Zuge. Mit einem versteckten Manöver, das Mattgedanken beinhaltet, konnte er ein gewonnenes Endspiel herbeiführen.

243. Spassky – Larsen (Palma de Mallorca 1969)
Schwarz zog **1. ... h4** und machte sich Gewinnhoffnungen, die sein Gegner jäh zerstörte.

244. Espig – Radulov (Zonenturnier Raach 1969)
Weiß am Zuge. Kostet **1. ♕e2** nicht wegen **1. ... ♘e4:** einen Bauern?

243★

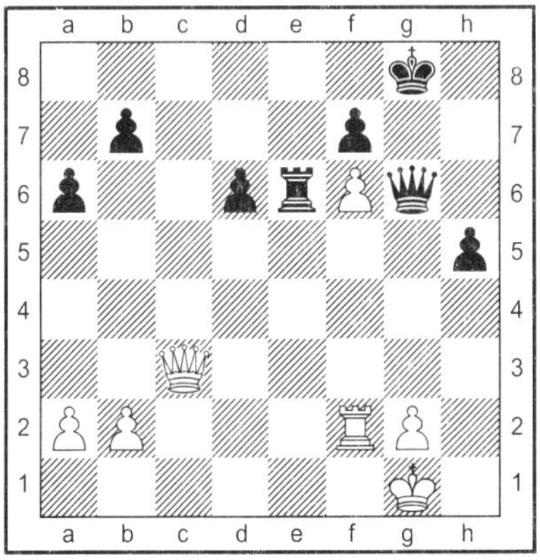

244☆

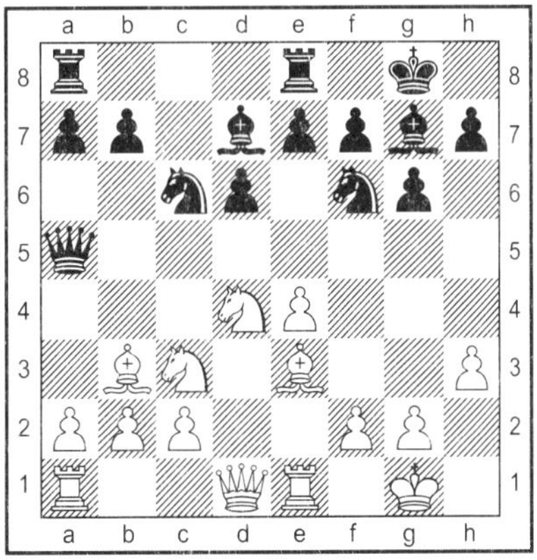

245☆

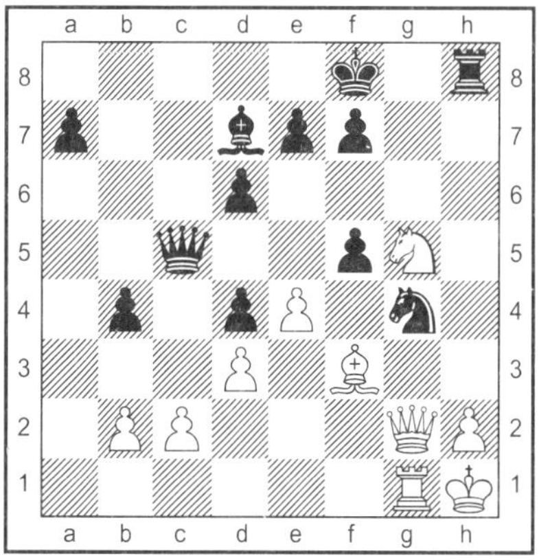

246★

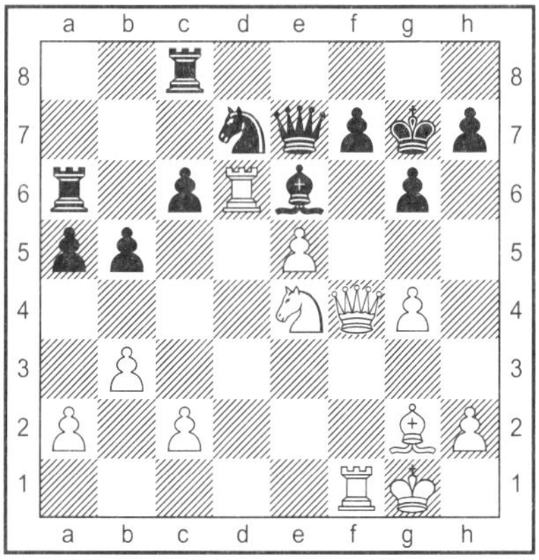

245. U. Andersson – Doda (Lodz 1969)
Weiß am Zuge. Muss er den gefährlichen Springer durch Tausch entfernen?

246. Suttles – Ostojic (Belgrad 1969)
Schwarz, der eine mühsame Verteidigung geführt hat, beging mit **1. ... ♗d5** einen schweren Fehler. Wieso?

247. Sahovic – Matulovic (Belgrad 1969)
Weiß, am Zuge, konnte leicht gewinnen. Wie? Mit **1. ♗e5:?** allerdings erlitt er ein Fiasko.

248. Spiridonov – Tal (Tiflis 1969/70)
Schwarz am Zuge. Er brannte ein taktisches Feuerwerk ab.

247☆

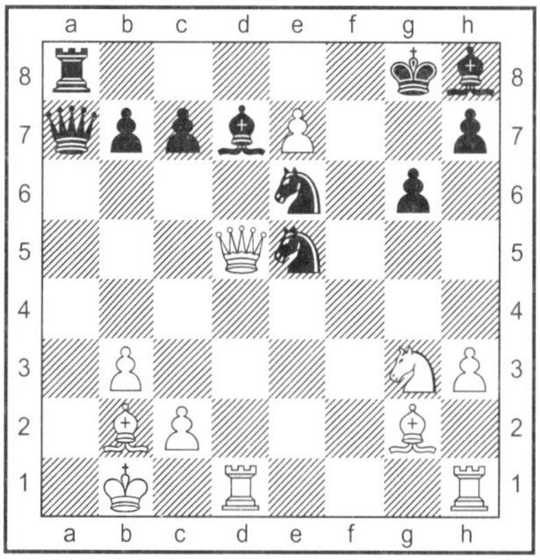

248★

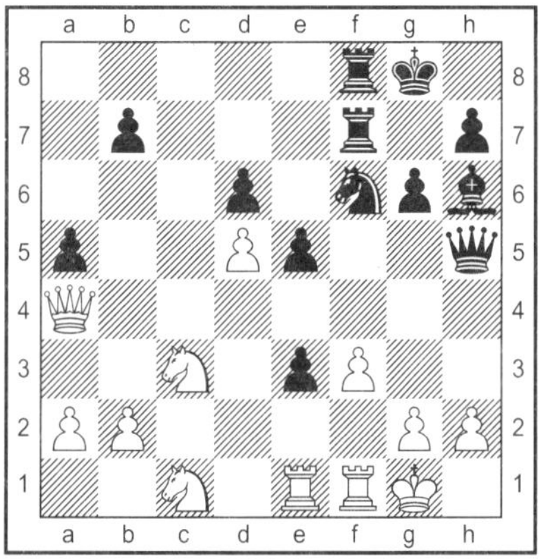

249☆

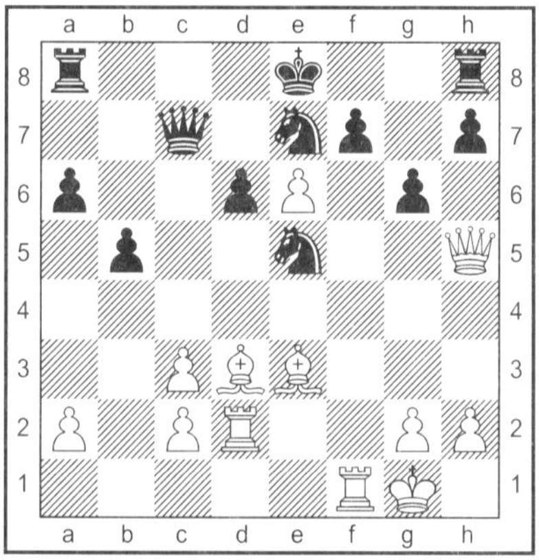

250☆

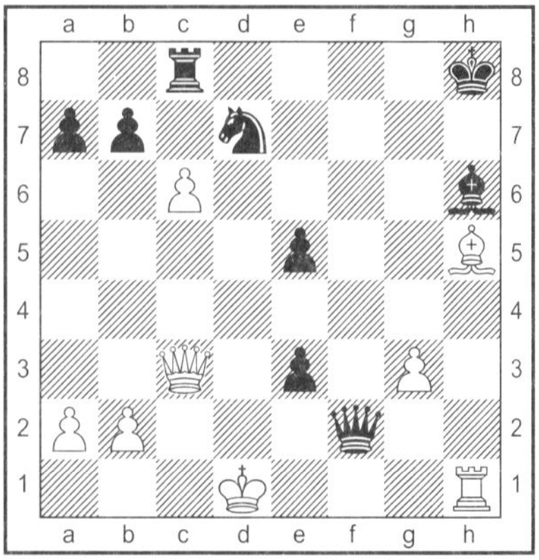

249. Tal – Suetin (Tiflis 1969/70)
Weiß schloss die Partie elegant und zwingend ab.

250. Smirnov – Jeleznov (UdSSR 1969)
Ist es möglich, den ♘d7 zu schlagen und die Gefahr für Dame und König durch die Umwandlungsdrohung zu bannen?

251. Bures – Zikan (Fernturnier CSSR 1969)
Weiß am Zuge. Wie zieht er sich angesichts der Gefahr für den eigenen König elegant aus der Affäre?

252. Burkett – Fritzinger (Kalifornien 1969)
Schwarz hatte soeben **1. ... ♕d2–d3** gezogen und erzielte einen unerwarteten Erfolg: **2. ♖fa1?** Weiß hätte statt dieses Zuges matt setzen können und wurde es nun selbst.

251☆

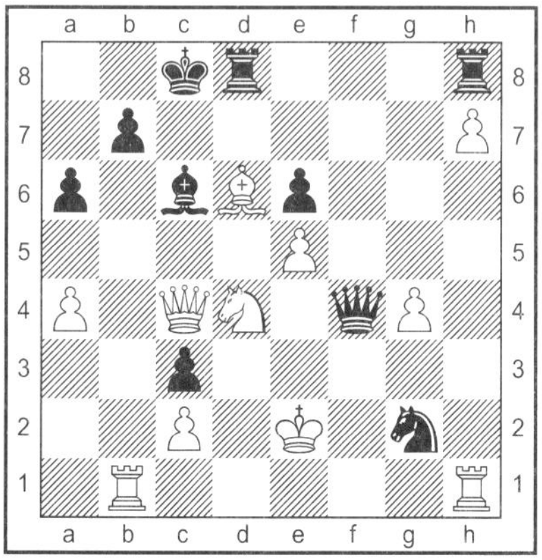

252★

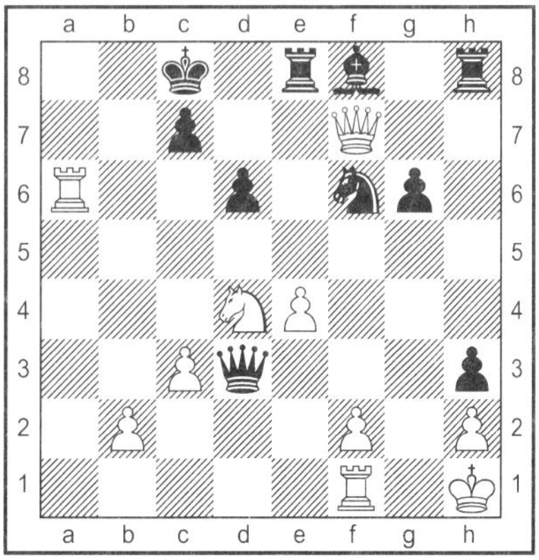

253★

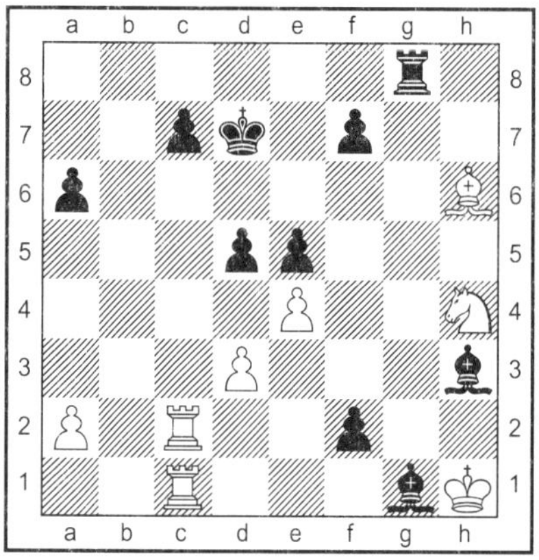

254☆

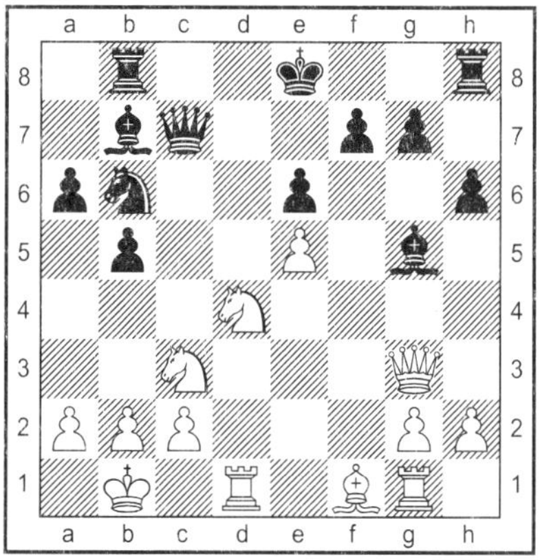

253. Almgren – Burger (Nord-Süd-Match, Kalifornien 1969)
Schwarz hatte seinen Turm berührt und musste ihn ziehen. Was tun?

254. Hecht – B. Kristjansson (Reykjavik 1970)
Weiß am Zuge. Wie nimmt er den König aufs Korn?

255. Dr. Lehmann – Cordovil (Malaga 1970)
Weiß zog **1. ♖a6?** und gestattete damit dem Spanier, den Spieß herumzudrehen. Wie gewann Schwarz, und wie konnte Weiß entscheiden?

256. Jacobsen – Ljubojevic (Niemeyer-Juniorenturnier, Groningen 1969/70)
Schwarz am Zuge. Er widerlegt originell den gekünstelten weißen Aufbau.

255☆

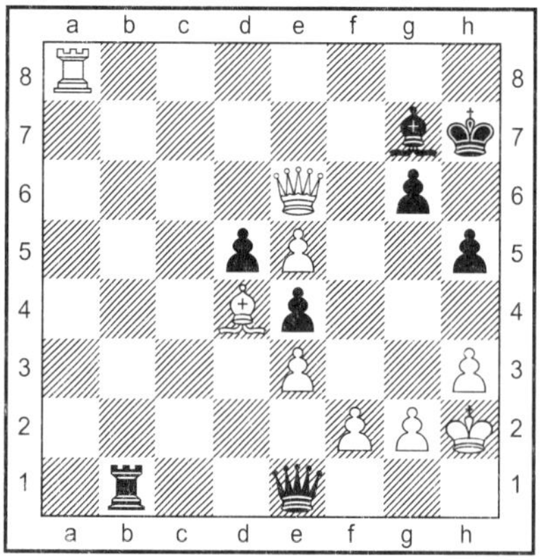

256★

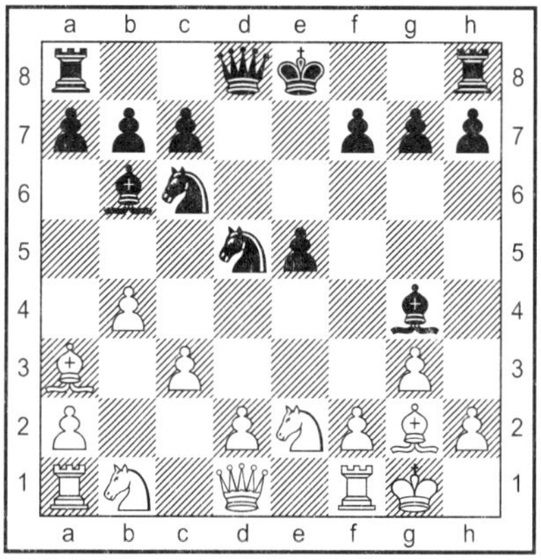

257★

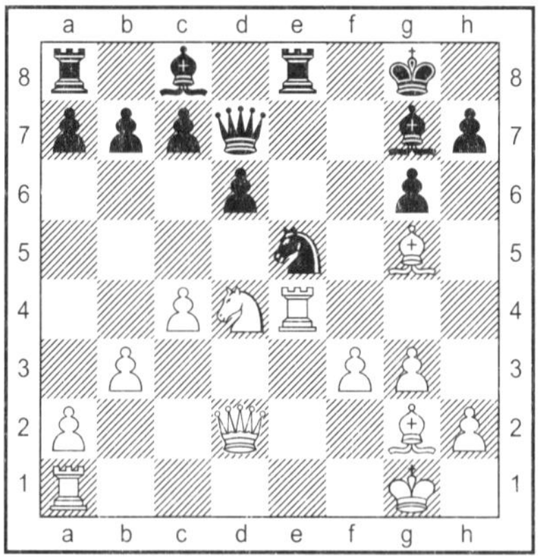

258★

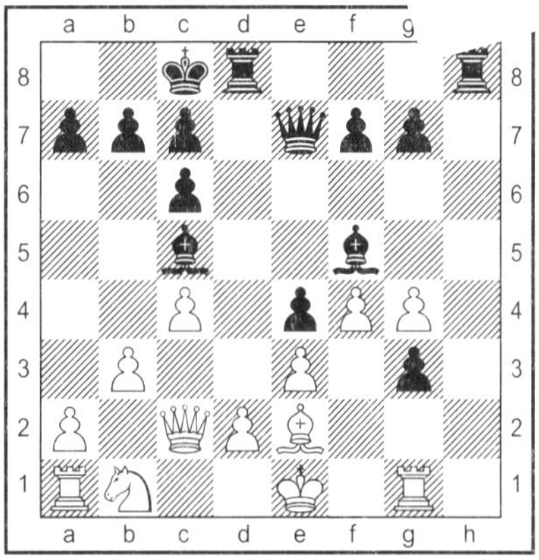

257. Larsen – Stein (UdSSR gegen den „Rest der Welt“, Belgrad 1970)
Der naheliegende Zug **1. ... ♘c6** gestattete Larsen, auf geistreiche Art in Vorteil zu kommen. Gab es Besseres?

258. Larsen – Spassky (UdSSR gegen den „Rest der Welt“, Belgrad 1970)
Schwarz fand den sensationellsten Zug im „Wettkampf des Jahrhunderts“.

259. F. Portisch – Bilek (Zalaegerszeg 1969)
Schwarz machte eine „wahrhaft unwahrscheinliche Kombination“, wie er selbst meinte.

260. Larsen – Kavalek (Lugano 1970)
Weiß am Zuge. Scheinbar führt 1. ♘e6+ ♕e6: nur zum Remis (2. ♕e6: ♗b2:+ 3. ♔b1 ♗a3+ 4. ♔c2 ♖g2+). Oder liegt hier ein „Rechenfehler“ vor?

259★

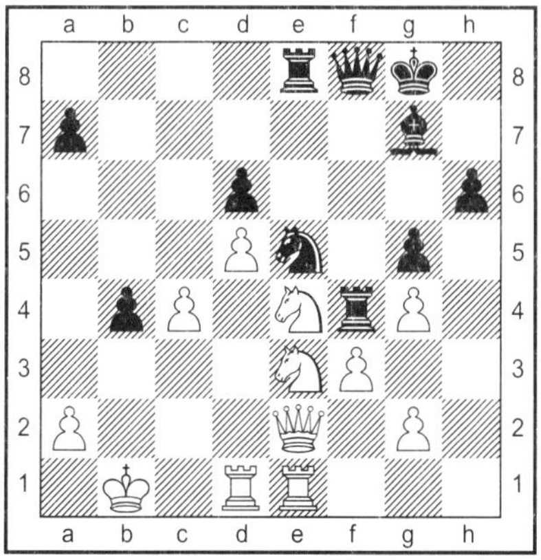

260☆

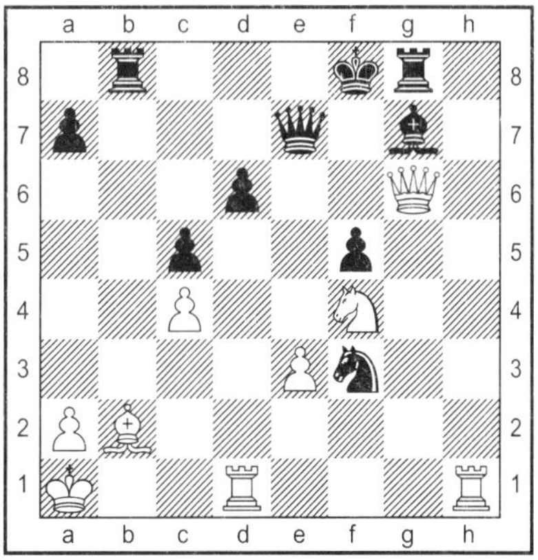

261★

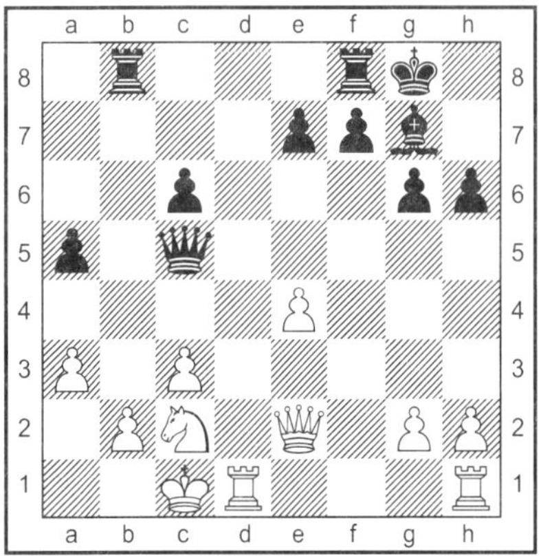

262☆

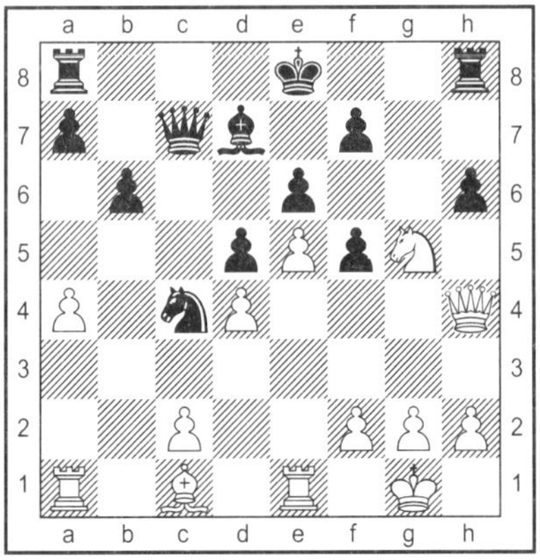

261. Kapengut – Waganjan (Dubna 1970)
Schwarz, am Zuge, stellte die Weichen für eine Mattkombination.

262. Dueball – Burnett (Berlin 1970)
Weiß am Zuge. Er hat Schwarz nicht zur Rochade kommen lassen und macht nun kurzen Prozess.

263. Fischer – Gligoric (Rovinj 1970)
Schwarz (am Zuge) spielte **1... g5**, um der unangenehmen Drohung g4–g5 vorzubeugen. „Auf 2. ♖h6 kann ja ♔g7 geschehen“, überlegte er. Glaubte Fischer das auch?

264. O'Kelly – Toran (Olot 1970)
Weiß am Zuge. Er muss sich beeilen, denn Schwarz droht ♖f8 oder ♘g3; aber er hatte ja ein Manöver von langer Hand vorbereitet, das ihm den Schönheitspreis eintrug.

263★

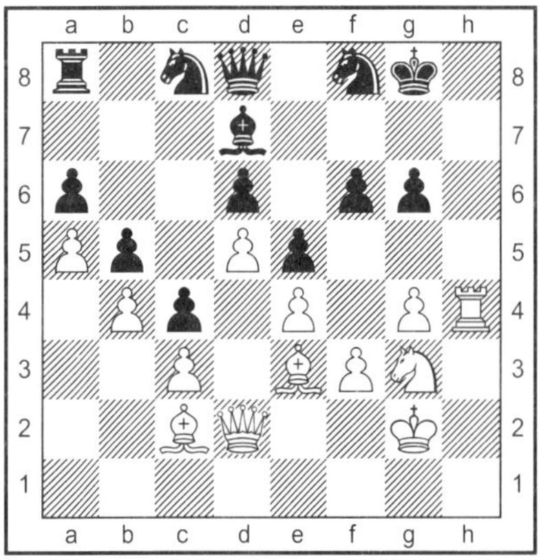

264☆

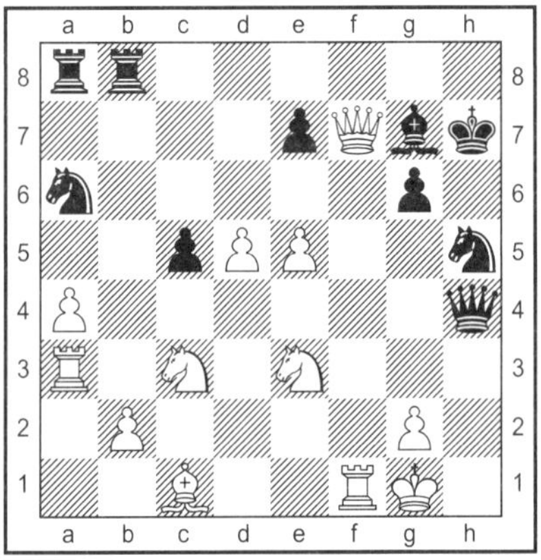

265★
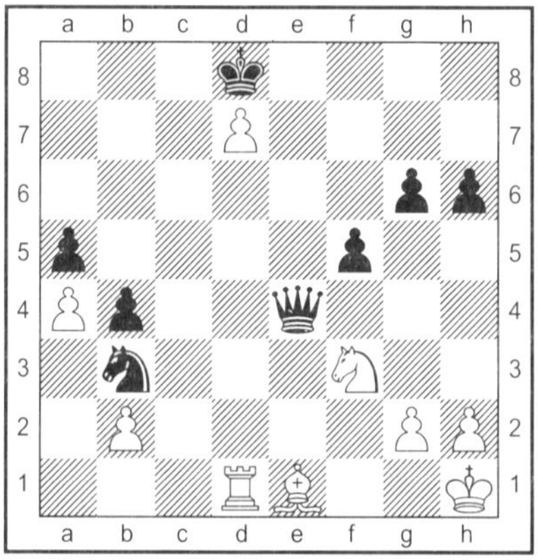

266★
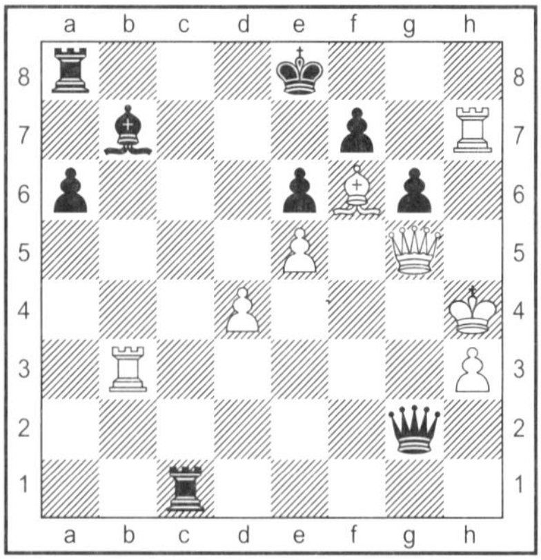

265. Padevsky – Jansa (Europa-Mannschaftsmeisterschaft Kapfenberg 1970)
Schwarz am Zuge verpasste den leichten Gewinn (wie?). Er wollte sich des ♙d7 entledigen und tat dem Gegner den Gefallen **1. ... ♘c5?** Was folgte?

266. Padevsky – Polugajevsky (Europa-Mannschaftsmeisterschaft Kapfenberg 1970)
Schwarz, am Zuge, konnte einen ganzen Turm erobern (oder mattsetzen)! Kaum glaublich, aber wahr!

267. Geller – Liebert (Europa-Mannschaftsmeisterschaft Kapfenberg 1970)
Weiß am Zuge. Zwar ist der Punkt f7 ausreichend gedeckt, aber der Ring um den König ist reichlich brüchig, die dunklen Felder sind schwach. Wie brach Geller durch?

268. Klundt – Kestler (Deutsche Meisterschaft Völklingen 1970)
Weiß am Zuge. Er hatte zwei Bauern geopfert und muss nun den Beweis führen, dass seine Strategie richtig war. Er tat es mit einer fein berechneten Kombination.

267☆
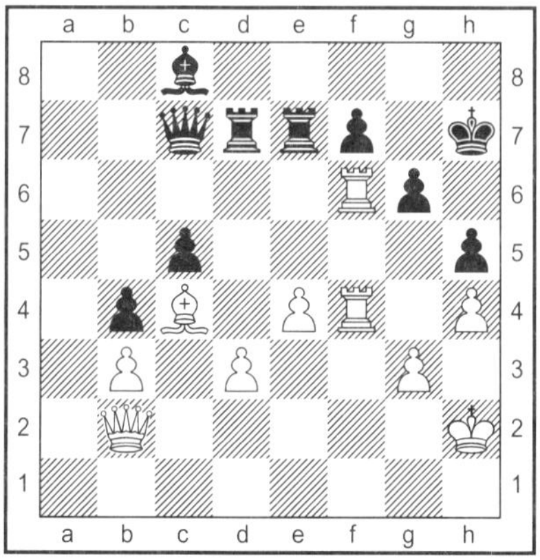

268☆
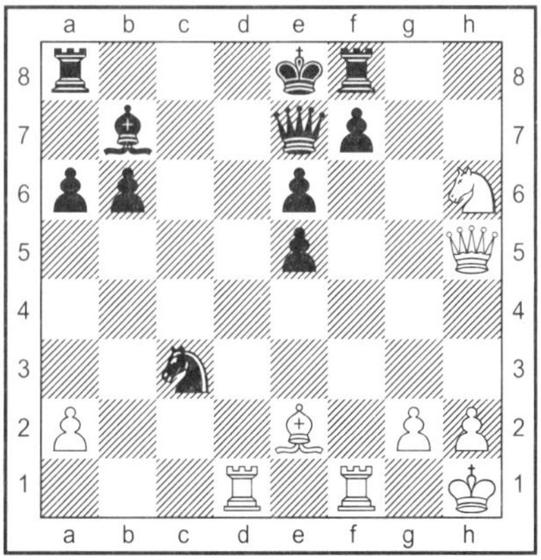

269★

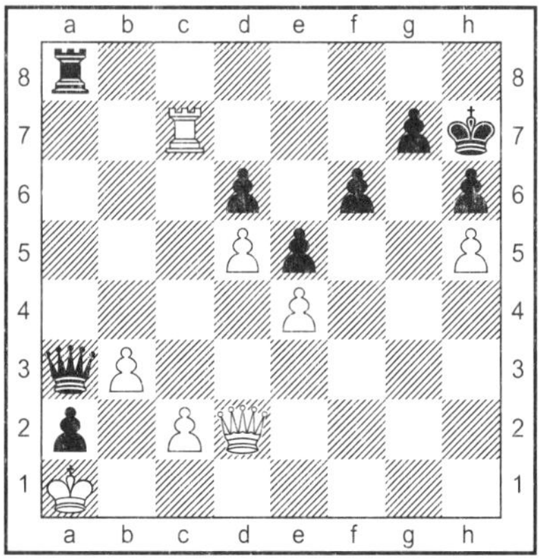

270☆

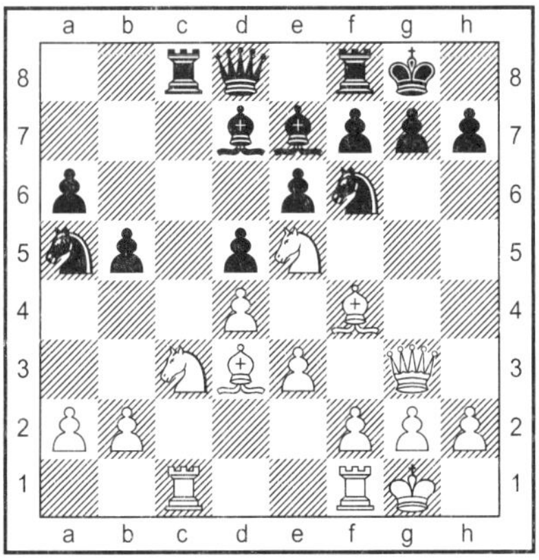

269. Longwitz – Lohsse (Deutsche Meisterschaft Völklingen 1970)
Schwarz am Zuge. Weiß hatte kaum ♖c4–c7 gezogen, „als es ihm kalt den Rücken herunterlief", berichtet die Deutsche Schachzeitung. Er bot schnell Remis an. Schwarz schlug ein. Zu Recht?

270. Klundt – Gerer (Deutsche Meisterschaft Völklingen 1970)
Weiß zog **1. ♕h3!**, das Schwarz unbedacht mit **1. ... b4** beantwortete. Was folgte?

271. Planinc – Gerenski (Warna 1970)
Weiß am Zuge. Der leichtsinnig in der Mitte gebliebene König dient als Zielscheibe. Weiß löste das Angriffsproblem kurz und bündig.

272. Capelan – Both (Deutsche Meisterschaft Völklingen 1970)
Weiß am Zuge. Trotz seines gewaltigen Übergewichts (durch Umwandlung war eine zweite Dame hinzugekommen) scheint der Gewinn nicht leicht zu sein. Oder?

271☆

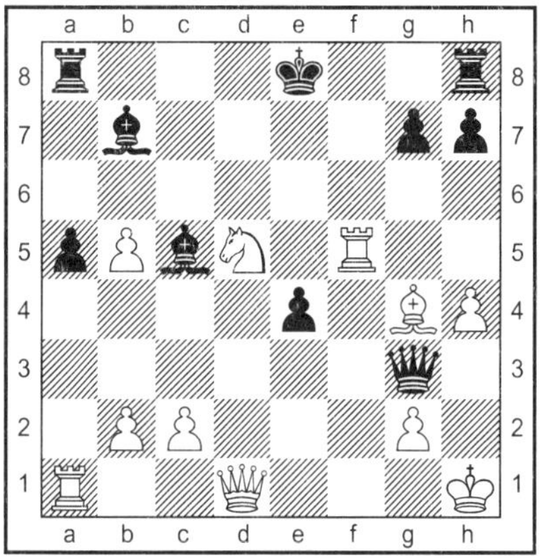

272☆

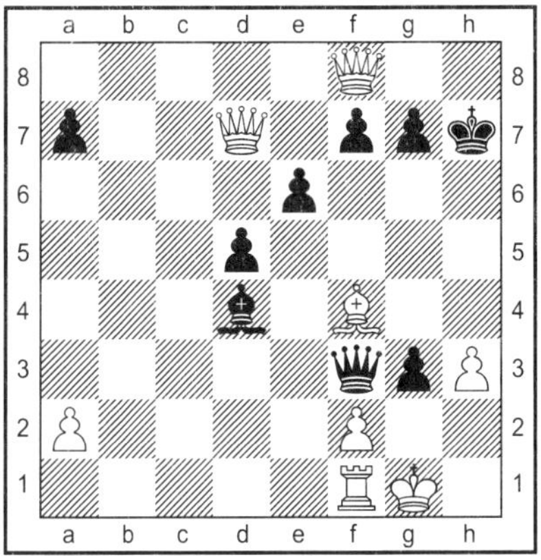

273☆

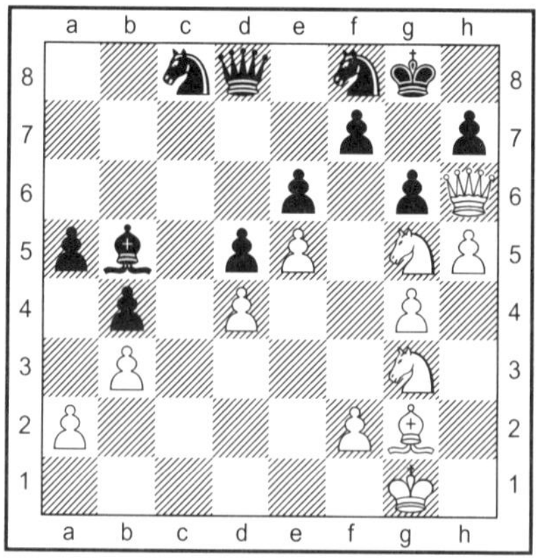

274☆

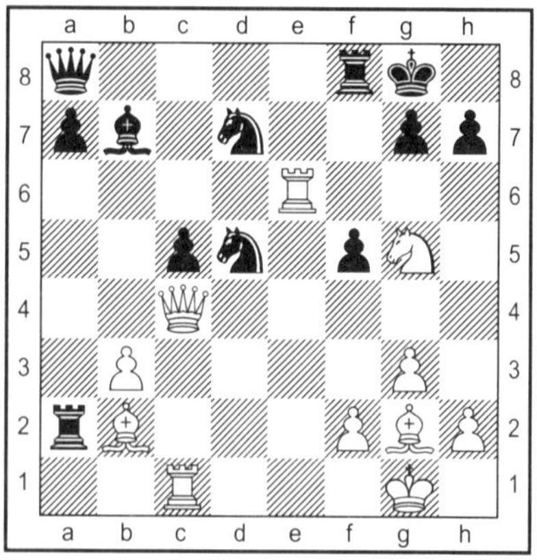

273. Fischer – Panno (Buenos Aires 1970)
Weiß am Zuge. Er verstand es, den Schlag dort zu führen, wo der Feind scheinbar am stärksten war, auf dem Punkt g6.

274. Spassky – Ciric (IBM-Turnier Amsterdam 1970)
Weiß rannte den Gegner kraftvoll über den Haufen.

275. Wasjukov – Browne (Skopje 1970)
Weiß, am Zuge, holte sich den geopferten Bauern mit gutem Spiel zurück.

276. Gufeld – Oszvath (Debrecen 1970)
Weiß am Zuge. Er verfügt über die h-Linie als Operationsbasis und dringt rasch durch.

275☆

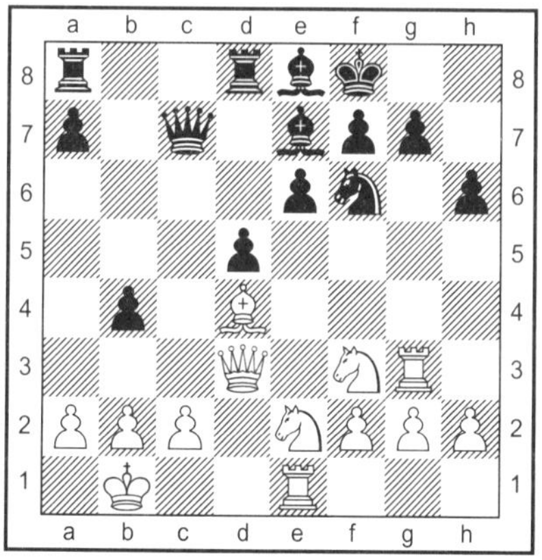

276☆

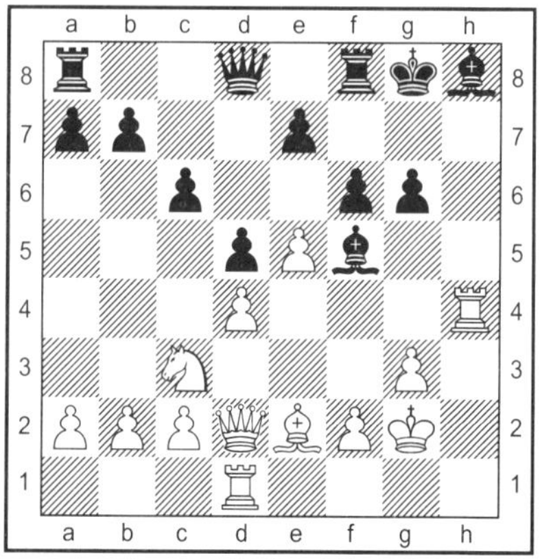

277☆ 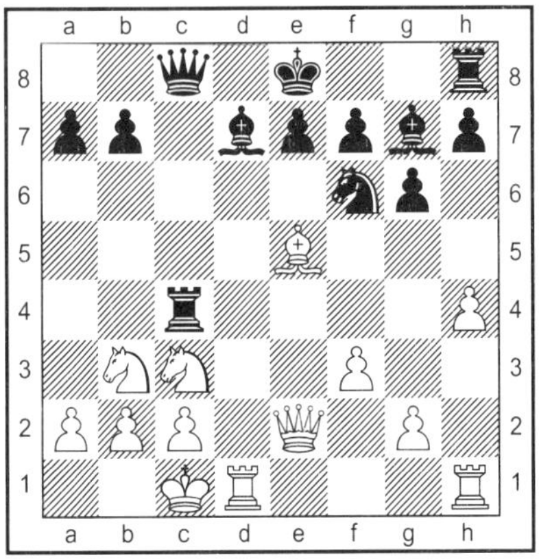

278★ 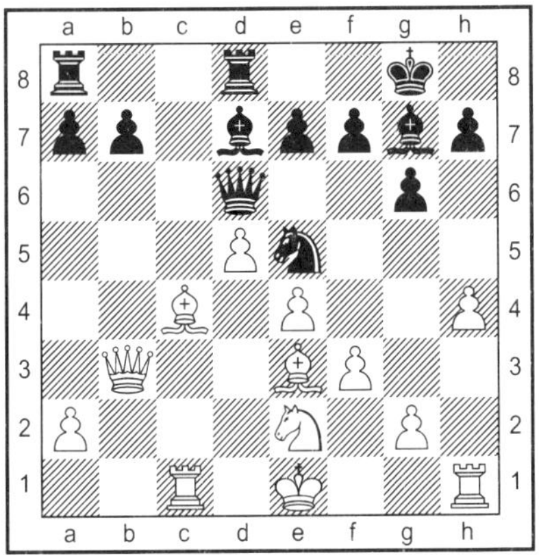

277. Fischer – Camara (Schach-Olympiade Siegen 1970)
Weiß am Zuge. Seine Gedanken kreisen um den „unrochierten“ schwarzen König ...

278. Naranja – Portisch (Schach-Olympiade Siegen 1970)
Schwarz, am Zuge, erobert unerwartet eine Figur.

279. Colditz – Schütze (Berlin 1970)
Schwarz (am Zuge) verzichtete auf 1. ... ♕h3:, weil nach 2. bc ♗f3: 3. ♕f3: das Matt gedeckt ist. Stimmte diese Überlegung?

280. Spassky – Fischer (Schach-Olympiade, Siegen 1970)
Weiß am Zuge. Ist der ♙e6 „vergiftet“ (1. ♕e6: ♖d1!?, drohend 2. ... ♕e6: und 2. ... ♖e1:+ 3. ♕e1: ♕f6:)?

279★ 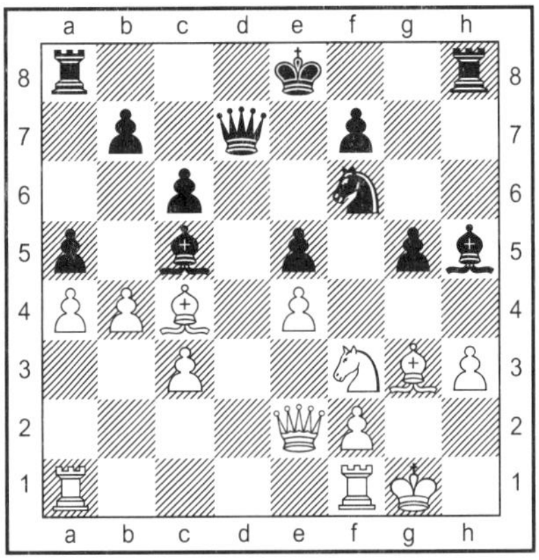

280☆ 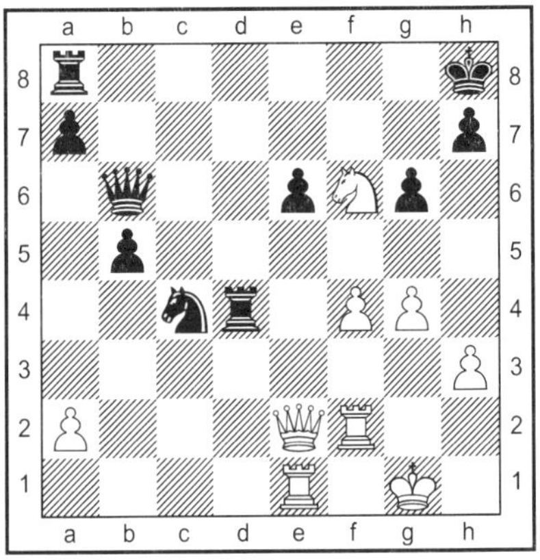

281☆

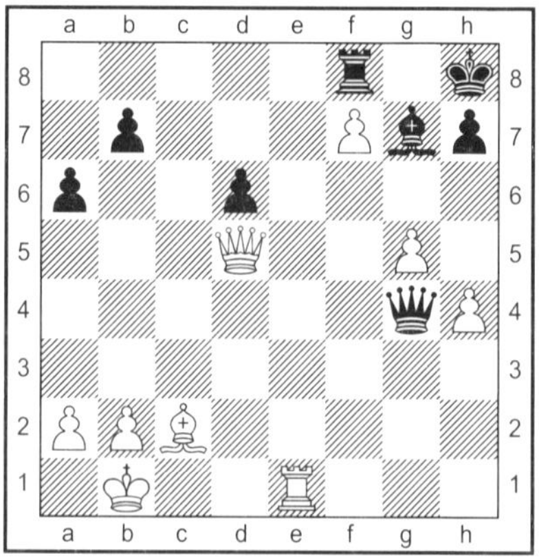

282★

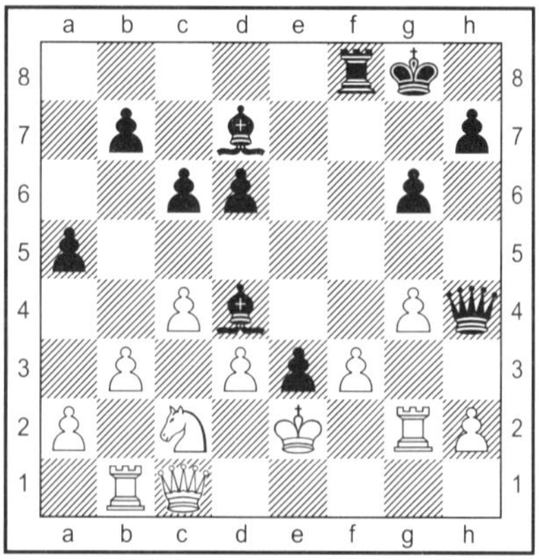

281. Portisch – Gligoric (Schach-Olympiade Siegen 1970)
Weiß, am Zuge, durfte sich gute Gewinnchancen ausrechnen, übersah jedoch eine Drohung und zog **1. h5??** Warum verlor er?

282. Bellon – Smejkal (Schach-Olympiade Siegen 1970)
Dringt Schwarz (am Zuge) durch? Für die von ihm preisgegebene Qualität hat er ja etwas Angriff ...

283. Vranesic – del Corral (Schach-Olympiade Siegen 1970)
Schwarz hatte soeben h7–h6 gezogen und den Läufer eingeladen, sich auf e7 „zu bedienen“; aber „wer andern eine Grube gräbt ... “

284. Calvo – Csom (Schach-Olympiade Siegen 1970)
Weiß am Zuge. Sehr stark sieht **1. ♖d1** aus; aber was ist mit der Erwiderung **1. ... ♗a4** ?

283★

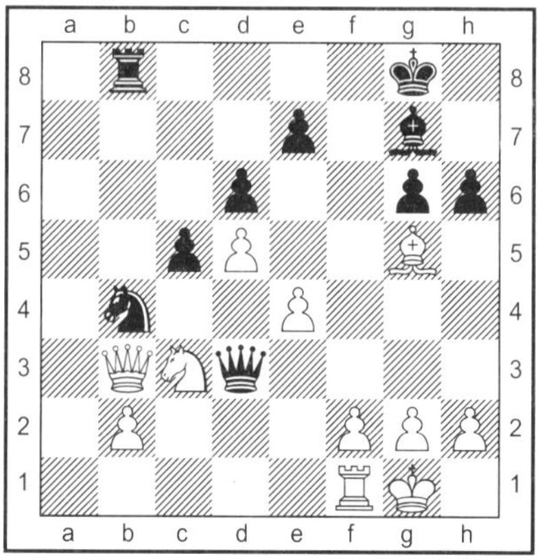

284☆

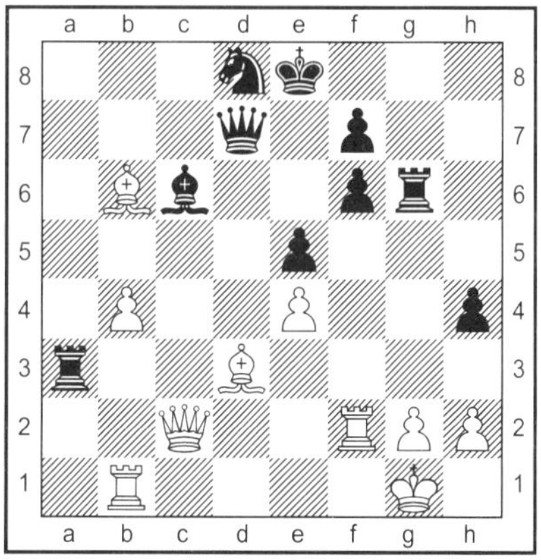

285★

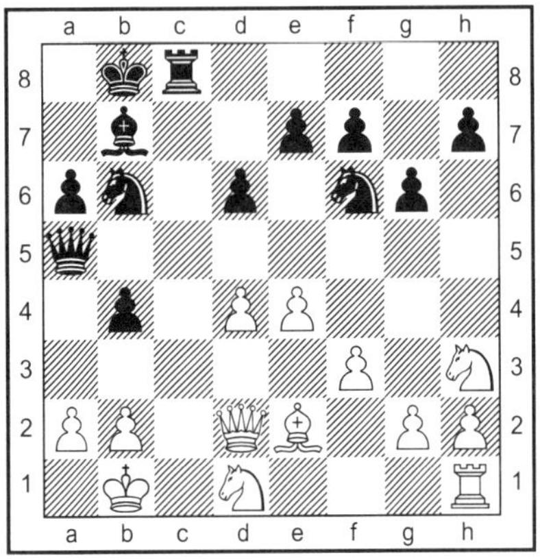

286☆

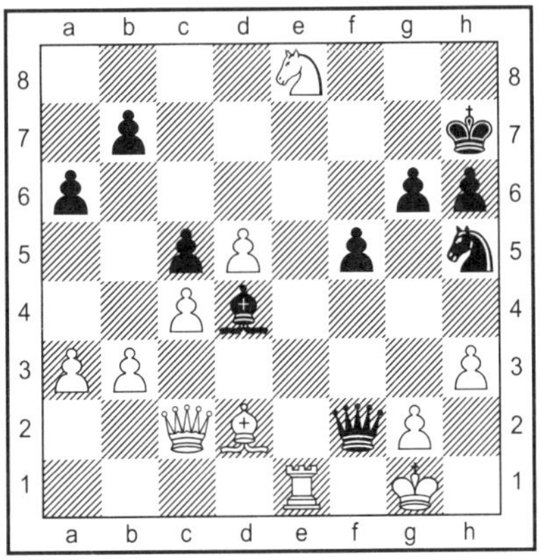

285. **Pfeil – Vogt** (Zinnowitz 1970)
Schwarz, am Zuge, „machte etwas“ aus der ungedeckten Position der weißen Dame und brach den Widerstand, begünstigt durch den abgeschnittenen Turm.

286. **Uhlmann – Fischer** (Schach-Olympiade Siegen 1970)
Soll Weiß mit dem König nach h1 oder nach h2 ausweichen? Wofür hätten Sie sich entschieden?

287. **L. Schmid – Kinzel** (Schach-Olympiade Siegen 1970)
Weiß am Zuge. Kann der Turm auf der 7. Reihe etwas ausrichten?

288. **Taimanov – Hübner** (Palma de Mallorca 1970)
Weiß verzichtete auf 1. ♗f6: wegen des „Scheinopfers“ auf g2 und der sich anschließenden Springergabel auf e3, und zog **1. ♗h6**. Tat er recht daran?

287☆

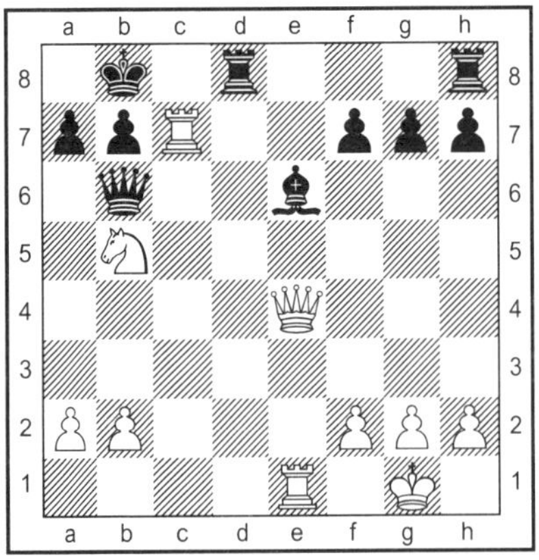

288☆

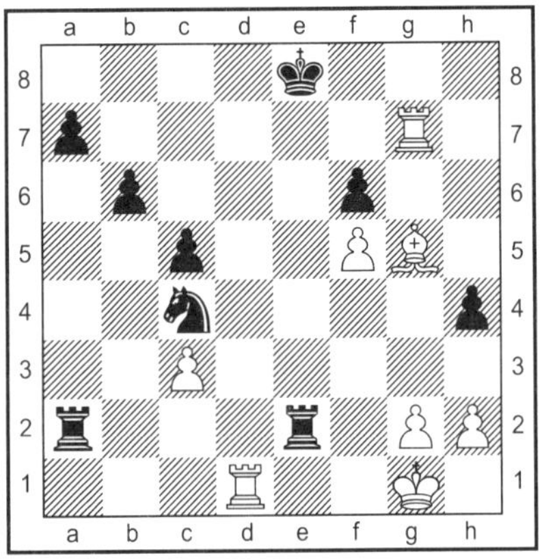

289★

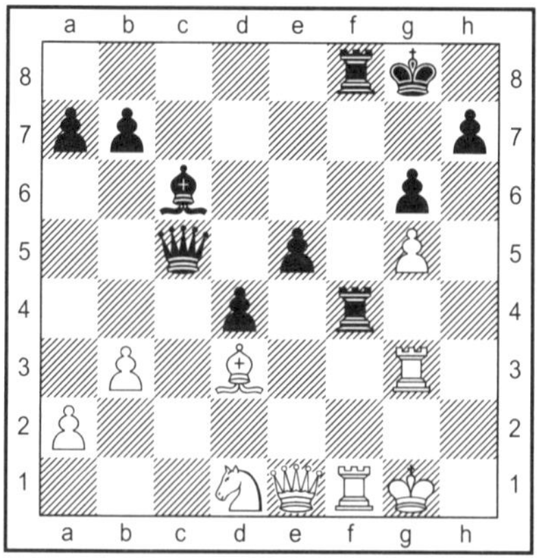

290★

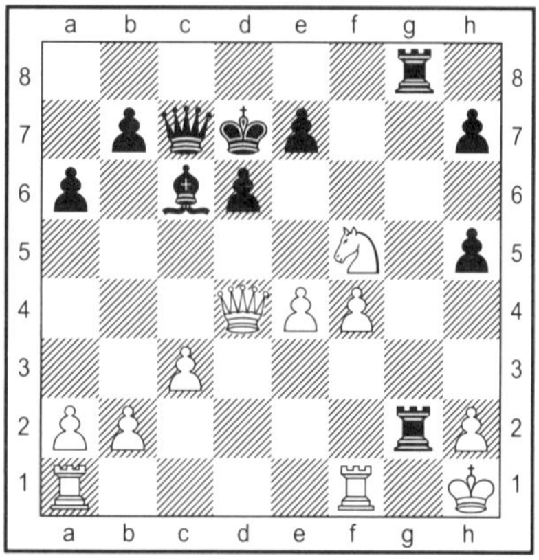

289. Soos – Teschner (Deutsche Mannschaftsmeisterschaft Kassel 1970)
Schwarz am Zuge. Er hat eine Figur für einige Bauern eingetauscht. Verlockend ist **1. ... ♕d5**, aber droht nicht 2. ♗c4?

290. Martius – Dueball (Deutsche Mannschaftsmeisterschaft Kassel 1970)
Schwarz fand einen Kraftzug, der den Gegner zur sofortigen Aufgabe bewog.

291. Tukmakov – Kortschnoi (Riga 1970)
Weiß brach auf effektvolle Weise in die scheinbar wohlbefestigte schwarze Stellung ein.

292. Bagirov – Cholmov (Riga 1970)
Weiß am Zuge. Man erwartet einen Reflexzug des angegriffenen Läufers, wie 1. ♗a2. Oder geht es auch anders?

291☆

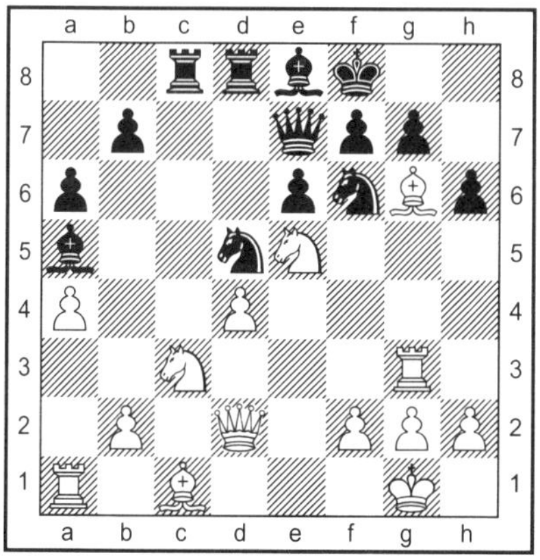

292☆

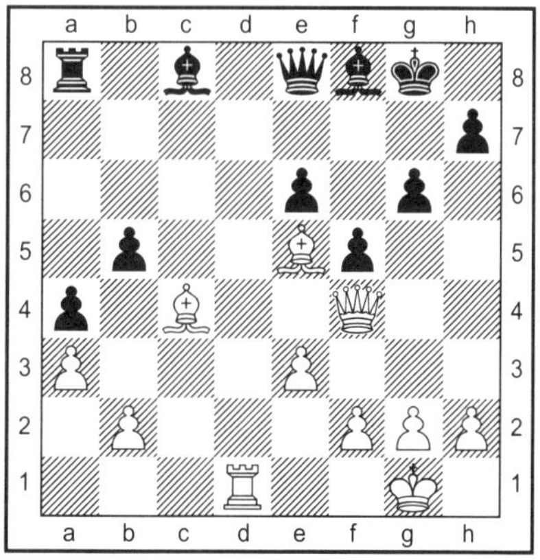

293☆
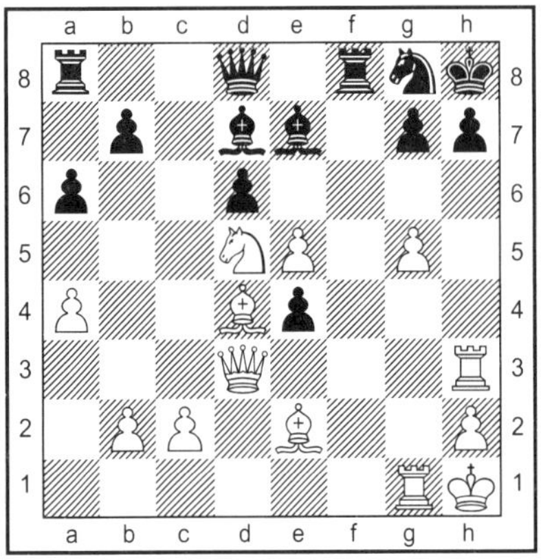

294★
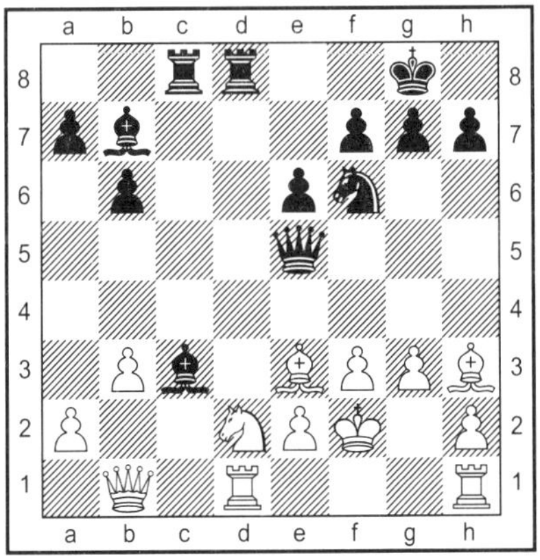

293. Tukmakov – Panno (Buenos Aires 1970)
Weiß am Zuge. Dame und Turm sind bedroht. Wie zieht er sich am besten aus der Affäre?

294. Agdamus – Rubinetti (Buenos Aires 1970)
Schwarz am Zuge. Der weiße König scheint ausreichend verbarrikadiert zu sein. Wie holt man ihn ins Freie?

295. Fischer – Schweber (Buenos Aires 1970)
Weiß, am Zuge, schlug zu, gerade als Schwarz glaubte, die Oberhand zu gewinnen.

296. Doroschkewitsch – Tukmakov (Riga 1970)
Weiß am Zuge. Bevor er auf g2 wiederschlug, schaltete er den Bauerntausch auf d7 ein, um Bauernverlust zu vermeiden. Das verlor sofort.

295☆
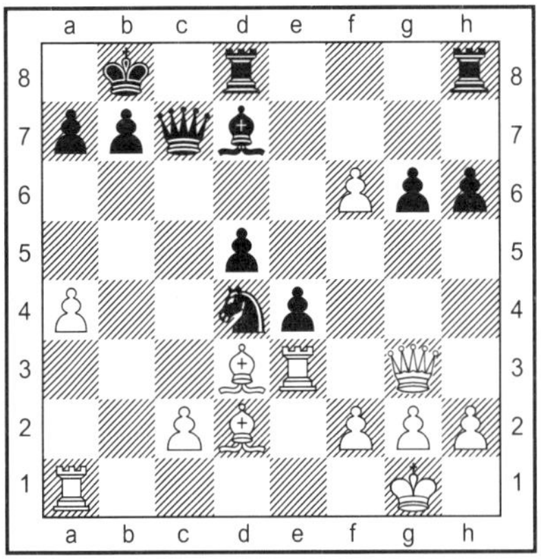

296☆
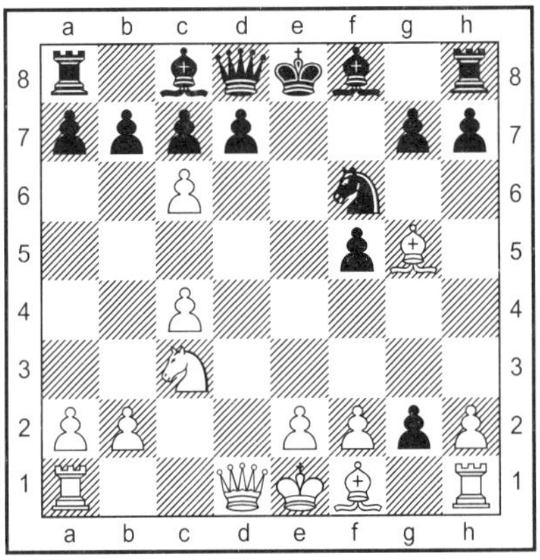

297☆

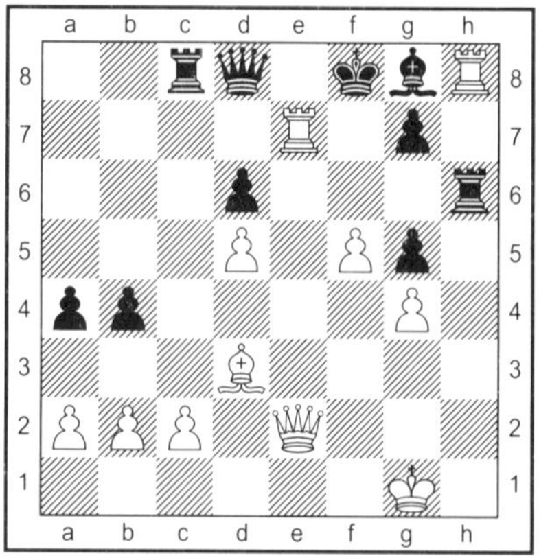

298☆

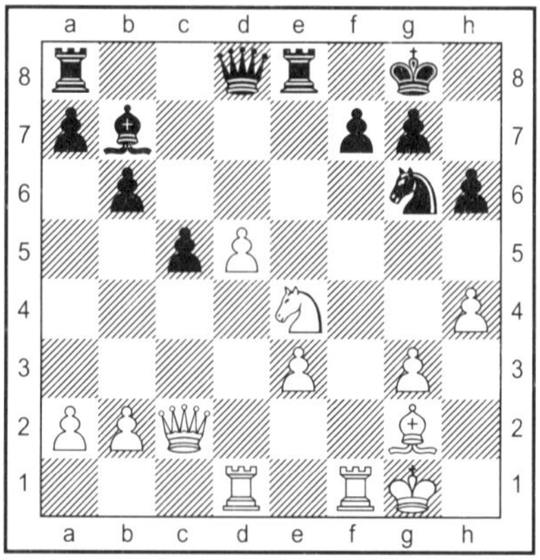

297. Ciocaltea – Malich (Schach-Olympiade Siegen 1970)
Weiß am Zuge. Beide Türme „hängen". Muss er auf Tausch und Rückzug sinnen?

298. Keene – Robatsch (Sechs-Länder-Turnier Madrid 1971)
Weiß am Zuge. Wie demolierte er die gesichert wirkende feindliche Königsburg?

299. Frau Laakmann – Mrs. Hartston (Deutschland – England, Cheltenham 1971)
Weiß setzte **1. ♖d6:** fort (♗d6: 2. ♕g3!). Nach **1. ... ♖d6:!** jedoch blieb Schwarz im Vorteil. Wie konnte Weiß gewinnen?

300. Barcza – Tal (Tallinn 1971)
Schwarz am Zuge. Ein tückischer Hieb brachte Weiß in eine ausweglose Lage.

299☆

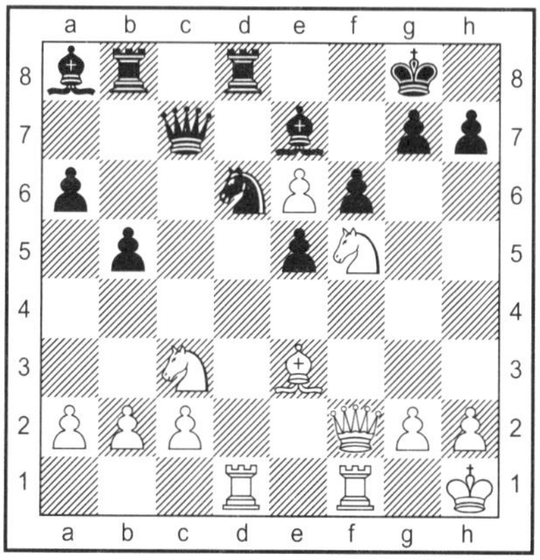

300★

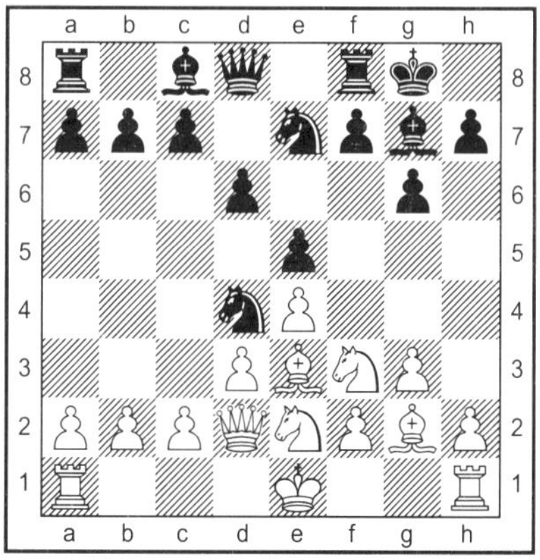

Lösungen zu den Aufgaben

1. 1. ♘d4? beantwortete Schwarz schlagfertig mit dem Damenopfer 1. ... ♕d4:! Nach **2. ♖d4: ♖c1+** verliert 3. ♕g1 ♖g1:+ 4. ♔g1: ♗c5! die ganze Dame zurück, so dass Schwarz im Mehrbesitz einer Figur bleibt. (Weiß zog 3. ♕f1 ♖f1:+ 4. ♔g2 und gab gleichzeitig auf.)

2. Weiß glaubte zu gewinnen, doch **1. ... f3!!** drehte den Spieß um. Der Bauer ist wegen 2. ... ♔g7+ und Turmgewinn unverletzlich. Nach **2.♔g5 ♔e8!** (2. ... f2? gibt den Gewinn aus der Hand wegen 3.♖f6+! ♔g8! 4.♖g6+, remis; aber nicht 3. ... ♔g7? 4.h6+! und Weiß gewinnt sogar, wie Achim Engelhart, Kißlegg-Zeisenhofen, gefunden hat). Weiß gibt auf. Gegen den Freibauern ist er machtlos.

3. **1. ♘d4!** (Eine kalte Dusche mit zwei kräftigen Wasserstrahlen, wie die Deutsche Schachzeitung schrieb.) Es droht 2. ♕b3+ nebst ♕d1:, außerdem hängt der ♘c6. Wie eine Ausrede sieht **1. ... f5** aus, aber nach **2. ♘c6:!** gab Schwarz auf, denn bei 2. ... fe 3. ♕b8+ ♔f7 4. ♘e5:+ ginge seine Dame verloren.

4. **1. ... ♕d1:! 2. ♖d1: ♖d1:+ 3. ♕d1: ♗a3:** lautete die „Abwicklungsbombe", bei der lediglich noch ein schwarzer Läufer übrigbleibt, denn gegen 4. ... ♖c1 mit Rückgewinn der Dame ist nichts zu machen.

5. **1. ... ♕c6!** (Schwarz benützt die Schwäche g2, um die Dame mit Tempo heranzuführen.) **2. f3 ♕b5!** und einer der beiden Läufer muss daran glauben. Ungeschützte Figuren geben häufig zu kombinatorischen Wendungen Anlass.

6. **1. ♘h7:! ♔h7: 2. ♖f7:+ ♖f7: 3. ♕g6:+ ♔h8 4. ♕f7:** stellte den schwarzen König vollständig bloß (wenn nun ... ♕g8, so 5. ♕h5+ ♔g7 6. ♗h6+ ♔h8 7. ♗f8+ und Matt), so dass Schwarz aufgeben musste.

7. **1. ♗f4!** klärte die Lage, weil **1. ... ♕f4:** wegen **2. ♖e7:+ ♔e7: 3. ♘d5:+** und Verlust der Dame nicht geschehen darf. Schwarz versuchte 1. ... ♕g2:, war aber nach 2.♘d5: ♘e5 3.♗e5: ♖hd8 4.♗d6! ebenfalls verloren (4. ... ♘d5: 5. ♘f5!).

8. **1. ♘e6:!** nagelte den schwarzen König in der Mitte fest und legte lebenswichtige Schrägen und Linien bloß. **1. ... fe 2. ♕a4:+ ♕b5**. Die Alternative 2. ... ♔e7 3. ♕h4+ ♔e8 4. ♕g4! ♖f8 (4. ... ♕e7 5. ♕a4+) 5. ♕e6:+ ♗e7 6. ♖f8:+ ♔f8: 7. ♖d7 war ebenso wenig erfreulich für Schwarz. **3. ♕g4!** Die ruhige Art, wie Spassky sein Ziel nach dem Figurenopfer verfolgt, ist bemerkenswert; sie beweist eine tiefe Einsicht in den Mechanismus der Angriffskunst. **3. ... ♕c6.** Wenn 3. ... ♖f8, so 4. ♕e6:+ ♗e7 5. ♖f8:+ ♔f8: 6. c4! ♕c5 7. ♖f1+ ♔e8 8. ♕g8+ ♗f8 9. ♕f7+. **4. ♕g7: ♖f8 5. ♖f8:+ ♗f8: 6. ♕h7: ♖c8 7. ♕g6+.** Schwarz gab auf (♔e7 8. ♖d6).

9. **1. ... c4!** griff außer der Dame auch den ♘d5 an, denn es droht 2. ... ♕d5:! 3. ♕d5: ♖f1+ nebst Matt. Es blieb also nur **2. bc**, doch nun entschied der versteckte Doppelangriff **2. ... ♕a3!**. Wegen ♖f1+ darf die Dame wieder nicht genommen werden, und nach **3. ♕d1** hieb **♕c1:!** in die gleiche Kerbe. Weiß gab auf.

10. Schwarz erlag der Schrecksekunde, sonst hätte er die Rettungszüge 1. ... ♖b1+ 2. ♔g2 ♘f4+! wohl gefunden (3. gf? ♕g4:+ 3. ♕f4: ♕a6:, 3. ♔f3 ♘e6).

11. Der wunde Punkt ist g7, den Weiß wie folgt eroberte: **1. ♖e6:! ♕e6: 2. ♕f8:!** (Weiß sah, dass ♕e1+ 3. ♕f1 keine Gefahr bedeutet.) **2... ♖f8: 3. ♖g7:+ ♔h8 4. ♖g6:+**. (Schwarz in der Zwickmühle.) **4. ... ♖f6**. (Die einzige Hoffnung.) **5. ♖f6:!** Schwarz gab auf, denn seine Dame kann nirgendwo ihrem Schicksal entgehen. Ein selten schöner Schluss.

12. **1. ... ♘d6!** macht sich die Überlastung des ♔c7 zunutze, der den ♖b8 decken muss (ganz falsch 1. ... ♘a5? 2. ♖a8+ ♔a8: 3. ♖a6 matt). Wenn nun 2. ♖d6:, so ♖c1+ 3. ♖c6 ♖c6:+ 4. ♔c6: ♔b8:.

13. Der feine Einleitungszug **1. ♗d2!** (nur scheinbar ein Rückzug) diente dazu, das Feld g5 für den Springer frei zu machen. **1. ... b4** (auch ♗b4 2. ♗f7:+ ♔f7: 3. ♕b3+ wäre aussichtslos, ebenso 1. ... ♕a4 2. ♗b3 ♕e4: 3. ♗f7:+ ♔f7: 4. ♘g5+.) **2. ♗f7:+!** (Auftakt einer Mattjagd.) 2. ... **♔f7: 3. ♕b3+**. Schwarz gab auf, weil er 3. ... ♔g6 4. ♘h4+ ♔h5 5. ♕f3+ ♔h4: 6. ♔h2 und 7. g3 matt kommen sah.

14. **1. ♖c6+!** erzwang ein Matt in drei Zügen (♗c6: 2. ♘c5+ ♔a5 3. ♗c7 matt). Darum gab Schwarz auf. Räumungsopfer des Turms.

15. Weiß gewann durch **1. ♖d4!!** Schwarz kann die Drohungen 2. ♕h7: matt und 2. ♖d8: nicht gleichzeitig parieren.

16. Die überraschende Schwenkung **1. ... c6 2. dc ♕a7!** ließ Weiß ohne Abwehr gegen das drohende Doppelschach. Ein seltsam abrupter Schluss.

17. Bei seinem Bauernopfer **1. e4!** hatte Weiß gesehen, dass nach einer fast zwangsläufigen Zugfolge die Grundreihe des Schwarzen schwach wird und dann ein Ablenkungsopfer möglich wird: **1. ... fe 2. fe ♖e4:?** (Unbedingt nötig war 2. ... b5 3. ♗d3 mit überlegenem Spiel für Weiß) Schwarz erkannte die Gefahr nicht. **3. ♖e4: ♖e4: 4. ♗d5: cd 5. ♕c7!!** Diesen glänzenden Zug musste Weiß vorhersehen. **5. ... ♗g2+!** (Letzte Falle.) **6. ♔g1!** Schwarz gab auf.

18. Dass sich der weiße König in einem Mattnetz befindet, konnte man allerdings übersehen. **1. ... ♕d7+** hätte einen Zug später auf d5 mattgesetzt!

19. Schwarz ließ die Dame einstehen und spielte **1. ... ♖b8!!** Der Witz zeigt sich auf **2. ♗d8: ♖b2:+ 3. ♔a1** in dem furchtbaren Zuge **3. ... c2**, der nicht nur 4. ... ♖b1 matt droht, sondern auch nach **4. ♔b2:** die Umwandlung des Bauern in einen Springer vorbereitet, **4. ... cd5+** nebst **5. ... ♘e3:** mit Gewinn einer Figur. Hochoriginell.

20. Auf den Keulenschlag **1. e6!** strich der damalige Weltmeister die Segel. Der Bauer darf wegen ♕g7+ und Gewinn des Turms mit gleichzeitigem Schachgebot nicht genommen werden. Auf 1. ... ♖d6 gewinnt 2. ♕b7+ ♔e6: 3. ♖d6:+ ♕d6: 4. ♖b6 die Dame, und 1. ... ♖c7 2. ♖f1 ♕g5 3. ♕d5 ♖d8 4. ♕e5 wäre ebenfalls ganz aussichtslos. Noch schöner gewann 1. ♖e6+!! ♔e6: 2. ♕c6+ bzw. fe 2. ♕g7+, wie unsere Leser H. Reiniger, Stuttgart, und H. Ebert, Saarbrücken, herausfanden.

21. Weiß nutzte ein kleines Manko der schwarzen Stellung eklatant aus. **1. ♕d4!** erobert den Turm oder die

Dame für den eigenen Turm. Auf **1. ... ♕d4:** fällt durch den Zwischentausch *mit Schachgebot* der ♖b8. Schwarz gab auf. Das Manko: Seine Dame ist ungedeckt und vermag den ♖b8 nicht gedeckt zu halten, weil die Linie nach e8 verbaut ist.

22. Das Opfer **1. ♘e4!** führte zu einem unzerreißbaren Mattnetz. **1... fe.** Schwarz musste außerdem den Angriff gegen d6 beachten. Falls etwa 1. ... ♕c7, so 2. ♘g3 mit dem Plan ♘h5: und ♕g3. **2. ♖g6:+! ♔g6: 3. ♖g1+ ♔f5 4. ♗d3! ed 5. f3! d2+ 6. ♔d1**. Schwarz gab auf. Ein kurioses Ende.

23. 1. ♘e5! war der Gnadenstoß. Es droht ♘g6: und ♘c6:+, der Springer darf aber wegen ♖f7# nicht genommen werden. Schwarz blieb nichts als die Aufgabe. Ein hübsches Schlussbild.

24. 1... ♖a1+! räumt das Feld a4 für die Dame und lockt gleichzeitig den Läufer nach a1, so dass der nächste schwarze Zug mit Doppeldrohung geschieht. **2. ♗a1: ♕a4 3. ♕g8+**. Zwar eilt die Dame mit Tempogewinn herbei, sie kann aber doch ein bildhübsches Epaulettenmatt nicht verhindern, an dem sie selbst beteiligt ist. **3. ... ♔b7 4. ♕b3 ♕a1:+ 5. ♕b1 ♖c2:+! 6. ♔c2: ♕c3#**. Ein schneidiger Schluss.

25. 1. ♘d2! brach den Widerstand, denn der Springer e4 geht wegen der Mattdrohung auf f6 ersatzlos verloren. Schwarz erwiderte noch **1. ... ♖c6:** und ermöglichte einen prächtigen Schluss: **2. ♘e4: ♗g7 3. ♘4f6:+ ♖f6:** (Oder ♗f6: 4. ♘f6:+ ♖f6: 5. ♖h8+ ♔f7 6. ♖1h7#) **4. ♖g7:+!** Schwarz gab auf (♔g7: 5. ♖h7+! ♔h7: und der ♘d5 greift beide Türme, wollte er nicht mehr miterleben).

26. Im Hintergrund lauert der Läufer und ermöglicht die Bilderbuch-Mattkombination **1. ♕f7:+! ♖f7: 2. ♖e8+ ♖f8 3. ♗c4+**. Schwarz gab auf.

27. Schwarz hatte nur an 1. ♕g5? ♗f6:! gedacht. **1. ♕h6:+!** bescherte ihm eine grausame Enttäuschung. Er gab sofort auf; nach 1. ... gh 2. ♖h3 wäre das Matt auf h6 nur durch 2. ... ♗f8 zu decken; dann aber folgt 3. ♖g8#. 1.♖g7:! ist ebenso zwingend.

28. Das Opfer beider Leichtfiguren verhalf den Türmen zur vollen Wirkung: **1... ♘f2:+! 2. ♖f2: ♗g2+! 3. ♖g2: ♖e1+ 4. ♖g1 ♖eg1:#**. Der bulgarische Großmeister hat seinen Gegner offensichtlich unterschätzt.

29. Schwarz drohte ein „Schach-Gardez" auf e2, aber Weiß zog **1. ♕f6+!!**, und Schwarz gab auf. Er wird nach 1. ... ef 2. ef+ ♔g8 3. ♖h8: mattgesetzt.

30. Weiß ließ sich durch die Bedrohung von b2 nicht irritieren, sondern setzte **1.♗d6: ♗d6:** (auf sofort ♕b2: kann einfach 2. ♘e4 geschehen) **2. ♕d6:** fort, denn er hatte auf **2. ... ♕b2:** den sehenswerten Überfall **3. ♗f7:+!** vorausgesehen. Nimmt Schwarz (3. ... ♔f7:), so gibt es eine elegante Mattjagd: 4. ♘g5+ ♔e8 5. ♕e6+ ♔d8 (♔f8 ♕f7#) 6. ♘f7+ ♔c7 7. ♘d5+! cd 8. ♕d6#. Er versuchte **3. ... ♔d8** und gab nach **4. 0-0 ♕c3: 5. ♘g5!** bereits die Partie auf (gegen 6. ♘e6# gibt es keine Rettung). Der „vergiftete" Bauer auf b2.

31. 1. ♗a4!! war der witzige Entscheidungszug. Der Läufer betritt ein doppelt gedecktes Feld; aber die schwarzen Figuren sind überlastet: **1... ♕a4: 2. ♕e6:+ ♔d8**. Auch auf f8 wird er zur Strecke gebracht, wie 2. ... ♔f8 3. ♖f6:+ gf 4. ♕f6:+ ♔g8 5. ♕g5+ ♔f8 6. ♖f1+ mit baldigem Matt beweist. **3. ♕d6+ ♔c8 4. ♖f5!** Schwarz gab auf; die Drohung 5. ♖c5+ ist zu stark.

32. Weiß erzwang mit **1. ♕h6:+! ♔h6:** (♔g8 2. ♕c1) **2. g5+** ein Selbstpatt. Neuer Fall einer alten Falle. Schwarz könnte einen Gewinnversuch unternehmen, indem er sich die ungünstige Stellung des weißen Königs zunutze macht, auf **1.♕h6:+** das Opfer ablehnt und **1. ... ♔g8!** erwidert, zum Beispiel 2.♕f4 (die gleiche Pattidee) 2. ... ♕a3:, oder 2.♕c1 ♕f2+ 3.♔g5 ♕g3 (Schachklub Boppard-Bad Salzig). Eine ernsthafte Gefahr für Schwarz besteht kaum. Es kann sich sogar die eigenartige Stellungswiederholung 2. ♕c1 ♔g7 3.♕h6+ ergeben.

33. Der von Weiß nicht erwartete Zug **1. ... ♖e4!** beschwor eine merkwürdige Zwangslage herauf. Der weiße Turm steht ungedeckt und ist nicht zu decken, also ist **2. ♖e4:** erzwungen, doch nun erobert die Bauerngabel **2. ... de** die Figur zurück. Es gelang Weiß nicht, das Endspiel zu halten.

34. Weiß nähert sich mit dem König seinem hilflos in der Ecke stehenden Gegner und „nährt" sich von den Zügen des a-Bauern, den Schwarz lieber nicht besessen hätte. Ohne ihn wäre die Partie remis. **1. ♔e7! a5 2. ♔d6 a4 3. ♔e5 a3 4. ♔f4 a2 5. ♖a8 h2 6. ♖a2: ♔g1 7. ♔g3!** Eine bekannte Endspiellage. Wegen der Mattdrohung auf a1 muss der Bauer sich in einen Springer verwandeln. **7. ... h1♘+**, der nach **8. ♔f3!** verlorengeht. Die zweite Variante, die entsteht, wenn Schwarz sofort mit dem h-Bauern marschiert, ist nicht weniger lehrreich: 1. ... h2 2. ♔f6 a5 3. ♔f5 a4 4. ♔f4 a3 5. ♔g3 ♔g1 (oder 5 ... a2 wie in der Partie) 6. ♔h3+! Die Pointe. 6. ... ♔h1 (sonst fällt erst h2, dann a3) 7. ♖g2! und gewinnt leicht.

35. Der Fehler war **2. ♔e4?** (nötig war 2. ♔e2). Schwarz zog unerwartet **2. ... ♖d6!!**, erzwang Turmtausch und ein gewonnenes Bauernendspiel. Zu spät erkannte Weiß, dass er nicht 3. ♖a7:+ spielen darf wegen 3. ... ♔e6 und Mattdrohung auf d4, die nur durch Turmopfer pariert werden könnte. Ein origineller Matt-Gedankenblitz.

36. Schwarz beendete die Partie „Schlag auf Schlag" und führte die Macht eines Freibauern vor: **1. ... ♗d3+! 2. ♖d3: ♕g2:+!! 3. ♔g2: f1♕+ 4. ♔g3 ♕d3:+**. Weiß gab auf. „Verachtet mir den Bauern nicht ... "

37. Mit zwei Türmen für die Dame hat Weiß materiell gesehen nichts zu fürchten, aber sein König steht schlecht und kommt nach **1. ... ♕e3+! 2. ♘e3: fe+ 3. ♔e2** (3. ♔c2 ♘e1#) **3... ♘3f4+** in die Zange der beiden Springer, die sich zum Mattsetzen nur noch abzulösen brauchen: **4. ♔e1 ♘g2:+ 5. ♔e2 ♘5f4#**. Sehr originell.

38. 1. ... ♘g3+ 2. ♔h2 ♘e4+ 3. ♔h1 ♘f2+ 4. ♔g1 ♘h3:+ 5. ♔h1 ♕g1+ 6. ♘g1: ♘f2#. Das Stickmattmotiv aus dem Lehrbuch.

39. 1. ♖b5:! ♖b5: 2. ♕a4! führte eine Art Kreuzfessel herbei, die entweder eine Figur oder Dame und Läufer gegen zwei Türme erobert. Schwarz entschloss sich zu Letzterem und gab nach **2. ... ♖b1: 3. ♕d7: ♖d1 4. ♔g2 ♖b2 5. ♕e8+ ♔h7 6. ♕f7: ♖bd2 7. ♗b5** die Partie auf.

40. Mit einem prächtigen Doppelopfer der schweren Figuren brach Weiß den Widerstand: **1. ♕f7:+!! ♘f7: 2. ♖f7: ♔f7:** Auch 2. ... ♕d6 3. ♖ef1 hätte nichts genützt. **3. ♖f1+ ♔e8 4. ♖f8#**. Noch schneller ging es mit 2. ♗g8!

41. Keineswegs war 1. ♕d1 nötig. Das Damenopfer **1. ♕d3:!** befreite Schwarz von seinen Illusionen. Es musste weit vorausberechnet werden. **1. ... ♕d3: 2. ♖e8:+ ♔h7 3. ♗g8+**. Weiß hatte erkannt, dass er den schwarzen König einkreisen oder mindestens die Dame zurückerobern kann. **3. ... ♔g6**. Oder 3. ... ♔h8 4. ♗d5+ ♔h7 5. ♗e4+ und gewinnt. **4. ♖e6+ ♔g5**. Wenn 4. ... ♔f5, so 5. ♗h7+ ♔e6: 6. ♗d3:, und Weiß hätte eine Figur mehr.
5. ♘e4+!, und Schwarz muss die Dame geben oder sich mattsetzen lassen (♔h5 6. ♗f7+). Die schwarze Figureninsel am Damenflügel erwies sich als gänzlich wirkungslos.

42. Schwarz hatte wohl nur mit 1. ♕e8+ ♕f7 2. ♕e4+ ♔g5 3. ♕e3+ ♕f4+ gerechnet, wonach er sogar im Vorteil wäre. Indessen zog Weiß **1. ♖h6:+!!** und Schwarz gab auf. Dieser witzige Schlusszug eroberte die Dame. a) 1. ... gh 2. ♕g8+ ♔f6 3. ♕f8+. b) 1. ... ♔h6: 2. ♕h8+ ♔g6 (♔g5 3. ♕h5+ ♔f4 4. ♕f5+) 3. ♕h5+ ♔f6 4. g5+!. Eindrucksvolle Doppelwendung.

43. 1. ... ♕e3+! bildet einen Freibauern und räumt das Feld d4 für den Springer. **2. ♕e3: de+ 3. ♔f3 ♘d4+ 4. ♔g3** (oder 4. ♔e3: ♘c2:+) **4. ... ♖g4:+!** Schwarz darf die Qualität geben, weil der Freibauer den Turm erobert. **5. ♔g4: ♘c2:**. Eine bekannte Gewinnstellung. Der Springer bedroht den Turm und beherrscht zugleich das Umwandlungsfeld. **6. ♖c1 e2**. Weiß gab auf.

44. Aus Respekt vor dem Großmeister begnügte sich Schwarz mit Remis. Dabei hätte 1... f4+ 2. ♖f4: ♖g1+ 3. ♔f2 dank des Zwischenschachs 3. ... ♖g2+ einen ganzen Turm erobert.

45. 1. ♘e5! Der Tanz beginnt. Schwarz darf keinen der Springer antasten, z. B. 1. ... ♖f1:+ 2. ♕f1: ♕d5: 3. ♖d1. **1. ... ♕e8 2. ♖f8:+ ♕f8: 3. ♗e7 ♕e8 4. ♘f6!** Ein köstlicher Einfall mit einem Zweispringermatt im Auge. **4. ... ♕e7: 5. ♕d8+! ♗f8**. Schwarz wollte nicht in Schönheit sterben. (♕d8: 6. ♘f7#.) **6. ♕c8: ♔g7** (♕f6: ♖f1) **7. ♘e8+ ♔g8 8. ♖e1 c3 9. bc c4 10. ♕c4:+**. Schwarz gab auf.

46. 1. ... ♕d5:!! beruht darauf, dass weder der weiße f-Bauer ziehen noch die h-Linie verstellt werden kann. Weiß gab auf. Nach 2. ♗d5: ♗d5: wäre das Matt auf h1 undeckbar. Ein prächtiger Schlusszug.

47. Das Kolumbusei besteht in **1. ♖c8:! ♔c8: 2. ♕g3!** Rettet sich der durch 3. ♕g8+ bedrohte ♖h7 nach h8, so greift ihn sich die Dame von c3 aus! Nur 2. ... ♕d8 könnte diese Wendung verhindern, allein dann stünde Schwarz nach 3. ♖b5: vor unlösbaren Problemen.

48. Der naheliegende Zug 1.♖a7:? reicht nicht aus wegen 1. ... ♕f3+ 2.♔g1 ♕d1+ 3.♔g2 ♕f3+, remis. Dagegen gibt es keine Ausflucht auf die Mattdrohung **1.♖c1**, zum Beispiel 1. ... ♕f3+? 2.♔g1 ♕f6: 3.ef und das Matt ist undeckbar; oder 1. ... ♕a6 2.♖c7! nebst 3.b5.

49. Schwarz nützte sehr elegant das Damoklesschwert f4–f3+ zum Qualitätsgewinn aus: **1. ... ♗d4:!!** Weiß gab auf, denn nach 2. ♕d4: ♕d4: 3. ed folgt nicht etwa ♖e2: nebst f3+, sondern sofort 3. ... f3+!, und Schwarz behält die Qualität mehr. Weicht aber die Dame aus, geht auf e3 ein weiterer Bauer verloren.

50. Auf 1. ♘b7: folgte **1. ... ♗c6 2. ♗d6+ ♔g8!** (Bei ♔e8 3. ♗a6: ♘f3+ 4. gf ♗f3: wird nicht Weiß auf h1 matt, sondern Schwarz nach 5. ♗b5+! Wie schnell sich das Blatt wenden kann!) **3. ♖fe1**. (Weiß schreitet sehenden Auges ins Verderben. Er kann das Unglück nicht abwenden.) **3. ... ♘f3+! 4. gf ♗f3: 5. ♗h2 g3!** Ein schöner Schlusszug. Weiß gab auf.

51. Auf kuriose Art eroberte Weiß das Springerfeld d5: **1. ♖h5:! gh 2. ♘f5!** Schwarz gab auf, weil er auf 2. ... ef 3. ♘d5 entweder die Dame verliert oder matt wird. Drei Paukenschläge auf der fünften Reihe!

52. Er ließ sich gern auf **1. ♖e7: ♖c3:** ein, denn nicht Weiß (2. ♕c3:? ♕f1:) wird matt, sondern Schwarz: **2. ♕f7:+! ♖f7: 3. ♖e8+ ♖f8 4. ♖1f8:#**. Wieder einmal blieb die Grundreihe ohne genügenden Schutz.

53. Uhlmann hielt den weißen Ansturm für ein Strohfeuer und zog **1. ... ♗g5:?** Dabei übersah er eine hintergründige Mattkombination, der er nun zum Opfer fiel: **2. ♕d6+! ♗e7** (♘e7 3. ♗g5:) **3. ♖e7:!** Erst jetzt bemerkte er, dass auf 3... ♘e7: das Damenopfer **4. ♕f6+!! gf 5. ♗h6** zu einem problemartigen Zweiläufermatt führt. Schweren Herzens gab Uhlmann, der damit den Einzug ins Interzonenturnier verpasste, die Partie auf.

54. Weiß kam seinem Gegner zuvor: **1. ♕f8:+!** Schwarz gab auf (♔f8: 2. ♖d8+ ♔e7 3. ♖e8#). Wer zuerst kommt ...

55. Der passive ♗d8, der schutzlose ♖f8 und die Bindung der Dame an den ♗e6 ermöglichten ein stürmisches Schlussspiel: **1. ♖g7:! ♔g7: 2. ♗h6+ ♔g8** (sonst 3. ♗f8:) **3. ♘b6!!** Demaskiert mit Tempo den ♗b3 und ermöglicht so das Damenschach auf g4 nebst Eindringen der Dame auf g7. **3. ... cb 4. ♕g4+ ♔f7 5. ♕g7+ ♔e8 6. ♕f8:+ ♔d7 7. ♖d1+**. So weit musste Weiß rechnen. Er erobert die Figur zurück (7. ... ♘d4 8.♗e6:+ ♔e6: 9.♕g8+, gefolgt von 10.cd) und gewinnt leicht.

56. 1. ... ♖d1+ 2. ♔e2 ♖gd8 droht Matt auf d2. **3. ♘f4:(?)** macht zwar das Feld e3 zugänglich, erlaubt aber eine andere Teufelei: **3. ... ♖8d2+ 4. ♔e3 ♗d4+! 5. cd cd#**. Drei eigene Steine stehen im Wege... Weiß musste 3. ♖f4: spielen, wäre jedoch nach 3. ... ♖8d2+ 4. ♔f3 ♗f4: ebenfalls verloren gewesen.

57. Schwarz spielte mit **1. ... d2!** sofort den Trumpf seines Freibauern aus. Weiß musste nun auf den ♗e5 verzichten mit auf die Dauer unhaltbarem Endspiel. Er griff jedoch zu **2. ♖e5:+** und übersah die raffinierte Parade **2. ... ♗e6!**, die dem Turm das Feld d5 nimmt, und gab nun auf (3. ♖e6:+ ♔d7 nebst Umwandlung des Bauern). Eine studienartige Pointe!

58. Der „ulkige“ (wie O'Kelly selbst schrieb) Zug war **1. ♕g6:+!**, der das Matt erzwang. (Schwarz hatte nur 1. ♕g7 gesehen und wollte ♗f5 antworten.)

59. 1. ♖g7:! beseitigt den einzigen Schutz des Königs. Allerdings musste Weiß auf **1. ... ♔g7: 2. ♖g3+ ♔h7** das drollige Zickzackmanöver des Läufers voraussehen: **3. ♗g6+! ♔g7** (fg 4. ♖g6: und Matt auf h6) **4. ♗h7+!** Damit ist die h-Linie geräumt, so dass auf 4. ... ♔h7: 5. ♖h3 mit undeckbarem Matt folgen kann. Schwarz gab auf.

60. **1. ♕g6!!** war „der Zug des Turniers". Schwarz gab auf. Die Dame darf er wegen 2. ♖h1# nicht nehmen, und nach 1. ... ♖d5: 2. ♖h1 ♔g8 3. ♖h7: ♖f7 (sonst einfach 4. ♖eh1) 4. ♖h8+ ♔h8: 5. ♕f7: wäre gegen 6. ♖h1# nichts mehr zu machen. Ein verblüffender Schlusszug!

61. Der Normalzug wäre 1. ... ♖a8, doch dann blockiert 2. c5! die schwarze Stellung vollends, so dass an einen Gewinn nicht mehr zu denken wäre. Schwarz ergriff die einzige Chance, die in **1. ... ♖d8!!** bestand. Auf **2. ♗a5:** (Weiß musste auf den Springer verzichten und 2. ♗e2 spielen) folgte **2. ... ♖d1 3. ♗e2 ♖a1** mit Eroberung des a-Bauern, der die Partie entschied: **4. ♗c3 ♖a2: 5. c5 ♖c2 6. ♗e5 a2 7. ♔e3 ♖c5: 8. ♗d4** und Weiß gab gleichzeitig auf (8. ... ♖c1).

62. **1. ♘d5! ♕d6 2. ♘c7: ♕c7: 3. ♖c5:!!** Damit hatte Schwarz nicht gerechnet. **3. ... ♖d1: 4. cb!!** Ein Beitrag zum Thema „Zwischenzug". Auf a8 droht eine neue Dame zu entstehen. **4. ... ♖f1:+ 5. ♔f1: ♕b7: 6. ♗b7: ♗b7: 7. ♘e5:** und Weiß gewann.

63. **1. e5** unterbricht die Linie der Dame und räumt Feld e4. **1. ... de 2. h7**. Zwingt den Turm die 8. Reihe zu verlassen, denn der ♘g5 muss doppelt bedroht bleiben, weil sonst 3. ♖a4: eine Figur eroberte. **2. ... ♖g7.** Wenig ändert 2. ... ♖g6 3.♘e4! ♕e7 (♕f3:? 4.♕d8+) 4.♖g6: fg 5.♕a5: und gewinnt. **3.♘e4 ♕e7.** Erzwungen, denn das Feld d8 muss gedeckt bleiben. **4. ♖g7:!** (In der Partie spielte Weiß 4. ♕a5: und gewann prosaisch. Auf den hier angegebenen hübschen Schluss hat der ungarische Meister Flesch hingewiesen.) **4. ... ♔g7: 5. h8♕+! ♔h8: 6. ♕h6+ ♔g8 7. ♘f6+** und erobert die Dame.

64. Fischer wälzte nach **1. ♗d4:! ed** mit **2. ♖f6!** „dem f-Bauern einen Stein vor die Tür", wie die Deutsche Schachzeitung schrieb. Es folgte **3. ... ♔g8.** (Wenn 3. ... ♗f6:, so 4. e5, der f-Bauer ist blockiert und das Matt auf h7 unabwendbar. **4. e5 h6 5. ♘e2!** Schwarz gab auf. Rettet der Springer sich nach b5 oder c8, so entscheidet 6. ♖h6: f5 7. ♗c4+ ♖f7 8. ♘f4 und so fort. Ein präziser Schluss à la Fischer (der in Hochform befindliche spätere Weltmeister gewann die Amerikanische Meisterschaft, aus der dieses Beispiel stammt, mit 11:0 Punkten.)

65. Im letzten Augenblick schreckte Darga vor 1. ♔d8? zurück. Spassky hätte 1. ... ♗c4:! geantwortet und damit 2. ♗c4: mit Patt erzwungen. Weiß kann nur weiterkommen, wenn der ♗b3 auf b5 steht und dort den Vorstoß des d-Bauern und die Wanderung des Königs unterstützt. Der erste Teilplan lautet, den König nach c3 (!) zu bringen, um den Läufer zu entlasten und ihn auf den Weg zu bringen. **1.♔b7! ♗d3 2.♔a6 ♗f1 3.♔a5 ♗d3 4.♔a4 ♗f1 5.♔a3 ♗e2 7.♔b2 ♔e7 8.♔c3 ♔d6 9.♗c2 ♔e7 10.♗d3 ♗d1 11.♔d2 ♗b3 12.♗e2 ♔d6 13.♔c3 ♗a4 14.♗d3 ♗d1** Schwarz erschwert die Rückkehr des Königs so lange wie möglich. **15.♔d2 ♗b3 16.♔c1 ♔e7 17.♔b2 ♗d1 18.♗c2 ♗e2 19.♔c3 ♔d6**

20.♗a4 ♔e7 21.♗b5 ♔d8 22.d6 und Weiß gewinnt: 22. ... ♗f3 23.♔b3 ♗d1+ 24.♔a3 ♗c2 25.♗c6 ♗d1 26.♗a4 ♗e2 27.♗b5 ♗d1 28.♗c6! ♗e2 29.♔a4! (Der König hat den Rubikon überschritten) 29. ... ♗c4: 30.Ka5 ♗e2 31.♗b5 c4 32.♗a4 (oder 32.♔b4 c3 33.♗a4) Schwarz gibt auf. Die von Schwarz bis zuletzt erhoffte Unaufmerksamkeit blieb aus.

66. 1. ... ♘f3! und Weiß gab auf. „Der Springer leistet ein Übersoll“, bemerkte der Führer der schwarzen Steine. Er deckt nicht nur den ♙d2, sondern verhindert gleichzeitig einen Königszug wegen 2. ... ♘e1+ und 3. ... ♘d3:. Entzieht sich aber zuvor der Turm der Bedrohung, also 2. ♖d6+ ♔g5 und nun 3. ♔g2, so setzt er sich auf d4 dem Turm vor die Nase. Den Stützpunkt c5 würde Schwarz auch auf einen Versuch wie 2. b4 mit 2. ... b6 aufrecht erhalten. Der Springer beherrscht hier die Lage.

67. 1. ♗g7:! droht Matt auf h8. **1. ... ♖g7: 2. ♗f5:+ ♗f5:**. Wieder erzwungen. Jetzt aber erweist sich der schwarze Turm als zu schwach, um den König wirksam vor dem Zugriff von Dame und Turm zu schützen: **3. ♕f5:+ ♔h8 4. ♖e8+ ♖g8 5. ♕f6+ ♔h7 6. ♖e7+** nebst matt. Schwarz streckte bereits auf 1. ♗g7: die Waffen.

68. Der einigermaßen verblüffende Zug **1. ♖g6:+!** bereitet das Mitwirken der weißen Dame vor. Die Gefangennahme des Königs gelingt dann nach einigen stillen Zügen mit Hilfe eines Bauern: **1. ... ♔g6:**. Nach 1. ... fg 2. ♕h8+ erzwingen drei Bauern das Matt, z. B. 1. ... ♔f5 2. e4+ ♔g4 3. f3+ ♔g5 4. h4#. **2. ♕g8+ ♔h6 3. ♕h8+** (3. ♗f7:? ♕f5) **3. ... ♔g6 4. ♗f3!** Ein stiller Zug von großer Feinheit. **4. ... ♕d8.** Jetzt geht ♕f5 nicht wegen 5. ♗e4. **5. ♗h5:+ ♔f5 6. ♕h6!** Schneidet den Fluchtweg ab. **6. ... ♗f6 7. ♗g4+!** Lockt den König immer tiefer ins weiße Lager hinein. **7. ... ♔g4: 8. e4!** Der dritte stille Zug, der endgültig den Rückweg abschneidet. Schwarz gab auf, gegen 9. h3# ist nichts zu erfinden.

69. „Den Bauern wohnt ein unheimlicher Vorwärtsdrang inne“, sagte einst Nimzowitsch. Hier ein Beweis. Der letzte Zug des Schwarzen (♖c8–d8) unterschätzte die Bauern gewaltig. **1. f7+! ♖f7:**. Wenn 1. ... ♔h7, so einfach 2. ♘d6: ♖d6: 3. ♖h3. **2. h7+!** Und schon ist es aus. Weil 2. ... ♖h7: 3. ♘f6+ den Turm mit Schachgebot verliert, versuchte Schwarz **2. ... ♔h8 3. ♖f7: ♗b4+ 4. ♔c1 ♖d3: 5. ♖a7 ♗c8 6. ♔c2 ♖d7 7. ♖d7: ♗d7: 8. ♘g5** und gab auf.

70. 1. ♘f7:! spekulierte auf den a-Bauern. Wenn nämlich 1. ... ♕f7:, so 2. ♕c8+ ♔e7 3. ♕b7:+ ♔f8 4. ♕f7:+ ♔f7: 5. a5 und gewinnt. Den verzweifelten Versuch **1. ... d5** wies **2. ♕e6+ ♔f8 3. ♘d6** zurück mit Mattangriff.

71. Gegen den Umzingelungsangriff von Dame und beiden Läufern ist der weiße König wehrlos. **1. ... ♗h3+!** „stürzte den weißen Kahn um“, wie es seinerzeit hieß. Nach 2. ♔h3: ♕g1! oder 2. ♔h1 ♕f2 ist das Matt undeckbar. Weiß gab auf.

72. 1. ♕g7!! brachte den eingekerkerten ♖b8 zur Strecke. Der über Kreuz gebundene ♗e5 kann nicht die ♕c7 und den ♖h8 zugleich geschützt lassen. 1. ... d6 geht nicht, weil dann die Dame ungedeckt stünde. Schwarz spielte **1. ... ♗g7:** und gab nach **2. ♗c7:** bald auf.

73. Mit **1. ♘d5+!** schlug der zweite Springer die entscheidende Bresche. Schwarz gab auf, denn 1. ... ed 2. ♗f6:+ geht ebenso wenig wie 1. ... ♘d5: 2. ♕h7+ und matt. (1.♘e4 tut es auch.)

74. Weiß nützte die Tatsache aus, dass der Springer auf b6 „auf tönernen Füßen“ steht. **1. ♘e6:!** ist nur ein Scheinopfer, weil der Weiße bei Wegnahme des Springers die Figur sofort günstig zurückgewinnt: **1. ... fe 2. ♘e4:**. Falls nun 2. ... de 3. ♕d8:+ ♖d8: 4. ♗b6: mit leichtem Gewinn. Schwarz versuchte **2. ... ♘d7**, und Weiß gewann nach **3. ♘g3** leicht (noch stärker 3. ♘f2! mit der Drohung 4. ♕h5+ g6 5. ♕h3 nebst ♘g4).

75. 1. ♖h6:+!! Sehr schön gespielt. Das Turmopfer schwächt die Punkte h6 und f6, so dass der Angriff schnell durchdringt. **1. ... gh 2. ♕h5 ♘c7**. Auch andere Züge vermögen die Lage nicht zu retten, z. B. 2. ... ♕b7 3. ♕f5: mit vielen Drohungen, oder 2. ... ♗h7 3. ♕h6: nebst 4. ♗f6:+. **3. ♕h6:+ ♔g8 4. ♗f6: ♘e6**. Wenn 4. ... ♖f6: 5. ♕f6: ♖f8, so 6. ♕g5+ ♔h8 7. ♖h4+ ♗h7 8. ♕e5+ ♔g8 9. ♖g4+ und gewinnt. **5. ♖g4+!** Auch der zweite Turm wird geopfert. Ein glänzender Schluss. Schwarz gab auf (♗g4: 6. ♕g6+).

76. 1. ♘f7:! entsprach ganz dem Stile Tals. Keres macht auf die positionelle Fortsetzung 1. ♘e4 aufmerksam (♘d6 2. ♕d2! mit der Doppeldrohung 3. ♕h6: und 3. ♕b4), die Schwarz ebenfalls schwere Probleme gestellt hätte. **1. ... ♖f7:**. Ganz aussichtslos wäre 1. ... ♔f7: 2. ♗g6:+ ♔g6: 3. ♖c7: ♖c7: 4. d6. **2. ♗g6: ♕d6.** In Frage käme höchstens noch 2. ... ♕c1: 3. ♗f7:+ ♔f7: 4. ♕h5+ ♔g7 5. ♕e5:+ ♔g8 6. ♖c1: ♖c1:+ 7. ♔h2 mit überlegenem Spiel für Weiß; die Dame ist hier zu stark. **3. ♗f7:+ ♔f7: 4. ♖c8: ♗c8: 5. ♕c2!** Mit Tempogewinn dringt Weiß in das feindliche Lager ein. **5. ... ♗d7 6. ♕h7+ ♔f8 7. ♖e3.** Schwarz gab auf. In taktischer Hinsicht äußerst instruktiv.

77. 1. ... ♘g4:! Der Angriff beruht zum Teil darauf, dass Weiß nicht schnell genug an den schwarzen König herankommt, der von dem Springer auf d7 vorzüglich gesichert wird, zum Teil auf der Kraft des f-Bauern. **2. hg ♕h4+ 3. ♔g1 ♕g3+ 4. ♔h1 f2!**. Weiß gab auf. Der ♗f1 muss ziehen, um das Matt abzuwehren. Geht er nach e2, setzt 5. ... ♕h3#, geht er nach g2, beendet 5. ... ♕h4+ die Partie. Sehr typisch für solche Angriffe!

78. Der schwarze Angriff richtet sich letzten Endes gegen den unzureichend gesicherten Turm auf a1: **1. ... ♖e5:! 2. ♘e5: ♗f2:+ 3. ♔f2:**. Eine Nebenabsicht besteht in 3. ♔h1 ♖b1+ und matt. **3. ... ♕d4+ 4. ♔e2**. Weiß möchte den Turm nicht mit Schach verlieren, aber ... **4. ... ♖b2+!** ...erzwingt das Matt. Weiß gab auf. Elegant gespielt.

79. 1. h3? übersah die Drohung **1... ♕f3:+! 2. gf ♘e3+ 3. ♔f2 ♘c2:** mit Rückgewinn der geopferten Figur und gewonnenem Endspiel (4. ♗c3 ♘f6 5. ♗d3 ♗a6! 6. ♘c1 ♗d3: 7. ♘d3: ♘d7 und so fort). Gut ist 1. ♗d3.

80. Der Einbruch gelang mit **1. ♖e5:+!**, gestützt auf den Turm in der d-Linie und den weißfeldrigen Läufer, der den schwarzen König bedrängt. **1. ... ♖e5: 2. ♕e5:+! ♔d8**. Oder 2. ... de 3. ♗a4+ ♕d7 4. ♖d7: und gewinnt. **3. ♗a4 ♔c8 4. ♕e8+ ♔b7 5. ♖d5** mit entscheidendem Angriff. 1. ♗a4+ verläuft ähnlich.

81. 1. gf ♕f6:. Der witzige Zug 1. ... e4 wäre wohl noch das geringste Übel gewesen.

2. ♘d5:! Zerbricht das Zentrum. **2. ... cd 3. de ♗e5: 4. ♕d5:+ ♕e6**. Schwarz kann nicht 4. ... ♗e6 antworten wegen 5.♖g7:+! ♔g7: 6. ♕b7:+. **5. ♕e5:** und Weiß gewann leicht.

82. 1. ♖d8+! ist ein elementares Hineinziehungsopfer. **1... ♔e7**. Oder 1. ... ♔d8: 2. ♘f7:+ mit „Familienschach“. **2. ♖h8: ♕g5:**. Weiß hat nicht nur die Qualität gewonnen. Noch schwerer wiegt der Druck des eingedrungenen Turms, der den schwarzen Damenflügel lahmlegt. **3. ♕d2**. Schwarz gab auf. Weder 3. ... ♘d7 4. ♖d1 ♕e5 5. ♖c8: noch 3. ... ♘d5 4. ♖d1 ♕e3: 5. ♗d5: ♕d2:+ 6. ♖d2: ed 7. ♖2d5: bot die geringsten Aussichten.

83. Weiß nahm den eingekerkerten König aufs Korn und setzte kurzerhand matt: **1. ♖b7:+! ♘b7: 2. ♘a6#**.

84. Der ehemalige Weltmeister baute auf die spätere Pointe d4–d3, die nicht nur den ♖e4 seiner Deckung beraubt, sondern außerdem die Kraft des Freibauern erhöht und den Punkt d4 für den Läufer freigibt. Er spielte **1. ... ♖g3:+!! 2. fg ♕g3:+ 3. ♔h1 d3!** Der naheliegende Zug 3. ... ♖f2 vernachlässigt die Sicherheit des eigenen Königs, wie 4. ♖b8+ ♗f8 5. ♖f8:+ ♔f8: 6. ♖f4+! ♖f4: 7. ♕b8+ nebst ♕f4: beweist. **4. ♘e7+**. Oder 4. ♕d1 ♖f2. **4... ♔h8 5. ♕e1 ♕h3+ 6. ♔g1 d2! 7. ♘g6:+**. Auch 7. ♕d1 ♗d4+ 8. ♖d4: ♕g3+ 9. ♔h1 ♕e1+ (und gewinnt) rettet nicht. **7. ... hg 8. ♕h4+ ♔g8!** Weil eine neue Dame zu entstehen droht, kann Schwarz sich 9. ♕h3: d1♕+ 10. ♔h2 ♖f2+ leisten. Weiß gab auf. Eine Schlusskombination von großer Kraft und Eigenart.

85. 1. ♘f5+! schließt die e-Linie auf. Nimmt Schwarz den Springer nicht, geht sofort die Dame verloren (1. ... ♔e8? 2. ♘g7+, oder 1. ... ♔f6 2. ♖d6 gf 3. ♕d7:). **1. ... gf 2. ef ♖ac8**. Ein vergeblicher Rettungsversuch. Die Kraft der Türme auf den Mittellinien zeigen die beiden von Fischer angegebenen Varianten nach 2. ... ♕f5: 3. ♕d6+!, a) 3. ... ♔e8 4. ♖fe1+ ♗e6 5. ♕d7# oder b) 3. ... ♔d8 4. ♕f8:+ ♔c7 5. ♕a8: und gewinnt. **3. ♖d7:+! ♕d7: 4. f6+** (4. ♖e1+ ♘e5 5. ♖e5:+ ♔f6 6. ♕d7: ♔e5: 7. f4+! ♔f6 8. ♕d4+ ♔e7 9. f6+ ♔e6 (♔e8 10. ♕d6) 10. g4 führt ebenfalls zum Matt.) **4. ... ♘f6: 5. ♖e1+ ♘e4 6. ♖e4:+ ♔f6 7. ♕d7: ♖fd8 8. ♕g4** (8. ♕e7+!) Schwarz gibt auf.

86. Punkt g7 ist bei **1. ♘e6:!** gemeint. Das Springeropfer stellt die furchtbare Doppeldrohung 2. ♕c3 auf. Die einzige Fortsetzung (wenn auch mit Bauernverlust für Schwarz) bestand in 1. ... f6. Matanovic spielte **1. ... ♖c4:** und gab nach **2. ♘h6+!** auf; eine raffinierte Nebenpointe. Wenn 2. ... gh, so 3. ♕h6: mit *dreifachem* Angriff auf g7 und undeckbarem Matt.

87. Schwarz glaubte, sich nach **1. ♗g6:!! ♔g6: 2. ♖dg1+ ♔f7** hinter dem Rükken des Springers verstecken zu können. **3. ♖h7+!** rüttelte ihn jäh auf. **3. ... ♘h7: 4. ♕h5+!** führte unmittelbar zum Matt (4. ... ♔f6 5. ♕g6#). Pointierte Festhaltezüge!

88. Der Läuferzug (1. ... ♗d7) schnitt der Dame den Rückzug ab; trotzdem überrascht sehr, dass das Zickzackmanöver des Läufers **2. ♗c4 ♕c6 3. ♗b3!** die Dame mitten auf dem Brett gefangennimmt.

89. **1. ♘f5:!!** lenkt den e-Bauern ab, der nehmen muss, weil die Drohung 2.♗g7+ nicht mit 1. ... ♖g8? pariert werden darf wegen 2. Sd6: mit Doppelangriff auf die Dame und den ♙f7. **1. ... ef**, und nun geschieht **2. ♕g3!** mit Doppeldrohung gegen g7 und c3, so dass 2. ... ♖g8 wieder unmöglich ist (3. ♕c3+, und der e-Bauer ist nicht mehr vorhanden, der sonst auf e5 die Diagonale blockiert). Schwarz versuchte noch die Ausrede **2. ... ♕g2:+ 3. ♕g2: ♖g8**, aber Weiß hat leichtes Spiel. Es folgte 4. **♗g5 h6 5. ♖d6: ♗e6 6. h4 hg 7. hg ♔g7 8. ♕g3 ♖gd8 9. ♕e5+ ♔h7 10. ♕h2+ ♔g8 11. g6!** Schwarz gab auf (♖d6: 12. ♕d6:).

90. Das Gegenüber der beiden Damen ermöglichte die Räumungskombination **1. ... ♘d3+!** Der Springer darf wegen 2. ... ♗f2:+ und Verlust der Dame nicht geschlagen werden. Nun befindet sich aber der König im Kreuzfeuer. Der scharfpointierte Schluss war **2. ♔f1 ♘f2: 3. ♕f7: ♕d8!** Deckt (g8) und greift an (den ♗d2). **4. ♘e6**. (Zwecklos. Wenn 4. ♖h2, so ♖e8, und der ♗d2 darf wegen ♕d1+ nicht weichen.) 4. **... ♕d3+ 5. ♔e1 ♕e4+**. Weiß gab auf (6. ♔f1 ♕g2:+).

91. Die 7. Reihe ist ohne genügenden Schutz, so dass **1. ♖h7:!** möglich ist. Wenn nämlich **1. ... ♔h7:**, so **2. ♕f7!**, und **3. ♖h1#** ist unparierbar. Falls aber 1. ... ♖f8, so 2. ♖g7:+! ♔g7: 3. ♗h6+! und Weiß gewinnt. Der Schluss war höchst vergnüglich: **1. ... ♕d7 2. ♖ch1 ♖f8 3. ♕f6!! ♗f6:**. (3. ... ♖f6:4. ef. Weiß hat nach dem unvermeidlichen 5. ♖g7: ♕g7: 6. fg den Läufer mehr.) **4. ♖d7: ♗g7 5. ♖a7 ♖b2**. Das Endspiel ist verloren; 5. ... ♖a3 6. ♖b1 wäre viel zu passiv. **6. ♗e3 ♖b3 7. ♖a5: ♖c3: 8. ♖a7 ♖c6 9. ♖b1 ♖f7 10. ♖b8+ ♗f8 11. ♖7a8**. Schwarz gab wegen 11. ... ♔g7 12. ♗g5 auf.

92. **1. ♗g4!!** und Schwarz gab auf; er hat nur die Wahl zwischen Damenverlust und Matt (1. ... ♘g4: 2. ♖f7:+ ♔f7: 3. ♕h7+ ♔f6 4. ♗e7#!, ein originelles Mittelspielmatt).

93. **1. ... d3!** droht nicht nur 1. ... ♕c2:+ nebst matt, sondern räumt auch einen Stein aus der 4. Reihe. Scheinbar hat Schwarz seinen c-Bauern selbst gefesselt, so dass 2. ♖d3: angängig wäre; doch dann entfesselt 2. ... ♖b2:+ 3. ♔b2: ♕b5+ geschickt und erobert ebenfalls eine Figur. Weiß spielte **2. cd** und gab nach **2. ... ♖b2:+!** (die Hauptpointe) die Partie auf (3. ♔b2: c3+, gefolgt von 4. ♕g4:). Sehr witzig!

94. **1. ♘f6+!** bricht nach bewährtem Muster den Widerstand mit der hübschen Folge **1. ... gf** (1. ... ♔f8 2. ♕h7:) **2. gf+ ♔f8 3. ♖g8+! ♔g8: 4. ♕h6! ♗f8 5. ♖g1+ ♔h8 6. ♖g7!**, und Schwarz gab wegen des undeckbaren Matts auf.

95. Nach **1. ... ♖h1+! 2. ♔h1: ♗f2:** ist dem König nicht mehr zu helfen; 3. ... ♖h8# ist undeckbar.

96. Der weiße König steht „auf Matt", und der Läufer b6 braucht die Deckung des Turms. Dies sind die Elemente der folgenden Wendung: **1. ... ♗e5!** (droht Matt auf f4 und Schlagen des Turms) **2. ♖d7+ ♔g6**. Jetzt droht außer dem Matt auch das Schlagen des Läufers. **3. ♗c7**. Deckt beides und hofft auf 3. ... ♖b7 4. ♗e5: ♖d7: mit Remisstellung. **3. ... ♗d4:+!!** Eine studienartige Finesse. Weiß darf wegen Matts auf e2 nicht mit dem Turm wiederschlagen, muss ebenfalls Qualitätsverlust in Kauf nehmen und büßt außerdem sehr bald den

♙f3 ein. Das ist die Entscheidung. **4. ♔d4: ♖d2+ 5. ♔c4: ♖d7: 6. ♗b6 ♖f7 7. ♔d5 ♖f3: 8. e5 g4 9. ♔e6 ♖f1 10. ♔d7 ♖d1+ 11. ♔e7 ♔f5**. Weiß gab auf.

97. **1. ♖f7:!** Auf den ungedeckten Läufer g5 braucht Weiß keine Rücksicht zu nehmen. **1. . ♖f7: 2. ♖f1!** Droht 3. ♗f7:+ mit Damengewinn. Schwarz gab auf.

98. Mit **1. ♕d8:! ♖d8: 2. ♖d7:+ ♖d7: 3. f8♕** eroberte Weiß auf einem merkwürdigen Umweg eine Figur und gewann leicht.

99. Weiß fand einen zwingenden Schluss: **1. ♕f8+!** Der Zug beruht auf 1. ... ♖f7 2. ♕h8+ ♖g7 3. ♖d7! mit vernichtender Doppel-Fesselung. **1. ... ♕f7 2. ♗e5:+! ♔e5:** Er müsste ♔g6 ziehen, um nicht matt zu werden (oder aufgeben). **3. ♕c5+ ♔f6 4. e5#!** Fein kombiniert!

100. Der f-Bauer hat den Marschallstab im Tornister: **1. ... ♗f2:+ 2. ♔f2: ♘e4+! 3. ♔g1** (Nimmt er den Turm, setzt 3. ... f2 auf köstliche Weise matt.) **3... ♖f1:+! 4. ♔f1: ♗h3+**. Weiß gab auf (sonst verwandelt sich der Bauer).

101. **1. ... ♗f3:!** stellt Weiß bereits vor ein Dilemma. 2. gf würde nach 2. ... ♖c1:+ 3. ♖c1: ♕g5+ nebst ♕c1:+ eine Figur kosten. Daher: **2. ♕f3:**, doch nun folgte der Blitzschlag **2. ... ♕a2:!**, der mindestens einen Turm gewinnt; weil 3. ♖a2: wegen ♖c1:+ nicht geschehen darf. **3. ♕a3 ♕a3:! 4. ba ♗a1:** und Weiß gab auf.

102. Weiß drohte den Abzugsangriff 2. Sf5+. Der Ausweichzug **1. ... ♔f8?** war jedoch ungeeignet, denn **2. ♘f5!!** hat dieselbe Kraft wie vorher. Die zusätzliche Mattdrohung auf d8 führt zum Damengewinn.

103. **1. ♕e7:+!** Ein brillanter Zug, der ein seltenes Matt herbeiführt. Schwarz gab auf angesichts von 1. ... ♔e7: 2. ♖g7+ ♔e8 3. ♘f6#. Hier zeigt sich die schwache Seite des schwarzen Springers.

104. **1. ♘e5:!** kombiniert à la „Seekadett". Rückgewinn der Dame und damit Materialgewinn ist gesichert: **1. ... ♗d1: 2. ♗b5+ ♔d8 3. ♘f7:+ ♔c7 4. ♘d6: ed 5. ♖d1:**. Schwarz gab auf.

105. Nach **1. ♕h6!** musste Schwarz Remis zulassen, weil er nicht matt werden wollte: **1. ... ♗h6:** (1. ... ♘e8 scheitert an 2. ♘g7: ♘g7: 3. ♘g5!) **2. ♘h6:+ ♔g7** (♔h8? 3. ♗f6#) **3. ♘f5+ ♔g8**. Wieder geht 3. ... ♔h8 nicht wegen 4. ♗f6:+ ♔g8 5. ♘h6#. Remis. Zu versuchen war allerdings in der Diagrammstellung 1. ♗f6: ♗f6: 2. ♕h6, z. B. 2. ... ♖g1: 3. ♘g5!, oder 2. ... ♗e8 3. ♘g5 ♖f7 4. ♘h7: bzw. 3. ... ♕c7 4. ♖b1: mit unklaren Verwicklungen.

106. Das Scheinopfer **1. ♘h6:+! gh 2. ♕g4+!** (Ganz unklar wäre 2. ♗h6: ♖f7 nebst ♗f8) **2. ... ♔h8 3. ♕h5!** droht nicht nur 4. ♕h6:+, sondern verhindert gleichzeitig ♖f7. **3. ... ♗d6**. Die Dame muss die 7. Reihe schützen, und darum geht ... **4. ♗b6! ♕g7** (♕b6: 5. ♕h6:+ ♔g8 6. ♕g6+ ♔h8 7. ♖f3, gefolgt vom Matt) **5. ♗a5:** mit Rückgewinn der Figur und leichtem Gewinn (♖g8 6. ♕h3 ♖ac8 7. ♖e4 ♖c2:? 8. ♖g4! ♕h7 9. ♖g8:+ und so fort).

107. Schmid spielte 1. ♕h7 und gewann in 12 Zügen. Sofort entschieden hätte **1. ♖f5:+! ♔f5: 2. ♕h7+ ♔e5 3. ♕h8+** mit Damengewinn, wie E. Riehle, Gaildorf, herausfand.

108. Weiß machte sich die Anwesenheit des schwarzen Königs in der Mitte zunutze und eroberte mit **1. e6!** eine Figur. Auf 1. ... ♘f2: geschieht am einfachsten 2. ed+ ♔d7: 3. ♗f5+ ♔c7 4. ♘b5+ ♔b8 5. ♕d4!. **1. ... ♕f2:+** (ungefährlich) **2. ♔h1 0-0** (oder ♗e6: 3. ♕g4:) **3. ♕g4:** und gewann leicht.

109. Opfert Weiß sofort die Qualität auf d7 und setzt dann ♘f6+ fort, kommt er nach ♔f8 nicht weiter. Darum weit vorausschauend **1. b5!! cb** und jetzt erst **2. ♖d7: ♘d7: 3. ♖d7: ♗d7: 4. ♘f6+ ♔f8**, denn nun gibt es den Zug **5. ♘d5!**, der infolge der Mattdrohung auf h8 die Dame erobert. Schwarz gab auf.

110. Keres hatte weitsichtig erkannt, dass die Eroberung des weißen a-Bauern nur auf Kosten des schwarzen Springers möglich ist. Er spielte **1. ♔d2!**, um nach 1. ... ♘c6 2. ♔c3 ♘a5: 3. ♗f3! den Springer mit 4. ♔b4 „abzuholen". Schwarz behielt also die Schwäche a6, an der er zugrunde ging (1. ... ♔f6 2. ♔c3 ♔e7 3. ♔b4 ♘c6+ 4. ♔a4 ♘b8 5. g3 f6 6. ♗f3 ♔d6 7. ♗b7 ♔c7 8. ♗g2 ♔d6 9. ♗f1 h6 10. ♗d3 ♔e5 11. h3 ♔e6 12. ♔b4 ♔d6 13. ♗f5: ♘c6+ 14. ♔a4 ♘b8 15. ♗e4 ♔c5 16. ♗b7 ♔c4 17. h4 ♔c5 18. g4 ♔d6 19. ♔b4 ♔c7 20. ♗f3 ♔d6 21 . ♔c4 ♘d7 22. ♗b7 ♘c5 23. ♗c8 ♔c6 24. h5 ♔d6 25. e4. Schwarz gab auf). Die Grundlage ist die Idee des Springerfangs in der Ausgangsstellung.

111. Scheinbar ist 1. ... ♖h3:+ 2. gh ♗f3:+ unmittelbar entscheidend. In Wirklichkeit wäre Schwarz nach 3. ♗g2 ♗g2:+ 4. ♔h2 noch nicht am Ziel. Darum **1. ... ♖f3:!** (nicht um einen Bauern zu erobern, sondern mit Mattgedanken) **2. ♕f2: ♖fh3:+!** Das war des Pudels Kern. Weiß gab auf (3. ♔g1 ♖h1#).

112. Weiß hatte auf 1. ... ♕h2+ 2. ♔f1 ♕h1+ 3. ♗g1 gepocht. Dagegen wandte sich **1. ... ♗f4!**, das den weißen Plan zerstört. Den Läufer darf Weiß wegen Matts nicht schlagen, andererseits droht Damengewinn (2. ... ♕h2+ 3. ♔f1 ♕h1+ 4. ♗g1 ♗d2:). Bringt Weiß die Dame in Sicherheit, ist der Punkt g2 nicht mehr zu decken, wie 2. ♕d3 ♕h2+ 3. ♔f1 ♗h3 4. gh g2+ zeigt. Weiß gab darum auf.

113. **1... ♖h1+!** trieb den König ins Freie, denn 2. ♔h1: ist wegen des bekannten Matt-Mechanismus 2. ... ♕e1+ (verhindert zugleich die Königsflucht über g3) 3. ♔h2 ♗g1+ 4. ♔h1 ♗f2+ 5. ♔h2 ♕g1# ausgeschaltet. So blieb nur **2. ♔g3 ♕e1+ 3. ♔f4 ♖f1+ 4. ♖f3 ♕e3+**, und Weiß gab auf, weil er auch jetzt matt wird (5. ♔g3 ♖f3:+ 6. gf ♕g5+ 7. ♔h2 ♕g1#). Kommt in ähnlicher Form oft vor und ist deshalb besonders lehrreich.

114. Das Läuferopfer **1. ♗h7:+** ist hier nicht wie sonst Schablone. Es beruht nach **1. ... ♔h7:** auf dem Zuge **2. ♘e4!**, der nicht nur 3. ♘d6:, sondern vor allem 3. ♘f6+ gf 4. ♕h5+ ♔g8 5. gf# droht. Deswegen wäre auch 2. ... ♘d5 3. ♖d5: zwecklos. Schwarz gab auf.

115. **1. ♗f7:+!!** bringt den schwarzen König so ins Gedränge (dank der idealen weißen Aufstellung),dass nur ein Qualitätsopfer Luft verschafft: **1. ... ♔f7: 2. ♕d5+ ♔f8 3. ♗d6+ ♖e7**. Bei 3. ... ♗e7 zeigt sich der Nachteil der ungedeckten Dame in 4. ♖e7: ♖e7: 5. ♕e6 mit der mehrfachen Drohung 6. ♗e7:+ nebst ♕b6: und 6. ♕c8:+ **4. ♖e6!** Wieder mit mehrfacher Drohung: a) 5. ♖f6: gf 6. ♕e6; b) 5. ♗e7:+. **4. ... ♖d8 5. ♗e7:+ ♗e7: 6. ♖b6: ♖d5: 7. ♖b2:**. Zum Schluss fiel auch der ungedeckte, vorgepreschte Springer den wütenden Angreifern zum Opfer.

116. Der „Springer am Rand“ ist zu großen Taten berufen. **1. ♗a7! ♖a8 2. ♘b6 ♖a7: 3. ♖c8:! ♘c8: 4. ♘c8:**. Eine witzige Lage. Der Springer droht zweifach Turmgewinn – einmal auf a7, das andere Mal über das Durchgangsfeld d6! **4. ... ♖a8 5. ♘d6: ♕d7 6. ♘f7: ♖c8 7. ♘c5 ♕f7: 8. ♖f1**. Der Profit des Weißen betrug zwar „nur“ einen Bauern, doch der genügte zum Sieg.

117. Weiß konnte ohne weiteres mit **1. ♖f3!** auf Gewinn spielen. Käme er zu 2. ♖f6: ♖f6: 3. ♘f6:, müsste Schwarz die Dame gegen den Springer geben, um das Matt zu verteidigen. Nach 1. ... ♕e8 2. ♕h6+ ♔g8 3. ♖f6: würden die Drohungen ebenfalls übermächtig werden, und 1 . ... ♗e8 oder 1 . ... f5 2. ♖h3# scheidet ganz aus. Wenn 1 . ... ♕a5, so einfach 2. ♘e7. Schwarz könnte also getrost aufgeben.

118. Die schwarze Dame ist überfordert; sie kann nicht zugleich die Punkte g7 und e8 verteidigen. Es kommt allerdings auf die richtige Reihenfolge der Opferzüge an. Weiß spielte **1. ♖g7:+!!**, und Schwarz gab wegen undeckbaren Matts auf (1 . ... ♖g7: 2. ♖e8+! ♔f7 3. ♕g7:+ ♔e8: 4. ♕f8#).

119. 1. ♕h6:+! Die Dame opfert sich in Erkenntnis eines reizenden Matts, das sich nach 1. ... ♗h6:+ 2. ♖h6:+ ♔g7 3. ♖h7+ ♔f6: 4. ♖f8: ergeben würde. Ein glänzender Schluss.

120. Bei **1. ... 0-0?** übersah Schwarz die Drohung **2. d6 ♗d6:** Wenn nämlich 2. ... ♘e4: 3. de ♕a5+ 4. ♗d2, so hängt der ♖f8 mit Schach! **3. ♘d6: e4.** Ein neckisches Zwischenspiel, das am Figurenverlust nichts ändert. 3. ... ♕d6:? 4. ♗h7:+ war die Grundidee des Weißen. **4. ♗e4: ♕e7**. Schwarz versucht es noch mit einer Fesselung, die jedoch auf das eigene Haupt zurückschlägt. **5. 0-0 ♘e4: 6. ♘c8: ♖c8: 7. ♕d5+! ♔h8 8. ♖e1!** Die Gegenfesselung (8. ... ♖e8 9. ♘g5!). Schwarz gab auf. „Ein witziger Krieg mit Fesselungen und Zwischenschachs“ (DSZ).

121. Mit jedem Einschlag auf g2 ist das Matt zu erzielen, kurz und bündig mit 1. ... ♖6g2:+ 2. ♔h1 ♖g1+! 3. ♔g1: ♕g6+ (Engelhart). Cholmows Lösung ist problemartig: **1. ... ♖eg2:+ 2. ♔h1 ♖h2+!** (auch 2. ... ♖g1+ führt zum Matt), wobei er auf **3. ♔h2:** den „Fernzug“ 3. ... ♕a2:+, gefolgt von ♕g2#, geplant hat. Weiß spielte **3. ♕h2:** und gab nach **3. ... ♕f3+** die Partie auf.

122. „Der Weg zum Matt“ (wie der Titel eines Richter-Buches lautet) besteht in einer Verknüpfung verschiedener Lenkungsmotive: **1. ♘e7+! ♘e7:** (Schwarz musste sich zu ♖e7: bequemen und die Dame geben.) **2. ♕g3+!** (lenkt die schwarze Dame aus der f-Linie) **2. ... ♕g3: 3. ♗f7:#**. Der Schuss aus dem Hinterhalt!

123. Ein Läuferschach auf d5 ist mehr wert als die Dame. Auf den Glanzzug **1. ♕e8+!!** gibt Schwarz auf, denn er verliert Haus und Hof: **1. ... ♖e8: 2. ♗d5+ ♖e6 3. ♗e6:+** (aber nicht 3. fe ♘g5! mit Vorteil für Schwarz!). Ein prächtiger Schlusszug.

124. Der putzige Zug **1. ♘f6!** griff Dame und Turm an und deckte außerdem g4. Nach **1. ... ♔f6: 2. ♕f3+ ♔g7 3. ♕e4:** war die Partie entschieden (3. ... dc 4. h5! gh 5. gh ♔h8 6. ♖b8+ ♘b8: 7. ♖b8:+ ♔g7 8. ♕g6#. Schwarz gab nach 5. ... ♔h8 auf).

125. Der drastische Zug **1. ... ♖a3:!!** legte den Finger auf zwei Wunden: die schwache erste Reihe und den ungedeckten Turm a1. Weiß gab auf. Der Turm darf wegen 2. ... ♕e1+ nicht nehmen, der Bauer nicht wegen 2. ... ♕a1:+ 3. ♖b1 ♖e1+ nebst matt.

126. Auf **1. ... ♗b4?** hätte die mit Damenopfer eingeleitete Mattwendung **2. ♕b4:!! ♘b4: 3. ♖d8+ ♔f7 4. 0-0+ ♔g6 5. h4!** (droht 6. h5#) **5... h6 6. ♖h8: hg 7. h5#** das Spiel glänzend abgeschlossen. Wegen dieser Kombination erhielt die Partie den Schönheitspreis.

127. Weiß „verwickelte", um zu vereinfachen: **1. ♕a5: ♖a5: 2. ♖c8:! ♖c8: 3. ♗b7:**. Schwarz gab auf, weil er 4. ♘c6 mit Rückgewinn der Qualität und Bauer mehr für Weiß nicht vermeiden kann.

128. Auf **1. ... ♕b3** erwies sich der fernliegende „rechte Haken" **2. ♗g5!!** als tödlich. Die Pointe liegt nach **2. ... ♕a3: 3. ♗e7:** in der Mattdrohung auf f8, so dass Schwarz keine Zeit hat, seine Dame zu retten, und eine Figur eingebüßt hat. Mit 2. ... ♗c5: 3. ♕c5: zöge sich Schwarz eine peinliche Doppeldrohung gegen f8 und d5 auf den Hals (3. ... ♗f7 4. ♖f7: ♔f7: 5. ♕d5: und 6. ♕a8:.

129. **1. ♘g5!** drohte auf dem dreimal angegriffenen Punkt h7 matt und bereitete auf 1. ... ♘g6: das nette Zweispringermatt 2. ♘f7 vor. Bleibt als Deckungszug nur **1. ... ♕f5** (1. ... ♗f5 2. ♕h5#), doch darauf schlägt eine dritte Drohung durch: **2. ♕e8+!** (lockt den Turm nach e8) **2. ... ♖e8: 3. ♘f7+!** (holt den Springer aus der e-Linie) **3. ... ♘f7: 4. ♖e8:#**. Ein Feuerwerk.

130. Ein Opferdouble der schwarzen Springer zwingt den weißen König zum Canossagang: **1. ... ♘g4+ 2. hg ♘f4:+ 3. ♔g3**. Auch 3. ♔g1 ♘h3+ hätte verheerende Folgen. **3. ... ♕h3+! 4. ♔f4: ♖g4:+**. Das Strafgericht. **5. ♕g4: ♖g4:+**. Weiß gab auf. Er wird nach 6. ♔f5: mit ♖c4:+ 7. ♔f6 ♖e4! usw. hinter den feindlichen Linien mattgesetzt.

131. **1. ♘e6!** leitet ein scharfpointiertes Schluss-Spiel ein. Der Springer darf nicht geschlagen werden, wie 1 . ... fe 2. ♕g6:+ ♕g7 3. ♕e6:+ ♕f7 4. ♕c8:+ zeigt. Auch das Ausweichen der Dame mit Blickrichtung auf g7 nützt nichts. Der pikante Zug (1. ... ♕h6) 2. ♖h5!! mit der Folge 2. ... gh 3. ♕h6: fe 4. ♕e6:+ bräche sofort den Widerstand. Nach einer Ausrede sieht der von Schwarz probierte Zug **1. ... ♖c6** aus, doch der gleiche Turmzug, wenn auch mit anderer Pointe, widerlegt ihn: **2. ♖h5!!**. Schwarz gab auf. Der Turm müsste wegen der Mattdrohung auf h8 geschlagen werden, doch dann folgt 3. ♕g5+ ♔h8 4. ♘f8: und gewinnt.

132. Dass **1. ♘e7:!** möglich ist, leuchtet nicht sogleich ein. Des Rätsels Lösung liegt nach **1. ... ♘e7:** in der Damenjagd **2. ♖b3 ♕a4 3. ♗b5 ♕a2: 4. ♕c3!!**, und gegen 5. ♖a1 wäre nichts zu erfinden. Schwarz spielte darum 1. ... ♗e6 2. ♘d5 ♘a5 3. ♗d4 ♘c4: 4. ♕g5! ♘e5 5. ♕f6:+ ♔h6 6. f4 ♖hc8 und gab nach 7. ♕g5+ auf.

133. Der doppelt bedrohte ♖d8 benötigt Doppeldeckung. Der schöne Zug **1. ♕a7!!** wirft das schwarze Spiel über den Haufen, z. B. 1. ... ♖dc8 2. ♕c7: ♖c7: 3. ♖d8+, oder 1. ... ♖d5: 2. ♕a8:+. Schwarz gab auf.

134. Weiß erlag der Schrecksekunde (das gibt es offenbar auch im Fernschach!). Bei ruhiger Prüfung wäre er sicher auf **1. ♖h7:+!** verfallen, einen Ablenkungszug erster Güte. 1. ... ♔h7: 2. ♕f7+ nebst 3. ♕e8:+ scheidet aus. Bleibt **1. ... ♕h7:**, doch nun kann die Dame nach **2. ♖h2:** nicht mehr mitwirken und Weiß gewinnt leicht (z. B. 2. ... ♗h3 3. ♕d4:+ ♔g8 4. ♕c4+ ♔h8 5. ♕c3+ ♔g8 6. f4 ♕b7+ 7. ♔g1 ♖c8 8. ♕e3 ♗f5 9. ♘d6 und gewinnt, nach einer Analyse von H. Heemsoth).

135. Nein, nach 1. ... ♖4c8 musste er sich noch lange um den Partiegewinn bemühen. **1. ... ♖c3:!** hätte dagegen rasch entschieden. Das befürchtete **2. ♗f6:** wäre wegen **2. ... ♖c1+!!** ganz schlecht gewesen (3. ♖c1: ♗f6:+ nebst#). Weiß hätte also 2. ♖c3: ♕g1:+ zulassen und sehr bald aufgeben müssen.

136. Es geschah **1. ♘d5!!** mit der „groben" Drohung 2. ♘c7# und der „giftigen" Doppelpointe 2. ♖a7:+!! ♔a7: 3. ♕a4+ bzw. 2. ... ♕a7: 3. ♕c6:+ und Matt im nächsten Zuge. Schwarz gab auf, weil er sich nicht mit dem Materialverlust, der nach den Zügen 1. ... ♖c8 2. ♕c5: ♘c5: 3. ♘b6+ ♔b7 4. ♘c8:+ ♔c8: 5. ♖a7: eingetreten wäre und den Ausschlag gegeben hätte, abfinden wollte.

137. Wegen des übermächtigen Zentralspringers steht Weiß so überlegen, dass es keiner Kombination bedarf. So genügt das einfache 1. ♕g4+ ♔h8 (♔f8 2. ♕h4: ♗h4: 3. g3 ♗e7 4. f6, Engelhart) 2. ♕h4: ♗h4: 3. g3 ♗e7 4. f6 ♗f8 5. ♘g5. Der feine Partiezug **1. ♕h5!** ist noch direkter, weil zusätzlich 2. g3 eine Figur zu erobern droht. Schwarz versuchte **1. ... ♗a6** (1. ... ♖d7? 2. g3) und gab nach **2. ♕f7:+ ♔h8 3. ♖fe1 ♖f8 4. ♕a7** auf. Zwecklos ist auch 1. ... ♔h8 2. ♕f7: ♗g7 3. ♘d6:, drohend ♕g8+.

138. Zwei „Batterien" stehen feuerbereit: ♗b1/♘d3 und ♖e1/♗e3. Der Schluss mutet wegen seiner Harmonie fast wie eine Komposition an: **1. ♕g6:+!! ♔g6:** (♔h8 2. ♘e5, ♔g8 2. ♘f5) **2. ♘e5+ ♔f6 3. ♖f2+ ♔e7** (♔e5: 4. ♖f5#) **4. ♘c6+!** (Sperrt den Weg nach d8 und räumt die e-Linie.) **4. ... ♕c6: 5. ♗g5#!**

139. Dank hervorragender Zusammenarbeit von Springer und Läufer gelingt es, ♘, ♗+♙ für einen Turm zu ergattern: **1. ♖d5: cd 2. ♘f6+ ♔f8**. Ginge der ♔ nach d8, käme das Schach von der anderen Seite, 3. ♗b6+ (hierbei erweist sich der unentwickelte ♗c8 als sehr störend). **3.♗h6+! ♔e7** (♖g7? 4.♖g1) **4. ♘d5:+ ♔d8 5. ♘b4:** und Weiß gewann langsam aber sicher.

140. 1. ♖a4 ♕c5 2. ♖c4 ♕a5 3. ♖c7 bugsierte den Turm mit Tempogewinn auf die siebente Reihe mit Angriff auf die beiden ungeschützten Läufer. Schwarz griff nach dem Strohhalm **3. ... ♗e4** (entzieht dem ♗e5 die Deckung), doch erfolglos, wie **4. ♗f6: ♗f6: 5. ♘e4:** zeigt. Weiß gewann leicht.

141 . 1. ♕d4? Hier steht die Dame auf schwachen Füßen. Die Deckungskraft des Bauern beseitigte **1. ... ♗e3:!+**, und Weiß gab auf.

142. Weiß hat die Entwicklung des Königsflügels sträflich vernachlässigt. Die Springer sind vorzüglich geeignet, etwaige Barrieren zu überbrücken. **1. ... ♗e2:!** ist die prächtige Einleitung, die das Feld d3 freikämpft. Das übrige ist schon mehr ein Satyrspiel. **2. ♕a1** (oder 2. ♔e2: ♘5d3 3. ♕c3 ♕d4:! wie in der Partie) **2. ... ♘5d3+ 3. ♔e2: ♕d4:!** (natürlich genügt auch 3. ... ♘c1:+) **4. ♕d4: ♘c1:+ 5. ♔e3** (5. ♔e1 ♘c2#) **5. ... ♘c2+ 6. ♔e4: ♘d4:** und gewann leicht. Gelungener Dressurakt!

143. 1. ♘h7:+ ♔g8 2. ♘f6+ ♔f8 3. g6! Droht 4. ♖f7:# und 4. g7#. Schwarz muss also 3. ... fg ziehen und 4. h7 nebst 5. h8♖# zulassen.

144. Auf ein Matt mit Turm und Springer hat Weiß es auch hier abgesehen. **1. ♕g5!** rettet zugleich die Dame und vermeidet wegen der Abzugsschachdrohung des Turms die Bauernumwandlung. **1. ... h6** versuchte die Dame abzudrängen, doch nun machte sich Weiß die Anwesenheit der beiden Blockadesteine auf c8 und f8 zunutze: **2. ♖b7:+!**. Schwarz gab auf. Nach 2. ... hg setzt sonst 3. ♘c6+ ♔e8 4. ♖e7 matt. Verblüffend!

145. 1. ♗f7:+ ♖f7: (♔f8 2. ♕h8+ ist nicht besser). Dies war das Vorspiel, um den Punkt f7 seines Schutzes zu berauben. **2. ♕h8+!!** Der Zuschauerraum raste. So etwas kommt in Weltmeisterschaftspartien kaum je vor. Schwarz gab auf.

146. 1. ... ♕h3! Im Hinblick auf eine zwickmühlenartige Mattkombination darf der Turm ungeschützt bleiben. **2. ♔g1:**. Anderes, wie 2. ♕e5:+, ist gleichfalls hoffnungslos. **2. ... ♗h2+ 3. ♔h1**. Bei 3. ♔f2 ♕g3+ 4. ♔f1 ♕g1# geht es noch einen Zug schneller. **3. ... ♗g3+ 4. ♔g1 ♕h2+ 5. ♔f1 ♕h1#**.

147. Nein, er hätte vorsichtig 1. ... ♗d5 spielen müssen. Nach **1. ... ♗g2:** stützte sich Weiß auf den schwach gedeckten Turm c8, die allgemeine Schwäche der 8. Reihe und die Verwundbarkeit des Punktes e6 und spielte sehr fein **2. ♗e6: ♗f1: 3. ♕f3!!** Die eigentliche Pointe. Schwarz mag nur mit 3. ♕f1: ♖c1: zu seinem Vorteil gerechnet haben (3. ♔f1:? ♕h1#!). Die Dame darf nun wegen 4. ♖c8:+ nicht genommen werden. Wenn aber 3. ... ♖c1:, so 4. ♕b7:, und ein Abzug des ♗f1 fruchtet nichts, weil der ♖c1 geschlagen wird. Alles in allem eine äußerst verwikkelte Vorausberechnung. **3. ... ♗g2!** Erreicht wenigstens Damentausch; Weiß steht jedoch auch im Endspiel auf Gewinn (4. ♕b7: ♗b7: 5. ♗c8: ♗d5 6. e4! ♘e4: 7. ♘e4: ♗e4: 8. ♖e1 f5 9. ♗e6+ ♔h8 10. ♗f5: ♗c6 11. d5. Schwarz gab angesichts von 11. ... ♗d7 12. ♖e7 auf).

148. Zwar sieht **1. ... ♕e5:! 2. ♕h6** sehr gefährlich aus, Schwarz wäre jedoch mit **2. ... ♖f2:!!** sofort entscheidend in Vorteil gekommen. Auf Schachgebote von Dame oder Läufer enteilt der schwarze König in die Brettmitte. Sehr witzig wäre zum Beispiel 3. ♕g6+ ♔f8 4. ♘e6:+? ♕e6: 5. ♕e6: ♖f1#. Auf 3. ♔f2: ♗d4:+ 4. ♖d4: ♕d4:+ hätte Schwarz ein leicht gewonnenes Endspiel. Schade um die versäumte Gelegenheit.

149. 1. ♖b6:! eroberte eine Figur infolge der Räumung des Feldes f6 (ein „Desperadozug"). **1. ... ab 2. ♘f6+**. Schwarz gab auf; er müsste den Turm im Stich lassen, denn 2. ... ♔f8 3. ♕d6+ ♖e7 4. ♕d8+ würde zum Matt führen.

150. 1. ♘a4! hätte der Dame den Rückweg abgeschnitten und unabwendbar 2. a3 gedroht. Weiß hielt den Zug wohl wegen 1. ... b5 für zwecklos; darauf käme jedoch 2. a3 ♕a4: 3. b3 und die Dame säße wie die Maus in der Falle.

151. **1. ♕g5:+!!** brachte den Gegner in eine tragikomische Zugzwanglage, wie man sie nicht alle Tage sieht. **1. ... hg 2. ♖h8:** (droht 3. ♖1h7#) **2. ... ♖f7 3. ♖1h7+ ♔f6 4. ♖h6+ ♔g7**. Hat Weiß mehr als Remis? **5. a4!!** Plötzlich hatte Schwarz keinen vernünftigen Zug mehr und gab auf. Man sehe: 5. ... ♖f6 6. ♖6h7#; 5. ... ♕d7 6. f6+ ♖f6: 7. ♖6h7+ nebst ♖d7:. Einzig das Turmendspiel nach 5. ... ♕d6 6. ♖d6: ♔h8: 7. ♖e6 konnte noch, wenn auch ohne Hoffnung, einige Züge fortgesetzt werden.

152. **1. ♗c6:?** beseitigte für den ♗b7 ein Hindernis auf der Wirkungsstrecke nach h1, so dass **1. ... ♕h1+!** in zwei Zügen mattsetzte. Lehrbuchartig.

153. Der Bauerngewinn 1. ♘f6+ ♔e7 2. ♘g8+ ♔d7 3. ♘h6: ist zwar gut, doch der ♖b3 käme noch nicht recht ins Spiel. Fischer spielte stärker **1. ♘a5:!**, denn auf **1. ... ba** würde nun **2. ♘f6+ ♔e7 3. ♖b7** zum Matt führen. Durao versuchte 1. ... ♖c7 2. ♘c4 ♖a7 (♖c6 oder ♖b7 3. a5!) 3. ♘b6: ♘b6: 4. ♖b6:, konnte nun wieder nicht nehmen (♖a4:? 5. ♘f6+) und verlor rasch.

154. Die schwarze Dame, die f7 decken muss, ist überfordert. **1. ♗b6!!** eroberte darum eine Figur: **1. ... ♕b6:** (er müsste den Springer im Stich lassen, aber das wäre gleichbedeutend mit aufgeben) **2. ♘h6:+!** (die Pointe) **2. ... ♔h8** (oder 2. ... gh 3. ♕f7:+ ♔h8 4. ♕g8#) **3. ♘f7:+ ♔g8 4. ♘e5:+**. Schwarz gab auf (4. ... d5 5. ♕f7+ ♔h8 6. ♘g6+).

155. Trotz des auf d7 einstehenden Läufers war **1. ... ♖c1!!** möglich. Wenn 2. ♖d7:, so 2. ... ♕b1 3. ♖d8+ ♔f7 4. ♕d5+ ♔g6, Weiß hat kein Schach mehr und ist verloren. Probleme stellt nur 2. ♖c7!, das jedoch stilgemäß mit dem von L. Schmid angegebenen Zuge 2. ... ♕b4!! beantwortet werden kann (2. ... ♖a1? 3. ♖d7: ♕b1 4. g3!). Falls dann 3. ♕e2, so 3. ... ♗g4 4. d7 ♔e7!, und Schwarz gewinnt, und falls 3. ♖c2, so einfach 3. ... ♕d2: 4. ♖d2: ♔e8 mit der unparierbaren Drohung (5. ♔f1) ♗a4 6. ♔e2 ♖d1: 7. ♖d1: ♗d1:+ 8. ♔d1: ♔d7 und gewonnenem Bauernendspiel.

156. **1. ♘g6:!** zertrümmerte die Königsburg. Der h-Bauer darf nicht nehmen, weil 2. ♕h4 mit Mattangriff auf der h-Linie folgt. Auch 1 . ... de nützt nichts wegen 2. ♘f8: nebst ♕h4 und ♕h6. Bleibt also nur **1. ... fg 2. f7+! ♔f7:**. Ebenso schnell geht es bei 2. ... ♔h8 3. ♗e5+ ♗g7 4. ♕g3. **3. ♗c7+** mit Damen- und Partiegewinn. Ein kraftvoller Überfall.

157. **1... ♗f2:+!** demaskierte die Dame (zum Angriff auf den ♗c4) und lockte den König ins offene Feld. Er stützte sich auf die nach **2. ♔f2: ♘g4+ 3. ♔f1** (Erzwungen. 3. ♔g1 ♕c5+ würde sogar zum Matt führen.) **3. ... ♕c4:! 4. ♕c4:** mögliche Springergabel **4. ... ♘e3+**. So gewinnt Schwarz nicht nur einen Bauern, sondern durchbricht die Verteidigung. Weiß stand nach den weiteren Zügen 5. ♔e2 ♘c4: 6. b3 ♘e5 7. ♘f1 f4 8. ♘d2 f6 9. c4 ♔f7 10. a4 ♗c6 hilflos und gab auf.

158. **1. ♖6d7: ♖d7: 2. ♕b5** fesselte den Turm über Kreuz und eroberte ihn. Schwarz gab auf.

159. Schwarz hätte 1. ... ♘d4: 2. ♕d4: gf 3. ef ♕c5 4. ♕c5: ♖c5: (5. ♘d5 ♗e2) probieren sollen. Jetzt verliert er eine Figur gegen zwei Bauern: **2. b4** lenkt Dame oder Springer von ihren Pflichten ab: **2. ... ♕b4: 3. ♖ab1 ♕c4:** (3. ... ♕a5 4. ♖b5) **4. ♘e2:** mit leichtem Gewinn. Es folgte noch 4. ... ♖c7 5. ♖fc1 ♕a4 6. ♖c6:! bc 7. f6! mit der listigen Pointe 7. ... ef 8. ♗f6: ♕e4: 9. ♕h6! ♕b1:+ 10. ♘c1, und das Matt ist auch nach 10. ... ♕c1:+ 11. ♕c1: undeckbar).

160. Auch **1. ... ♗d3:** erfuhr die schöne Abfuhr **2. ♖f7:!**. Falls 2. ... ♖f7:, so 3. ♕g4:+ ♔f8 4. ♕g7+ ♔e8 5. ♖f7: und gewinnt. Falls 2. ... ♗e2:, so 3. ♖g7:+ ♔h8 4. ♖e7:+ de 5. ♖b7: ♗f1: 6. ♘f1:, und Weiß hat eine Figur mehr. Auf den von Schwarz versuchten Zug **2. ... ♗f6** (!?) gewann am einfachsten **3. ♕d3: ♕f7: 4. ♗f6:**.

161. Gligoric glaubte, seine Stellung „gegen Feuer und Einbruch" versichert zu haben. Das wäre nach einem ruhigen Zuge wie 1. ... ♖hg6 2. ♕d4 auch der Fall gewesen. Jedoch brachte das prächtige Turmopfer **1. ... ♖g2:!** die weiße Stellung zum Einsturz. „Auf dieses Opfer bin ich deswegen besonders stolz, weil ich es schon lange Zeit vorausgesehen hatte", schrieb Larsen in seinem Buch „Ich spiele auf Sieg". Das Opfer reißt den Eckpfeiler weg, der die Punkte f3 und h3 gehalten hat. Falls 2. ♔g2:, so 2. ... ♕h3+ 3. ♔g1 ♕h1#. Gligoric versuchte **2. ♖g2: ♕h3: 3. e4**. Die Drohungen ♕h3:, ♗f3: und ♖g6 sind nicht gleichzeitig abzuwenden. Mit dem Bauernzug soll der Läufer abgeriegelt werden. **3. ... ♖g6**. Der Turm tuts auch. Weiß gab wegen **4. ♕e2 ♕h1+! 5. ♔f2 ♖g2:+** auf.

162. Tal spielte einfach **1. ... ♕f3:+**, und Medina gab auf! Er bemerkte jetzt den einfachen Trick **2. ♔f3: ♘e3!**. Der Springer beherrscht das Feld g2, das der Bauer preisgibt, sobald er nach h2 vordringt. So ist die Annäherung des Königs verhindert und das Entstehen einer neuen Dame nicht aufzuhalten.

163. Auf Kosten des Turms nahm Weiß das Tempo für die Besetzung der großen Diagonalen wahr: **1. ♗c3!! fe**. Auch die Ablehnung des Opfers 1. ... ♗f8 hilft nicht wegen 2. ♖e8: ♖e8: 3. ♕c4+ ♕f7 4. ♖e8: und Eroberung des Turms. **2. ♕e5 ♗f8**. Unter Rückgabe des Turms konnte Schwarz mit 2. ... ♗d6 3. ♕h8+ ♔f7 4. ♕h7:+ ♔e6 5. ♖e4:+ ♔d5 6. ♕d7: ♖d7: 7. ♖e8: in ein hoffnungsloses Endspiel einlenken. Nun wird es noch schlimmer. **3. ♕h8+ ♔f7 4. ♖f1+ ♕f5**. Das einzige, um Matt zu vermeiden. **5. ♖f5:+ gf 6. ♕f6+ ♔g8 7. ♕g5+ ♔f7 8. ♕f5:+ ♔g8 9. ♕g5+ ♔f7 10. ♕f6+ ♔g8 11. ♕h8+ ♔f7 12. ♕h7:+ ♔e6 13. ♕e4:+ ♔d6 14. ♕b7:**. Die Dame hat reiche Beute gemacht. Weiß gewann in wenigen Zügen.

164. Nach **1. ♖h8+ ♗d8** (♔c7 2. ♗b6#) **2. ♖d8:+! ♔d8: 3. ♗b6+** wäre der Kampf sofort zuende gewesen (3. ... ♔c8 4. ♕g8+). Die Kraft der beiden weißen Figuren ist bemerkenswert.

165. Gefährdete Königsstellung, ungedeckter Turm, Springergabel, das sind die drei Elemente der mit dem Zuge **1. ♘g3!** eingeleiteten Kombination. Nach **1. ... ♖e1:+** (erzwungen) **2. ♕e1:** befand sich Schwarz in einem Dilemma: Er muss das auf e8 drohende Matt decken, gleichzeitig seine Dame retten und auch an den Läufer auf h6 denken. Das ist zu viel. Immerhin erfolgt **2. ... ♕d7** durch Angriff auf den ungedeckten Läufer mit Tempogewinn, doch nun zeigt sich eine weitere Pointe. **3. ♕f2!**

Auch der ♗f4 „hängt“, und er darf nicht auf g3 zwischentauschen wegen 4. ♕g3:+ ♗g6 5. ♕b8+, gefolgt vom Matt. **3. ... ♗c7 4. ♘h5:** und gewann (4. ... c5 5. ♗c3 ♕d1+ 6. ♕e1 aufgegeben).

166. Weiß, der sich schon am Ziel seiner Wünsche sah, wurde durch den gewaltigen Zug **1. ... ♘g4!!** auf den Boden der Tatsachen heruntergeholt. Es droht nicht nur 2. ... ♕a7+ mit „ersticktem Matt“ (3. ♔h1 ♘f2+ 4. ♔g1 ♘h3++ 5. ♔h1 ♕g1+ 6. ♖g1: ♘f2#), sondern auch 2. ... d5 mit Doppeldrohung gegen c4 und h2! Weiß fand mit 3. h3 ♕a7+ 4. ♔h1 ♘f2+ 5. ♔h2 ♘d1: eine Ausrede, die „nur“ zum Qualitätsverlust führte, die Partie jedoch nicht rettete.

167. Die Ursache des Übels war wieder einmal die fehlende Verbindung der schwarzen Türme infolge des unterlassenen Zuges des Damenspringers. Wegen des ungedeckten Turms ist **1. ♗f7:+! ♔f7: 2. ♖f5:+! gf 3. ♕h5+ ♔f8** (♔g7 4. ♗h6+ ♔f6 5. ♘d5+) möglich, obwohl der Weiße wegen des „hängenden“ Turms auf a1 noch den mehr oder weniger „stillen“ Zug **4. ♖f1!** einschalten muss. Der weiße König steht zwar relativ sicher, doch ihm fehlt ein Ventil. Der einzige Versuch, darauf zu spekulieren, bestand in **4. ... ♗d4+ 5. ♔h1 ♖e6**. Wie folgt behielt Weiß das Heft in der Hand: **6. ♖f5:+ ♗f6 7. ♗h6+ ♔g8 8. ♕g5+!!** Das Damenopfer krönt das Ganze. 8. ... ♗g5: verbietet sich wegen 9. ♖f8#, und auf 8. ... ♔h8 geschähe 9. ♗g7+! ♗g7: 10. ♕d8+. **8. ... ♔f7 9. ♖f6:+! ♖f6: 10. ♕g7+ ♔e6 11. ♕e7+**. Schwarz gab auf (11. ... ♔f5 12. ♕e4#). Sehr eindrucksvoll.

168. 1. ♗d4! stellte die Mattdrohung 2. ♗h7+ (ein Bahnungsmanöver wie im Problem) 2. ... ♔h8 3. ♗g7:+ ♔g7: 4. ♕g6+! ♔h8 5. ♕h6: mit unparierbarem Abzug des ♗h7 auf. Dagegen gab es keine Verteidigung. So geschieht auf 1 . ... ♔h8 2. ♗h7, auf 1. ... ♖fd8 2. ♗h7+ ♔f8 3. ♗c5+. Am gefährlichsten erscheint 1 . ... ♕c4 2. ♗h7+ ♔h8 3. ♗g7:+ ♔g7: 4. ♕g6+ ♔h8 5. ♕h6: ♕e2+, um auf Dauerschach zu spielen; doch der König kommt nach 6. ♔h3 ♕f1+ 7. ♔h4 ♖c4+ dank des Kreuzschachs 8. ♗e4+ in Sicherheit. Schwarz versuchte **1. ... f6** und gab nach **2. ♗h7+** auf. Hoffnungslos wäre nun 2. ... ♔h8 3. ♕g6 ♖g8 4. ♗f6: ♖c2:+ 5. ♕c2: ♕c2:+ 6. ♗c2:, weil der ♗f6 wegen 7. ♖h7# nicht geschlagen werden darf. Ein Triumph des Läuferpaars.

169. Nein, wegen der Schwäche des Punktes f7 ist das nicht nötig, Weiß geht selbst zum Angriff über: **1. ♕h5!** droht Matt; der Reflexzug **1. ... g6?** hatte die Antwort **2. ♕e5:!** zur Folge (2. ... de 3. ♗f7:#). Schwarz gab auf. Ein Bauer war zwar immer verloren, z. B. 1 . ... e6 2. ♗e6:, doch so schlimm brauchte es nicht zu kommen.

170. 1. ♖g7:+!! zeigt den Wert der Initiative: Angriff ist die beste Verteidigung. Nach **1. ... ♗g7: 2. ♖c8+ ♔f7** zeigte sich die Pointe in dem Schrägschach **3. ♕h5+!**, das keinen Rückgewinn von Material, sondern ein perfektes Zusammenspiel der schweren Figuren zum Ziel hat. Es folgte **3. ... ♔e7 4. ♕e8+ ♔d6**, und in Zeitnot versäumte Weiß nun 5. ♕d8#. Mit 5. ♖c6+ kam er jedoch ebenfalls schnell zum Erfolg.

171. 1. ... ♖fe8 2. ♕f1 ♕f2:+!! deckte die Schutzbedürftigkeit der ersten Reihe auf. Nach diesem Knalleffekt gab Weiß auf. Der „eingeschlafene Damenflügel" hat häufig derartige betrübliche Folgen.

172. Der Glanzzug **1. ♕g6!**, bekannt aus Partien von Marshall und Aljechin, beruht auf der eingeklemmten Lage des schwarzen Königs und wird ermöglicht durch den bereitstehenden Turm auf a3. Nimmt einer der Bauern die auf h7 Matt drohende Dame, so folgt 2. ♘g6:+ und 3. ♖h3#. Auf den Antwortzug **1. ... ♕c2**, der das Matt auf h7 deckt, entschied **2. ♖h3!** am elegantesten und zwingendsten. Das Matt ist nicht mehr zu vermeiden.

173. 1. ♖c4! hielt die schwarzen Figuren unbarmherzig am Gängelband. Von sich aus können sie zu ihrer Befreiung nichts tun. Der einzige, der ihnen helfen könnte, der König, wird nicht herangelassen. **1. ... ♔e7** (1. ... ♔d7? 2. ♘c5+) **2. ♖d4! ♔f8** Wenn nämlich 2. ... ♔e6, so erobert 3. ♘c5+! ♔e5 3. ♖b4:! ♖b4: 4. ♘d3+ nebst 5. ♘b4: den Läufer. Nutzlos ist 2. ... f5 wegen 3. g3! ♔f6 4. ♔g2 ♔e5 5. ♔h3! ♔f6 6. f3 (auch 6. ♖f4 ♔e7 7. ♘d4 genügt) 6. ... ♔e5 7. f4+. **3. g3!** Die erste Etappe des Gewinnplans. Das Manöver ♖c4!, ♘d4 nebst ♘c2 oder ♘c6 erobert den Läufer, vorausgesetzt, der schwarze Turm hat kein Schachgebot, wenn der Springer zieht, und der schwarze König kann den weißen Turm nicht angreifen. Als Erstes schafft Weiß für seinen König ein Versteck auf g2 oder eventuell h3. **3. ... ♔g7 4. ♔g2 ♔g6 5. ♖c4** (ja nicht 6. ♘c5? ♖a5) und Schwarz ist gegen das angedeutete Springermanöver machtlos. Er gibt auf. .

174. 1. ♘d7+!! räumt die e-Linie für den Turm, **1. ... ♗d7:**, und **2. ♕c8:+** beseitigt die Deckung des Punktes e8 und lenkt den Läufer ab, so dass nach **2. ... ♗c8:** der Zug **3. ♖e8** mattsetzt.

175. Der schöne Zug **1. ♖g8+!!** hat drei Pointen: Nimmt der König, fällt die Dame mit Schach, so dass Schwarz sich nicht an der weißen Dame „rächen" kann; nimmt die Dame, führt 2. ♕h6+ zum Matt in zwei Zügen, und nimmt schließlich der Turm, ist die Fesselung in der f-Linie aufgehoben und 2. ♗h7: gewinnt, zumal er auf 2. ... ♔h7: 3. ♕e4+ auch noch den ♖a8 erobert. Womöglich noch schneller gewann 1. e6! (H. Ebert).

176. Ein Beispiel für den „Desperado". **1. ♗e8!!** Der Störenfried darf ja nicht genommen werden, weil 2. ♕g7:# droht. **1. ... ♖g8 2. ♗c6:**. Das war die Idee: Der ♘e7 wird in doppelter Hinsicht abgelenkt. Es sollen nämlich Feld g6 frei und die Diagonale des ♗c5 nach f8 geöffnet werden. **2. ... ♘c6: 3. ♘g6+ ♔h7 4. ♘f8+! ♔h8 5. ♕g6!** Schwarz gab auf. Zielbewusst und logisch kombiniert.

177. Gegen das kraftvolle Verfahren, das Weiß anwandte, war jeder Widerstand vergeblich: **1. ♘d5! cd**. Erzwungen. Weder 1. ... ♕d8 2. ♘c6: bc 3. ♘f6:+ noch 1. ... ♘d5: 2. ed cd 3. f5 gf 4. gf+ ♕g5 5. ♕g5:+ sind brauchbare Alternativen (5. ... ♘g5: 6. ♖e8:) **2. ed ♕d8 3. de ♗e6: 4. ♘e6: ♖e6: 5. ♖e6: fe 6. ♕d3!** Die Schwäche g6 gibt den Ausschlag. Sie ist nur vom König zu verteidigen, der seinerseits in den Angriffsstrudel gerät. **6. ... ♔f7 7. f5! gf 8. gf ♕c8 9. fe+ ♕e6: 10. ♖f1!** Schwarz gab zu Recht auf. Er hatte den vollentwickelten weißen Streitkräften nichts Gleichwertiges entgegenzusetzen.

178. **1. ♖g4:!!** Ignoriert die Bedrohung der Dame infolge der dreizügigen Mattdrohung 2. ♖4g7:+ ♔h8 3. ♖h7+ ♔g8 4. ♖bg7#. 1. ... ♘g4: hätte nach 2. ♕c4:+ nebst 3. ♕g4: schwerwiegenden Materialverlust zur Folge. Darum probierte Schwarz **1. ... ♕f6 2. ♖4g7:+ ♕g7: 3. ♖g7:+ ♔g7:** und gab nach **4. ♕e3 ♖f6 5. f4 ♘c6 6. ♗c6: ♖c6: 7. ♗c3 d5 8. ♕e7+ ♔g6 9. ♗f6:** die Partie auf.

179. Scheinbar sind die weißen Bauern schwarzfeldrig gestoppt. Unzicker verstand es jedoch, sie in Bewegung zu setzen und entscheidende Drohungen zu schaffen, wobei er richtig voraussah, dass dem weißen König kein Dauerschach drohte: **1. e5!** „Bauernopfer sind die feinsten Opfer“ lautet ein wahrer Spruch. **1. ... ♕e5:**. Wenn 1. ... fe, so 2. f6! gf 3. ♕g6+ ♕g7 4. ♕g7:+ ♔g7: 5. e7. Triumph des Freibauern. **2. ♕d8+ ♔h7 3. e7!** Diese Lage galt es richtig zu beurteilen. **3. ... ♕f5:+ 4. ♔g2 ♕e4+ 5. ♔h2**. Schwarz gab auf, denn nach 5. ... ♕c2+ 6. ♔g1! ♕c1+ 7. ♗f1 ♕e3+ 8. ♔h2 ♕f2+ 9. ♗g2 wären die Schachgebote zu Ende.

180. Der Kolumbianer überraschte den amerikanischen Großmeister mit dem hübschen „Zwischenzug“ **1. ♖e4!!** Wird nun die Dame geschlagen, setzt 2. ♖e8: matt. Andererseits droht aber 2. ♕g5:+, gefolgt vom Matt, so dass Schwarz nichts als die Aufgabe blieb.

181. Der damalige DDR-Jugendmeister setzte den Großmeister elegant matt: **1. ♖g6:+!!** Schwarz gab auf, weil er jetzt das pikante Damenmanöver (nach 1. ... hg) 2. ♕h8+ ♔f7 3. ♕f6+ ♔g8 4. ♕g6:+! (das galt es vorherzusehen) erkannte.

182. Auf 1. ... h6! hätte Weiß trotz Mehrbesitz der Dame nichts Besseres gehabt, als Remis durch ewiges Schach zuzulassen, also 2. ♗f6:+ ♕f6:+ 3. ♔g4 ♕f3+ 4. ♔h3 zu ziehen. Kurios!

183. **1. ... ♗h2:+** Es „kracht“ hintereinander auf den anfälligen Feldern h2, g2 und f2. **2. ♘h2:**. Auf 2. ♔h1 wäre Schwarz ebenfalls durchgedrungen – trotz Damentauschs! Die folgende Analyse ist von erstaunlicher Zwangsläufigkeit: 2. ♔h1 ♖g2: 3. cb+ ♔b8 4. ♕c7:+ ♗c7: 5. ♗a6: ♖h2+! 6. ♘h2: ♗g2+ 7. ♔g1 ♗b7:+ 8. ♔f1 ♗a6:+ 9. ♖e2 ♗h2: 10. f3 ♖e8 11. ♔f2 ♗e2: 12. ♔e2: ♗f4 und gewinnt. **2... ♖g2:+! 3. ♗g2: ♖g2:+ 4. ♔f1 ♖f2:+!** Die Krönung. Der Fluchtweg nach e2 ist versperrt, die Dame vollstreckt das Urteil. **5. ♔f2: ♕h2:+ 6. ♔f3 ♕c2: 7. ♖ac1 ♕g2+**, und Matt im nächsten Zuge.

184. Weil Läufer und Bauer f7 Punkt g8 doppelt bedrohen, ist der glänzende Zug **1. ♕h6!!** möglich, der Matt auf g7 droht (1. ... gh? 2. ♖g8+ ♖g8: 3. fg♕#). Die einzige Deckung von g7 besteht in 1. ... ♕e5, und nun konnte Weiß mit 2. ♖d6 die unparierbare Drohung 3. ♖dg6!! aufstellen, z. B. 2. ... ♗b7 3. ♖dg6 ♗e4: 4. ♖g7: ♘f6 5. ♕f6:! und gewinnt. Weiß spielte 2. ♖d3 ♕f6 3. ♕f6: ♘f6: 4. ♖dg3? ♘h5! und verlor sogar noch, wobei 4. e5 ♘h5 5. ♖d4! noch Gewinnchancen bot.

185. **1. ♘d6:!** Das Scheinopfer stützt sich auf die Abzugsbereitschaft des ♗d3. **1. ... ♗d6: 2. ♗d6: ♕d6: 3. de**. Damit ist alles entschieden. 3. ... ♘e5: scheitert ja an 4. ♗h7:+. Nach **3. ... ♕e7 4. ef ♕f6: 5. ♗g6:** hatte Weiß gewonnenes Spiel.

186. Der pikante Zug **1. ... ♗h4!** beruht auf dem Doppelschach nach **2. ♕h4: ♘f3+** und der Tatsache, dass auf **2. g3 ♗g3:!** geschehen konnte (3. ♕g3: ♘e2+). Schwarz gewann nach 3. ♕g2 ♘c2:+ 4. ♔h1 ♖d3: 5. ♕c2: ♕c6+! leicht. Auch 2. ♗d4: ♗f2:+ 3. ♗f2: ♕b2: bot keine Chancen für Weiß.

187. 1. ♘g5!! Eine ungewöhnliche Kreuzfesselung. Schwarz gab auf, weil er bei 1. ... ♗c2: 2. ♗b7: ♗d1: 3. ♗c8: ♖c8: 4. ♖d1: eine Figur verlieren, auf 1. ... ♗g2: aber mit 2. ♕h7: mattgesetzt werden würde.

188. Der glänzende Zug **1. ♖f8:+!!** holte die Dame nach f8 zurück, wo sie dem König den Weg verbaut und selbst ein Angriffsziel bildet. Die eigentliche Pointe besteht nach **1. ... ♕f8:** in **2. ♕a4+!!** Weder 2. ... ♔e7 3. ♗c5+ noch 2. ... ♔f7 3. ♖f1+ ist angängig. Bleibt also nur 2. ... b5, doch nun geschieht 3. ♕e4: mit Angriff auf den Turm a8 und mit Schachdrohungen auf c6 und e6. Der einzige Zug wäre 3. ... ♖d8, was am einfachsten mit 4. ♗g5 beantwortet wird. Dagegen ist kein Kraut gewachsen. Der König steht in der Mitte fast immer schlecht. Schwarz gab auf.

189. 1. ♘hg7:! war ein Keulenschlag. Der Springer ist unantastbar, wie 1 . ... ♘g7: 2. ♕a3+! beweist. Der lange Arm der Dame! Solche Züge werden leicht übersehen. (Falls 2. ... ♔g8?, so 3. ♘h6:+ ♔h8 4. ♘f7:+ mit Gewinn der Dame, falls 2. ... ♔e8, so einfach 3. ♘g7:+ ♔d7 4. ♕d3+ ♔c7 5. ♕d8:+ ♔d8: 6. ♘f5 h5 7. ♘d6 mit gewonnenem Endspiel.) Schwarz versuchte **1. ... ♕d2** und resignierte nach **2. ♘e6:+ fe 3. ♕a3+ ♔g8 4. ♕g3+**.

190. Der ♖d2 ist nur noch notdürftig durch den ♗f4 gedeckt. Dies machte sich der wunderschöne Schnittpunktzug **1. ... e3!!** zu nutze. Nimmt nun der Läufer, so ist nach 2. ♗e3: ♗e3: der ♖d2 gefesselt. Also **2. fe**, doch jetzt ist der ♗f4 ausgeschaltet, und **2. ... ♗b2+!** schlägt durch. Weiß gab sofort auf, ohne 3. ♖b2: ♕d1+!! 4. ♖d1: ♖d1:+ 5. ♔c2 ♖8d2# abzuwarten.

191. Der Springer öffnet die benötigten Linien für die schweren Figuren. Auf **1. ♘g6+!!** muss Schwarz zugreifen (1. ... ♔g7 2. ♘f4+) und die h-Linie bloßlegen. **1. ... hg 2. ♕h4+ ♔g8**. Falls 2. ... ♔g7, so setzt 3. ♕f6:+ rasch matt. **3. ♖g6:+ ♔f8**. Der Rest ähnelt einem Totschlag. **4. ♕f6:+ ♔e8 5. ♕f8+ ♔d7 6. ♖f7+**. Schwarz gab auf.

192. 1. ♕h7:+!! Schwarz wird nicht wie sonst sofort mattgesetzt, sondern entkommt noch mit dem König über das vom Springer frei zu machende Feld g6. Aber weit kommt er doch nicht: **1. ... ♔h7: 2. ♖h3+ ♘h4 3. ♖h4:+ ♔g6 4. ♖h6+ ♔g5 5. f4+**. Nun gab Schwarz angesichts von 5. ... ♔g4: 6. ♘e3# auf. Das gefiel den Kiebitzen!

193. Wegen des ungedeckten Punktes e1 ist **1. ... ♘c5! 2. ♖e8:+** (2. ♕g3 ♖e1:+ 3. ♕e1: ♖d1) **2. ... ♕e8:** möglich. Weiß muss das Matt decken und zugleich die Dame retten. Er spielte **3. ♕f3** (3. ♕e3 ♖d1+ 4. ♔f2 ♘e4+), um 3. ... ♕e1+ mit 4. ♕f1 abzuweisen. Deswegen schaltete Gligoric den Ablenkungszug **3. ... ♗g4!!** ein, der die weiße Dame entweder vom Feld f1 ablenkt oder das Feld d1 erobert. Ein prägnanter Schluss.

194. Nach dem geschehenen Zuge 1. ♗h6+ mit der Folge 1. ... ♔g8 2. ♕g2+ ♘fg4 3. fg fg gab es für Weiß keine durchschlagende Fortsetzung, weil die h-Linie vom Läufer verstopft ist. Darum musste sofort **1. ♕g2+!** geschehen mit der Folge **1. ... ♘fg4** (nicht 1. ... ♔f8 wegen des Beutezuges 2. ♖h8+ nebst 3. ♖b8:) **2. fg fg** (♘g4: 3. ♕h3) und nun **3. ♕h2!** und die schweren Geschütze dringen durch, zumal die beiden Läufer im Hintergrund lauern (3. ... ♔f8 4. ♕h8+ ♔e7 5. ♗g5+ usw.). Ein für die Technik des Königsangriffs instruktives Beispiel.

195. Eine scharfsinnige, von J. Dueball gefundene Kombination zeigt die guten Chancen des Schwarzen: **1. ... b3!!** (um den Läufer in den Bereich der schwarzen Figuren zu ziehen) **2. ♗b3:**. (Das geringere Übel scheint 2. ef ba 3. ♘c3 ♘f6: zu sein.) **2. ... ♘d4:! 3. ♗d4:**. Vorteil für Schwarz hätte auch 3. ♗f7:+ ♔f7: 4. ♗d4: ♘f4: 5. ♕c4+ d5 ergeben. **3. ... ♕b3: 4. ♕h5:**. Das passive 4. ♗e3 ♗g7 befriedigt wenig, noch weniger allerdings 4. ef ♕d5+ 5. f3 (5. ♖g2 ♘f4:) 5. ... ♕d4:. **4. ... ♕d5+ 5. ♖g2**. Oder 5. f3 ♗g7, gefolgt von 6. ... ♕d4: mit vorteilhaftem Spiel für Schwarz. **5. ... ♗g7!** Das war des Pudels Kern! Falsch wäre dagegen 5. ... ♕g2:+ 6. ♔g2: gh 7. ef. **6. ♕d1 de 7. fe ♗e5:** mit Rückgewinn des gefesselten Läufers; Schwarz verbleibt im Mehrbesitz eines Bauern. Ein Meisterstück der Kunst im Analysieren.

196. Der schöne Zug **1. ♘e6:!!** beruht zunächst auf der Unantastbarkeit der Dame (1... ♗h4:? 2. ♘g7#), aber auch auf der des Läufers b5 (1. ... ♗b5: 2. ♘g7+ ♔f8 3. ♘f5!! mit unheilvoller Kreuzfesselung; falls hier 2. ... ♔d7, so 3. ♕g4#). Bleibt also nur **1. ... fe 2. ♕h5+ ♔f8 3. ♖c3**, und das Eingreifen des Turms auf der 3. Reihe entscheidet sofort: **3. ... ♖h7 4. ♕g6! ♖g7 5. ♕h6: ♗b5:** (oder ♔g8 6. ♖h3 ♔f7 7. ♗e2 und Weiß gewinnt) **6. ♖g3!** Schwarz gab auf. Ein Kabinettstückchen!

197. 1. ♗h7:+! Ein „Feld-, Wald- und Wiesenopfer“, das hier rasch durchschlägt. Der Gegenangriff auf den ♘c3 ist harmlos. **1. ... ♔h7:** Auch 1. ... ♔h8 2. ♘g5 (drohend 3. ♕h5) 2. ... g6 3. ♕g4 bessert die Lage nicht. **2. ♘g5+ ♔g8**. Wenn 2. ... ♔g6, so 3. h4, und gegen 4. h5+ gäbe es keine Verteidigung. **3. ♕h5 ♕g5:**. Sonst wird Schwarz matt: 3. ... ♖e8 4. ♕f7:+ ♔h8 5. ♕h5+ ♔g8 6. ♕h7+ ♔f8 7. ♕h8+ ♔e7 8. ♕g7:#. Schwarz muss also die Dame für die zweite Figur geben. Könnte er sich noch eine weitere infolge der Fesselung gegen den ♘c3 aneignen, wäre seine Lage noch nicht so hoffnungslos; aber da findet Weiß ein probates Mittel. **4. ♗g5: ♘c3: 5. a3!** Der schwarze Springer hat nun kein einträgliches Abzugsschach. Geht der Läufer nach a5 zurück, geschieht 6. ♗d2 und Weiß erobert die Figur zurück, weil der Läufer a5 ungedeckt steht. Damit ist die Partie entschieden. **5. ... ♘e4+ 6. ab ♘c6 7. ♗e3** und Weiß gewann leicht.

198. 1. ♘d5? übersah eine verschleierte Demaskierung: **1. ... ♗d5: 2. ed g3!** Mit unparierbarem Doppelangriff. Weiß vermag nicht zugleich die Gabeldrohung auf f2 und den ungedeckten Springer c4 zu verteidigen. **3. hg ♕c4:** und gewann.

199. 1. ♗f6!! nützte glänzend die Tatsache aus, dass sich König und Dame im Springerbereich befinden. Schwarz hat keine rechte Antwort, weil er den ♙e7 nicht so decken kann, dass der Punkt f6 geschützt bleibt (das wäre nur mit einem Bauern oder einem Läufer möglich). Der Läufer darf wegen doppelter Springergabel auf f6, wobei Schwarz die Dame verliert, nicht geschlagen werden. Bleibt also nur **1. ... ♔h8 2. ♘e7: ♘e7: 3. ♗e7: ♘e4**. Schwarz muss sich immer noch gegen ♘f6 wehren. **4. ♕d3 f5 5. ♗f8: ♖f8: 6. fe fg 7. ♖f1** und gewann (7. ... ♖d8 8. ♖f7 b6 9. ♖bf1 ♗e5 10. ♖a7: ♕h3+ 11. ♔g1 d5 12. ♕d5:! Schwarz gab auf).

200. Schwarz hatte die Fesselung **1. ♖ce1** zugelassen, weil er sich auf **1. ... f6** verlassen zu können glaubte. Aber **2. ♖f6:!** machte ihm einen Strich durch die Rechnung. Wenn nämlich 2. ... ♔e7, so 3. ♖b6!, wenn 2. ... 0-0-0, so 3. ♗a6+ nebst 4. ♖e5:. Schwarz gab daher auf.

201. Nein, diesmal rechnete Großmeister Uhlmann nicht weit genug. Er sah zwar **1. ♖c5: ♕c5: 2. ♗f7:+ ♔h8 3. ♕c5:** (der Zwischenzug 3. ♖d8: scheitert an ♕e3:+) **3... ♖d1:+ 4. ♔f2 ♖f7:** und brach hier seine Kalkulation ab, weil Schwarz 2 Türme und 1 Springer für Dame und 2 Bauern hat. Nach der Partie wurde gefunden, dass **5. ♕h5! ♖d2+ 6. ♔e1!** einen der schwarzen Türme gewonnen und damit die Entscheidung erzwungen hätte. Solche langen Zugfolgen sind schwer vorauszuberechnen, wenn sie nicht von ständigem Schachdonner begleitet sind.

202. Schwarz nahm seine Chancen mit **1. ... d4!!** prächtig wahr. Am besten hätte Weiß den dreimal bedrohten ungedeckten Bauern am Leben gelassen und 2. cb a2 3. ♔c2 de 4. fe ♖e3: 5. ♖a1 ♖e2+ 6. ♔b3 f5 7. ♖hc1 gespielt mit vorteilhaftem Endspiel für Schwarz. Weiß entschied sich für **2. cd** und musste nun einen originellen Mattangriff über sich ergehen lassen: **2. ... ♖ec8+ 3. ♔b1 ab 4. ♔b2: ♗a3+ 5. ♔b3 ♖ab8+! 6. ♔a2**. Oder 6. ♔a3: ♖b7, gefolgt von 7. ♖a8#. **6. ... ♖b2+ 7. ♔a1 ♖8c2!** Weiß gab auf (8. ♗c1 ♖a2+ 9. ♔b1 ♗c1: 10. ♖c1: ♖cb2#, andererseits droht ♖a2+, ♖cb2+ und ♖a1#). Auch die beiden anderen Schlagarten sind ungünstig. a) 2. ♗d4: ♖e2 mit der Drohung a3–a2; b) 2. ♖d4: a2 3. ♔c2 ♗c3:! nebst a2–a1♕.

203. Der Donnerschlag **1. ♗e6:!** soll die f-Linie öffnen mit fatalen Folgen für Schwarz wegen der Schutzlosigkeit des Punktes f8 (1. ... fe? 2. ♖f3 ♔d8 3. ♕f8+ ♔c7 4. ♕d6+ nebst 5. ♖f8+ und gewinnt). Falls 1. ... ♗e6: (um das Feld d7 für den König zu haben), so entscheidet 2. ♘e6: fe 3. b4! ♕a4 4. ♖f3, wonach 5. ♕f8+ und 5. bc mit entscheidendem Materialgewinn unparierbar droht. Schwarz versuchte **1. ... ♖e5:**, büßte jedoch nach **2. b4! ♕c7 3. ♖e3** (der Turm e5 ist gefesselt) **3. ... fe 4. ♖e5:** die Qualität ein, ein schwerwiegender Nachteil (4. ... ♕c3 5. ♖c1 ♕b4: 6. ♘e6: ♕f4: 7. ♘f4:+ ♔f7 8. ♖c7 und Weiß gewann rasch).

204. Weiß vollendete seinen Aufbau rapide und elegant mit **1. ♗f4!! ♗f4:** Auch 1. ... d6 war hoffnungslos. Weiß hätte außer dem Bauerngewinn eine überlegene Stellung gehabt, z. B. 2. ♘d6: ♗d7 3. ♖e1 ♘a6 4. h4 5. h5, 6. h6 usw.) **2. ♖e1 ♗e5**. Die Mattdrohung ist pariert... **3. ♘e5:** ...aber der Springer ist unantastbar. **3. ... d6 4. ♘c6:!** Noch immer! **4. ... ♗d7 5. ♘d8!** Schwarz gab auf (auch ♙b7 fällt). Wer schläft, sündigt!

205. Nein, Weiß ist glatt verloren: der c-Bauer muss den Springer gedeckt halten, der Springer darf nicht ziehen (2. ♘e3 ♘f4:, oder 2. ♘c3 ♘d4+ 3. ♔a3 bc), und auf 2. ♔c3 bc 3. ♔c4: a6 befände sich Weiß im Zugzwang.

206. Der tiefe und schöne Zug **1. ♗b5!!** stellte den Gegner vor unlösbare Aufgaben. Der Läufer darf nicht nehmen. Er muss das Feld e8 gedeckt halten (1. ... Lb5: 2. ♖e5: ♕f6 – nicht ♕f7 3. ♖g5+ – 3. ♘b5: ♖b5: 4. ♖g4+ ♔h8 5. ♖e8+ und Weiß gewinnt). Darum spielte Szabo „anders herum" **1. ... ♖b5: 2. ♖e5: ♕f6 3. ♘b5: ♗b5:** und hat zwei Figuren für Turm und Bauer „gewonnen". Aber Unzicker hat richtig eingeschätzt, dass seine beiden Türme im Angriff gegen den offenen König den stärkeren Trumpf darstellen. **4. b3** (Notwendige Sicherungsmaßnahme) **4... ♗d7 5. ♖f4 ♕g6 6. ♕d2 h6 7. a4 a5 8. ♖f2 ♗e6 9. ♕a5: ♘d7 10. ♖d5: ♕e4 11. ♖d3** und Weiß, der nun schon drei Bauern mehr hat, gewann ohne Schwierigkeiten. Ein materielles, wenn auch geringes Opfer zwecks positionellen Vorteils – ein Verfahren, das sich nur auf lange Erfahrungen stützen kann.

207. Der naheliegende Zug 1. ♕b7: ♖d8 2. e3 ♘c2+ 3. ♔d1 d5 wäre für Schwarz günstig gewesen. Schmid spielte jedoch **1. ♕e3+!** und kam zwangsläufig in materiellen Vorteil, wie die Folge **1. ... ♘e6 2. f4! f5 3. ♗b7: ♖d8 4. ♗c6!** bewies. Schwarz gab auf, weil 4. ... ♕c6: 5. ♕e6:+ eine Figur kostet.

208. 1. ♖f7:! Weiß hatte die Qualität geopfert und gibt nun noch den ganzen Turm preis, den Schwarz zu fangen gehofft hatte. Die Pointe besteht darin, dass nach **1. ... ♔f7: 2. ♕c4+** weder Dame noch Turm wegen 3. ♘g5+ dazwischengehen dürfen. Auf 2. ... ♔f6 3. Lg5+ fällt die Dame; also bleibt nur 2. ... ♔g6 3. ♕g4+ ♔f7 4. ♘g5+ und wieder müsste Schwarz die Dame geben um nicht matt zu werden. In der Partie versuchte er den „Nimm- und Gib"-Zug 1. ... h6 (nimmt dem Springer das Feld g5; gibt ihm das Feld g6) mit der amüsanten Folge 2. ♖b7 ♕c8 3. ♕c4+ ♔h8 4. ♘h4! ♕b7: 5. ♘g6+ ♔h7 6. Le4!, und Schwarz war trotz gewaltigen materiellen Übergewichts rettungslos verloren (6. ... Ld6 7. ♘e5:+ g6 8. Lg6:+ ♔g7 9. Lh6:+! Schwarz gab auf).

209. 1. ♖g6:! brach den Widerstand mit Hilfe eines verblüffenden Turmopfers: Weiß möchte den schwarzen Springer beseitigen, ohne seinen schwarzfeldrigen Läufer abzutauschen! **1. ... ♘g6: 2. ♗g5!** Die Pointe. Weicht die Dame nach f7, dem einzigen Feld, aus, entscheidet jetzt 3. ♕h2 Lh8 4. Lg6: ♕g6: 5. ♕h8:+ ♔f7 6. ♖h7+ ♔e8 7. ♖e7+. **2. ... ♕f3:**. Ebenfalls aussichtslos. **3. ♗f3: ♖f3: 4. ♕h2 ♖af8 5. ♕h7+ ♔f7 6. ♖h6 ♘f4 7. ♖f6+ ♔e8 8. ♕g7:** Schwarz gab auf.

210. Nach **1. ... ♘h2:!** wusste sich Petrosjan nicht anders zu helfen, als Remis anzubieten. Dieser „Geistesblitz" rettete ihn, denn sein Partner schlug ein. Das Springeropfer beruht vor allem darauf, dass nach 2. **♔h2: hg+** der Bauer nicht zurücknehmen darf: **3. fg? ♕f1:.** Nimmt jedoch der König, gerät er in ein Mattnetz, wie 3. ♔g3: ♕d6+ 4. f4 (4. ♔h3 ♖c3+ 5. f3 ♘f5) 4. ... ♘f5+ 5. ♔h3 ♘e3 (oder 5. ... ♕f6) beweist. Auch 3. ♔h3 gf ist ganz chancenlos. Schwarz nahm den Spatz, wo er doch die Taube schon in der Hand hatte.

211. Das Qualitätsopfer **1. ♘e5!** richtete im Nu sämtliche Streitkräfte gegen den Punkt f7. Der Rückzug 1. ... Le6 fruchtete wegen 2. ♘f7:! Lf7: 3. ♖f7: ♖f7: 4. ♖f1 ♖af8(?) 5. ♖f7: nichts. Schwarz spielte **1. ... ♗f1:** und erlitt die Abfuhr **2. ♖f1: ♗d2 3. ♖f3! ♖ad8 4. ♘f7: ♖f7: 5. ♕e7!** Er streckte die Waffen.

212. **1. ♕e6:+!** geschah im Hinblick auf einen Bauerngewinn oder das Eindringen eines Turms auf die 7. Reihe: **1. ... ♕e6: 2. ♗d5: ♕d5: 3. ♖d5: ♗c3:**. (Sonst hätte er glatt einen Bauern weniger.) **4. ♖c1 ♗b4** (4. ... c6 5. ♖d3 Lf6 6. Ld2 ♘b7 7. ♖c6: verbessert die Lage nicht.) **5. ♖c7: ♖ac8 6. ♖a7!** Stärker als 6. ♖c8: ♖c8: 7. a3 Le7 8. ♖a5: Lg5: 9. g3 Lf6. Der Läufer ist ein guter Verteidiger, und der Punkt c2 ist anfällig (10. ♖a6: ♖c2). Doch 6. ... ♖a8 7. ♖a8: ♖a8: 8. a3 würde nun eine Figur kosten. **6. ... ♖c2 7. ♖5d7.** Eine gelungene Operation. **7. ... ♗c3 8. ♖ac7 h6 9. ♗e3!** Schwarz gab auf. Weiß vermied die letzte Falle 9. Ld2 ♖f3:! 10. gf ♖d2: und legte den Gegner stattdessen völlig lahm.

213. Der Turm c1 verlor eine Deckung, so dass plötzlich **1. ... ♗h3:!** möglich wurde. Ein Bauer war hin, weil der Läufer wegen 2. ... ♖c1: 3. ♖c1: ♕g5+ nicht genommen werden durfte. Tauscht sich der Turm „zwischendurch" auf c8, nimmt einfach der Läufer zurück. Weiß versuchte 2. ♕e3 Ld7 3. ♘c6 ♕f6 4. f3 konnte die Partie aber nicht mehr halten (4. ... h5! 5. ♖c3 h4 6. ♖dc1 g5 und so fort).

214. **1. ... ♘fe4:!** beruht darauf, dass nach: **2. ♘e4: ♘e4: 3. fe ♗d4:+** die weiße Dame nicht zugleich den Läufer g5 gedeckt halten und den feindlichen Läufer nehmen kann. Zwar eroberte er den verlorenen Bauern nach 4. ♕d4: ♕g5: 5. ♕d6: zurück, er geriet jedoch in positionelle Abhängigkeit und verlor bald (5... ♕e3+ 6. ♖f2 Le6 7. ♕f4 ♕f4: 8. ♖f4: ♖ad8 9. Lf1 ♖d4 und so weiter). Die gleiche Kombination gelang Geller in Lugano zwei Runden später gegen den Dänen Holm, der nach 1. ... ♘fe4: sofort aufgab. Ein Kuriosum!

215. Auf **1. ... ♗b2:?** geschah **2. ♖e7!**, und Schwarz gab wegen des hübschen Zweiläufermatts nach 2. ... ♘e7: 3. ♕f7:+ ♔h8 4. ♕f6+ Lf6: 5. Lf6:# die Partie auf. Auch 1. ... ♖e8 hätte die Partie nicht gerettet, wie 2. Lh6+ ♔g8 3. ♕f5:!! zeigt (3. ... ♕f5: 4. ♖e8:+ nebst #).

216. Die folgende Wendung ist möglich, weil die schwarze Dame vom Bauern gedeckt ist und der Turm c1 mit Schach geschlagen zu werden droht: **1. ... ♖c5:! 2. ♕c5: ♖c8!** Diesen tückischen Zug hatte Weiß übersehen. Nach 3. ♕b6: ♖c1:+ 4. ♔f2 ab hätte Weiß einen Turm weniger. Es hätte aber auch keinen Zweck, mit 3. b4 ♖c5: 4. bc mit Turm + 2 Bauern gegen die Dame zu kämpfen; nach 4. ... ♕b2 ginge der ♙c5 schnell verloren (5. ♖c4 ♕e2).

217. Der überraschende Zug **1. ... ♕c1+** bringt Weiß in eine Zwangslage. Nach **2. ♗c1: ♖c1:+** hatte die weiße Dame auch die zweite Deckung verloren, der König muss sich auf f2 oder h2 einem Springerschach aussetzen, und Schwarz erobert die Dame infolge der Springergabel wieder zurück. Nimmt Weiß die Dame im 2. Zuge nicht, kostet das den Turm.

218. **1. ♘f6:+!** erstürmte die Königsburg: der ausgesperrte La7, die offene g-Linie, der starke Lb2 und die aggressive Dame sind günstige Prämissen: **1. ... gf 2. ♖g1+ ♔h8 3. ♕h6 ♖f8 4. ♖g6 ♗f5 5. ♖f6: ♔g8 6. ♖g1+ ♗g6 7. ♖1g6:+ ♗g6: 8. ♕g6:+**. Schwarz gab auf.

219. Schwarz braucht ein Schach auf der h-Linie, um die Kraft der Diagonalen d5/h1 richtig einsetzen zu können. Dazu diente **1. ... g5! 2. hg** (unvermeidlich), und nun hätte der glänzende Zug **2. ... ♖f2+!!** das Matt erzwungen, weil jeder auf f2 schlagende Stein später den eigenen König blockiert (3. ♕f2: ♕h5+ 4. ♔g1 ♕h1#). Falls aber 3. ♔g1, so ♖g2+, gefolgt von ♕h3#. Schwarz spielte in der Partie 2. ... ♕h5+ 3. ♔g1 ♖f4: 4. gf ♕g4+ und gewann schließlich auch.

220. Das Schachgebot **1. ♕c5+** fesselte den ♙b5 (wegen der ungedeckten Dame), und nach **1. ... ♔d8** (1. ... ♔b7 2. c4! Lc6 3. ♖d7+ Ld7: 4. Le4+ und das Läuferpaar, vereint mit der Dame, triumphiert) hatte die schwarze Dame keinen Zug, so dass die weißen Damenflügelbauern mit starken Drohungen in die Ereignisse eingreifen. **2. a4!** (Versperrt der Dame auch den Weg nach a3; damit droht sie nach 3. b4 verloren zu gehen.) **2. ... ♖b7**. Um den Ausweg b6 zu decken. Aber nun tritt der dritte Bauer in Aktion: **3. c4!** Schwarz gab auf. Der gefesselte Läufer muss daran glauben. Originelle Fesselungsbilder.

221. Der Vorpostenspringer, den Weiß zu beseitigen zögerte (weil er den zum Leben erwachenden Lg7 fürchtete), „rächte" sich fürchterlich: **1. ... ♘h3+!!** und Weiß musste aufgeben, wollte er sich nicht mittels 2. gh Lh3:+ 3. ♘g3 ♖f1: mattsetzen lassen.

222. Weiß rannte den Gegner mit **1. ♘b7:! ♔b7:** (Auf ♖b7: gewinnt am einfachsten 2. a5) **2. ♕c5!** rasch über den Haufen. Gegen 3. ♖b6:+ ist keine Verteidigung zu sehen. Schwarz versuchte **2. ... ♖c7 3. ♖b6:+ ♔a8**, hätte aber nach 4. ♕b4! ab 5. ♕b6: ♖gc8 6. ♕a6+ aufgeben müssen. In der Partie spielte Weiß 4. ♕d6 und hatte nach 4. ... hg 5. fg f4! noch einige Klippen zu umschiffen.

223. **1. ... ♕d1:+!** hielt der Gegner für eine erzwungene Materialpreisgabe. Aber Schwarz hatte weiter gerechnet: **2. ♗d1: ♖d1:+**. Erst jetzt erkannte Weiß das Malheur: falls 3. ♔c2, so ♖c1+!! und das weiße Herrscherpaar gerät unweigerlich in eine Springergabel. Mit dem Fluchtversuch **3. ♔a2** geriet der König in eine Todesfalle, wie sich bei **3. ... ♘d3!** zeigte. Weiß kann das nach ♘b4+ auf a1 drohende Matt nur unter Preisgabe der Dame vermeiden.

224. **1. ... ♕d5:!!** geschah nicht etwa, um nach 2. ♘d5: die Dame mit 2. ... Le2: zurückzuerobern, sondern im Hinblick auf die Mattwendung 2. ... ♘f3+ 3. ♔f1 Lh3#. Hätte sich Weiß zu 2. 0-0 entschlossen, wäre er nach 2. ... ♘f3+ 3. ♔h1 ♘g5+! 4. ♘d5: Lf3+ 5. ♔g1 ♘h3# ebenfalls mattgesetzt worden. Eine Echowendung, die aus einer Variante der Spanischen Partie mit vertauschten Farben bekannt ist. Weiß versuchte **2. f3 ♕f3: 3. ♖f1** und gab nach **♕g2** auf.

225. Der schwarze König stand äußerst unsicher; ein Indiz dafür ist der Läufer auf f4. Trotzdem überrascht die Wendung **1. ♘e7+!!**, die den Schwarzen zwingt, mit dem Läufer zu nehmen und die Dame stehen zu lassen. Der Grund liegt in der Variante 1. ... ♕e7: 2. ♖a5! b6 (e5 3. Le5:) 3. ♕f3! und Mattangriff. Der Rest der Partie war Sache der Technik (1. ... Le7: 2. ♖c5:+ Lc5: 3. ♕h5 Ld4 4. ♕a5 und so fort).

226. 1. ♕b4!! ist die glänzende Lösung des Rätsels. Schwarz gab sofort auf. 1. ... ♕b4: führt wegen 2. ♖d8:+ ♔g7 3. ♖g8+ ♔h6 4. ♖f6 zum Matt, und außerdem besteht noch die gewaltige Doppeldrohung 2. ♕d4+ nebst 3. ♖d8: und 2. ♕g4:. Schwach ist hingegen der Doppelangriff 1. Lg6 hg 2. ♖f8:+ ♖f8: wegen der offenen weißen Königsstellung.

227. 1. ♘g6+! stellte den Schwarzen vor eine unerfreuliche Alternative: entweder die Dame zu geben oder matt zu werden. Er wählte das Letztere: **1. ... ♔g8** (nach 1. ... fg 2. fg ginge die gefesselte Dame verloren) **2. ♕e8+ ♔h7 3. ♕h8+!!** (die reizende Idee) **3. ... ♗h8: 4. ♘f8#!**

228. Das elegante Damenopfer **1. ... ♕g2:+** leitete eine Wendung von prickelndem Reiz ein, die zu einem unerwarteten Matt führt. **2. ♘g2: ♗g2:+ 3. ♔h2.** Auch mit 3. ♔g1 ist merkwürdigerweise das Matt nicht zu vermeiden, wie 3. ... e2+ 4. ♖f2 (4. ♕f2 ef♕+) e1♕+ zeigt. **3. ... ♗c6+ 4. ♔g3 ♗d6+! 5. ♕f4.** Bei 5. ♖f4 kommt sofort ♖g2#. Jetzt muss zuvor ein Schlupfloch verstopft werden. **5. ... h4+!** Weiß gab auf.

229. Er brachte das etwas abgegriffene Läuferopfer **1. ♗h7:+**, das er mit einem anderen Opfergedanken verknüpfte: **1. ... ♔h7: 2. ♖d6:! ♗d6: 3. ♖h4+ ♔g8 4. ♖h8+!** Das war des Pudels Kern. Die Dame soll mit Tempogewinn eingeschaltet werden. **4. ... ♔h8: 5. ♕h6+ ♔g8 6. ♕g7:#.** In dieser Verbindung ist die Kombination originell.

230. Es sieht so aus, als entscheide die Doppeldrohung 3. ... d1♕# und 3. ... ♖c1+ für Schwarz. Die verblüffende Wendung **3. ♕f3:!! ♖c1+ 4. ♕d1!!** drehte indessen den Spieß wieder um. Schwarz gab auf. Er hätte nichts Besseres als 4. ... ♖d1:+ 5. ♔e2 ♖b1 6. d8♕ d1♕+ 7. ♕d1: ♖d1:+ 8. ♔d1:, und Weiß gewinnt das Bauernendspiel. Beinahe möchte man hier von „Glück in der Stellung" sprechen.

231. 1. ... fg! hält die Initiative fest. Der Bauer darf wegen 2. ... Lh3+ 3. ♔h3: ♕f1:+ nicht vom König geschlagen werden. Also versuchte Weiß, ihn als „Schutzschild" zu gebrauchen, und spielte **2. ♖e1**, doch nun „rächte" sich der Bauer. **2. ... ♗h3!** stellte die furchtbare Drohung 3. ... ♕f1 auf, die nur unter schwerem Materialverlust zu parieren ist (3. ♕d1 ♕f1+ 4. ♖f1: gf♕+ 5. ♕f1 Lf1:, oder auch 3. ... ♔g7:). Weiß gab auf.

232. Sehr originell geschah **1. ♗d7!!** mit doppelter Verwendung des Springers. Nimmt die Dame, entscheidet die Gabel auf f6. Schwarz spielte darum **1. ... ♘d7:**, aber nach **2. ♕c8: ♕c8:** eroberte der Gabelangriff 3. ♘e7+ ebenfalls Material (3. ... ♔g7 4. ♘c8: ♘f6 5. ♖c1. Schwarz gab auf). Auch mit anderen Zügen war Quälitätsverlust nicht zu vermeiden.

233. Der dreifach (gegen f1, e1 und e2) drohende Zug **1. ... ♕f2!**, von manchen Kiebitzen erwartet, hätte sofort entschieden. Dann ging **2. ♘g3** nicht wegen **2. ... ♕e1+!** Portisch spielte 1. ... ♕a6, und danach hielt 2. ♘g3 remis.

234. 1. ... ♕h5+ tauschte die Damen. Weiß gab auf (2. ♘h5: gf+ nebst 3. ... d5, oder 2. ♕h5:+ gh+ 3. ♘h5: d5). Noch zwangsläufiger gewinnt das einfache 1. ... gf+! 2. ♘f5:+ ♔g6 3. f8♕, denn nach 3... ♕h5+ 4. ♔g3 Le1+ 5. ♔g2 ♕e2+ 6. ♔h3 (oder 6. ♔g1

♕f2+ 7. ♔h1 ♕f3+ 8. ♔g1 Lf2+) 6. ... ♕f3+ 7. ♔h2 Lg3+ müsste Weiß die Dame wieder hergeben, wenn er nicht matt werden will. (Mitgeteilt von Th. Krischatz, H. H. Ohms und W. Risse.)

235. **1. ... d3!** gewinnt wegen **2. ♗d3: ♗g7 3. ♘b2 ♕c3! 4. ♖ab1 ♕c2: 5. ♗c2: ♖d2 6. ♖hc1 ♘b4** eine Figur. Weiß versuchte 2. ♕b2 de! 3. ♕h8: e1♕ 4. ♖e1: ♕e1: mit dem gleichen Ergebnis (5. ♘e3 ♕e2; Weiß gab auf). Ein feiner taktischer Gedanke.

236. Der Kraftzug **1. ♕e5!** drohte sowohl 2. ♖d7:, als auch 2. ♘h5+ gh 3. ♕g5+ ♔f8 4. ♕f6: Le8 5. Ld5: und schließlich auch 2. Ld5:. Die Hoffnung des Schwarzen, sich mit **1. ... ♖c6 2. ♖d7: ♖e6** „mit Verdrängung der Dame" aus der Affäre ziehen zu können, scheiterte natürlich an 3. ♕e6:, so dass die eine Fesselung zwei Figuren kostete – ein Unikum. Allerdings hätte auch 1 . ... ♕c1+ 2. ♔h2 ♖c7 nichts geholfen wegen 3. Ld5:.

237. Die Dame ist eine empfindliche Deckungsfigur. Schwarz konnte hier (nach A. Hildebrand) auf eigenartige Weise in Vorteil kommen: **1... ♘e4:! 2. ♘e4: ♘d5:**, und die weiße Dame kann nicht zugleich den ♘e4 und den Lf4 gedeckt halten. Schwarz hätte zwei Bauern profitiert. In der Partie spielte er 1. ... e6 mit baldigem Remis.

238. Darga begann eine fünfzügige Kombination mit dem unbeweglichen Läufer e7 als Angriffsziel: **1. c5!** Wird der ♙c5 geschlagen, folgt 2. d6 mit Eroberung des Läufers. **1. ... ♘bd5: 2. cd ♗d6:** Es gibt keine Wahl. **3. ♘d6: ♕d6:**. Auf dieses ungedeckte Feld wollte Darga die Dame locken. Um die Fesselung des ♘d5 ausbeuten zu können, muss noch der ♗h5 abgedrängt werden, der seinerseits den weißen e-Bauern fesselt. **4. g4 ♗g6**. Schwarz konnte auch 4. ... ♘g4: 5. hg Lg4: 6. ♘d5: cd 7. ♕d5: ♕d5: 8. Ld5: Le2: 9. ♖e1 spielen; das Endspiel wäre für ihn aussichtslos. **5. e4**. Das Ziel ist erreicht. Nach **5. ... ♖fd8 6. ed ♘d5: 7. ♘e4** gewann Weiß, obwohl Stein noch zähen Widerstand leistete.

239. **1. ♘f5!** schnitt der schwarzen Dame den Rückweg ab. Was ist gegen 2. g3 zu erfinden? **1. ... ♖d7**. Immerhin mit der Idee 2. g3 Lc4. **2. ♖ad1!** Auch diesen Zwischenzug kann sich Weiß noch erlauben. **2. ... ♗c4**. In der Absicht 3. ♕c4: gf 4. g3? ♕f3:. Aber Weiß hat noch einen dritten Pfeil im Köcher. **3. ♕c4: gf**. Der Zwischenzug 3. ... ♖d1: geht nicht, weil 4. Ld1: den ♘f3 deckt. **4. ♖d7:!** Räumt Feld d1. **4. ... ♘d7: 5. g3! ♕f3: 6. ♗d1 ♘b6 7. ♕f1**. Nun ist die schwarze Dame endlich doch gefangen.

240. Weiß hatte nicht an den Qualitätsgewinn (1. ... ♘h4:) 2. ♘e7+!? ♖e7: 3. de ♕e7: 4. Ld4 ♖c8 5. Le5: ♕e5: 6. ♕g4 ♕c5+ gedacht mit zwei Bauern mehr für Schwarz und unklaren Folgen, sondern an **2. d7.** Das Schlagen dieses Bauern würde einen Springer kosten (2. ... ♘d7: 3. ♘h4:). **2. ... ♖f8**. Nicht 2. ... ♖e6 3. ♘h4:, und die Dame dürfte nicht schlagen wegen 4. d8♕+. **3. ♘h4: ♕h4: 4. ♗e5: ♖e5:**. Soweit war alles erzwungen. Aber noch immer ist das Feld d8 doppelt geschützt. **5. ♖f7:!** Der Turm darf nicht nehmen wegen 6. d8♕+. Schlägt jedoch der König, wird mit 6. ♖f1+ der ♖f8 getauscht. **5. ... ♕d8**. Ebenso wenig nützt 5. ... ♕e1:+ 6. ♕e1: ♔f7: 7. ♕f1+ nebst ♕f8:+ und d8♕+, oder 5. ... ♖d8 6. ♖ef1, gefolgt von

7. ♖f8+. **6. ♖f8:+ ♔f8: 7. ♕d6+**. Schwarz gab auf (♖e7 8. ♖f1+ ♔g8 9. ♕d5+ ♔h8 10. ♖f8+ oder 10. ♖f7). Die Kraft des Freibauern!

241. Weiß hatte nicht mit dem Zwischenzug (**1. ♗c7:? ♖c7: 2. ♖b4:**) **2... ♖ac8!** gerechnet, der ihr gründlich das Konzept verdarb. Der a-Bauer ist entfesselt, und gleichzeitig droht Matt auf c1. Das fehlende „Ventil“! Eine Warnungstafel: Man hege Misstrauen gegen jede Kombination, die sich anbietet, solange das „Luftloch“ für den König fehlt.

242. 1. ed+ ♔d6: 2. ♕d2, wie Weiß spielte, hätte wegen 2. ... Le7! nicht zum Gewinn reichen sollen. Die folgende überraschende Mattkombination führte forciert zu einem gewonnenen Bauernendspiel: **1. f6+! gf 2. gf+ ♔e8** und nun der Clou **3. ♘e6:!!** Die Dame darf nicht geschlagen werden wegen 4. ♘c7# oder 4. ♘g7#; falls aber 3. ... fe, so 4. ♕g4 ♘f5 (sonst 5. ♕e6:+) 5.♕h5+ nebst Matt. Es bleibt nur **3. ... ♕g1+ 4.♔a2 fe** mit der Folge **5. ♕d6: ♔f7 6. ♖f8:+ ♖f8: 7.♗d7:** und gewinnt. Ein verpasster Schönheitspreis!

243. 1. ... h4? sollte 2. ... ♕e4 vorbereiten, weil das Damenschach auf g3 ausgeschaltet ist. Aber **2.♕c8+ ♔h7 3.♕e6:!!** war eine fatale Überraschung. Schwarz hat einen ganzen Turm verloren, denn nach 3. ... fe 4. f7 erscheint die weiße Dame unaufhaltsam auf f8 neu. Schwarz gab auf. Schwarz hätte vorbeugend 1. ... ♔h7 spielen sollen.

244. Weiß spielte **1. ♕e2!**, und Schwarz ging in die Falle. **1. ... ♘e4:?** kostete wegen **2. ♘c6:! ♗c6:** (♘c3: 3. ♘a5:) **3. ♘e4: ♗e4: 4. ♗d2!** eine Figur. Schwarz gab auf.

245. Nein, Weiß darf die Drohung gegen h2 ignorieren. **1. ef!!** entwurzelt den Springer und dreht den Spieß um. Auf 1. ... ♖h2:+ 2. ♕h2: ♘h2: würde das Randmatt 3. ♘h7+ ♔e8 4. ♖g8 folgen. 1 . ... ♘f6 wäre wegen 2. ♘e6+! Le6: 3. ♕g7+ ♔e8 4. ♕h8:+ ♔d7 5. fe+ verhängnisvoll. Aber auch das gespielte 1. ... ♘h2: erwies sich als unzureichend: **2. ♘h7+!!** Schwarz gab auf (♔e8 3. ♕g8+ nebst #). Eine witzige Doppelwendung.

246. 1. ... ♗d5? ließ den ♘d7 ohne Deckung, so dass der Gabelangriff **2. ♕f6+!!** eine Figur gewann. Schwarz muss schlagen, weil 2. ... ♔f8 3. ♕h8# unmöglich ist. Nach 1. ... ♕f6: 2. ef+ wiederum wäre der ♘d7 nicht zu retten. Nicht viel anders ging es in der Partie: **1. ... ♘f6: 2. ef+** (erneute Gabel) **2. ... ♔f8 3. fe+ ♔e7: 4. ♖df6 ♖a7 5. ♘g5** und gewann leicht.

247. Ganz einfach gewann 1. ♕e6:+ Le6: 2. ♖d8+ ♖d8: (♔g7 3. e8♕) 3. ed♕ und Weiß hätte einen Turm mehr. Auch 1. e8♕+ ♖e8: 2. Le5: entschied sofort. Die verhängnisvolle Übereilung (wohl in Zeitnot) **1. ♗e5:??** erfuhr die drastische Abfuhr **1. ... ♕a1+! 2. ♗a1: ♖a1:#**. Weiß hatte den ♗h8 mit eigener Hand eingeschaltet!

248. 1. ... e2!! räumte das Feld e3. Darum darf keiner der Springer schlagen (2. ♘1e2:? Le3+ 3. ♔h1 ♘g4! und gewinnt. **2. ♖e2: ♘g4**. Das Eindringen des Springers nach e3 bringt das weiße Spiel durcheinander. **3. h3 ♘e3 4. ♖fe1 b5!**. Lenkt die Dame von der 4. Reihe ab. **5. ♕b5:**. Auf 5. ♘b5: käme die gleiche Fortsetzung wie in der Partie. Die weiße Dame hätte auf dem Feld e4 keine Deckung mehr. Der Versuch 5. ♕e4 wäre mit 5. ... ♘g2: nebst

♖f4 beantwortet worden. **5. ... ♖f3:!** Weit berechnetes Turmopfer. Die ganze Schlussphase ist ein Modell für einen phantasievoll geführten Königsangriff. **6. gf ♕f3: 7. ♘d3**. Es drohte Schach auf f1 nebst Lf4#. **7. ... ♕g3+ 8. ♔h1 ♕h3:+ 9. ♔g1 e4! 10. ♘e4:**. Schwarz macht nur Zwangszüge. Der ♘d3 muss wegen der Drohung ♖f1+ das Feld f4 bewachen. **10. ... ♖f1+ 11. ♖f1: ♕f1:+ 12. ♔h2 ♕e2:+ 13. ♘4f2 ♗f4+!** Der coup de grace. Weiß gab auf.

249. Eine ruhige Fortsetzung wie 1. ef+ ♘f7: 2. ♕h3 ♕c8 wäre nicht überzeugend gewesen. Die Voraussetzungen für zwingendes Spiel sind gegeben, und Tal nutzte sie mit dem Damenopfer **1. ♕e5:!!**, das den feindlichen König in das Kreuzfeuer der weißen Figuren zieht. **1. ... de 2. ef+**. Schwarz gab auf, weil er schwere materielle Einbußen nicht vermeiden kann. Auf 2. ... ♔f8 setzt 3. Lh6 matt, 2. ... ♔d8 3. f8♕+ geht auch nicht, bleibt also nur 2. ... ♔d7 3. Lf5++ ♔c6 4. Le4+ ♘d5 5. ♖d5:! mit vernichtenden Abzugsdrohungen.

250. Nach **1. cd** fand Schwarz die verblüffende Mattpointe **1. ... e2+! 2. ♗e2: ♕d4+!!** (3. ♕d4: ♖c1#). Weiß gab auf. Es müsste 3. ♔e1 geschehen, der ♙d7 wird von der Dame gehalten, so dass 3. ... ♖c3: (4. ♖h6:+ ♔g7) sofort gewinnt. Das Erkennen von Mattbildern ist eine Voraussetzung für viele Kombinationen.

251. **1. ♕c6:+!!** zerschlug den gordischen Knoten. Der schwarze König gerät in ein unzerreißbares Mattnetz, gleichgültig, ob er nach den Zügen **1. ... bc 2. ♖b8+ ♔d7 3. ♖b7+** nach links oder rechts flieht; Schwarz gab auf (3. ... ♔c8 4. ♖c7+ ♔b8 5. ♘c6:+ ♔a8 6. ♖a7#, oder 3. ... ♔e8 4. ♖e7+ ♔f8 5. ♘e6#). Ein problemartiges Schluss-Spiel.

252. Nach **1. ... ♕d3** gab **2. ♖fa1?** das Tempo aus der Hand, das Schwarz sofort an sich riss: **2. ... ♕e4:+ 3. f3 ♕e1+!** nebst #. Dabei hätte Weiß mit 2. ♖a8+ ♔b7 3. ♕b3+! ♔a8: 4. ♖a1+ (oder ähnlich 3. ♖a7+! ♔a7: 3. ♕c7:+) selbst mattsetzen können. Ein seltener Kontrast.

253. Der zuerst geplante Zug 1. ... ♖g4? hätte Schwarz nach 2. ♖c7:+ ♔d8 3. ♖c8+ ♔d7 4. ed in Verlustgefahr gebracht, zum Beispiel 4. ... ♖h4: 5. Lg5, drohend 6. ♖d8#, oder 4. ... f1♕ (4. ... ♖g3 ändert nichts) 5. ♖1c7+ ♔d6 6. Lf8+ ♔d5: 7. ♖d8+ ♔e6 8. ♖c6#. Da hatte Schwarz den Einfall **1. ... ♖g3:!!,** und Weiß gab auf! Warum? Nach 2. ♖c7:+ ♔d8 wäre die originelle Drohung 3. ... Lg2+! 4. ♘g2: ♖h3# nicht ohne erhebliche materielle Verluste abzuwenden (er müsste mit 3. ♖c8+ Lc8: einen Turm zurückgeben mit unhaltbarem Spiel). Merkwürdiger Schlußzug!

254. Der unrochierte König bildete die entscheidende Blöße: **1. ♗b5:+!** Das Läuferopfer beruht auf der Variante 1. ... ab 2. ♘cb5: ♕e7 (♕c5 3. ♘d6+ ♔e7 4. ♕f2!) 3. h4 Lh4: 4. ♕g7: ♕f8 5. ♘d6+ ♔e7 6. ♕g4 Lg5 7. ♘b7: ♖b7: 8. ♘c6+ ♔e8 9. ♕g5:!, die schwer zu berechnen ist. Darum **1. ... ♔f8 2. ♖gf1 ♔g8 3. h4!** und Weiß hatte außer dem gewonnenen Bauern durchschlagenden Angriff: **3. ... ♗e7** (3. ... Ld8 4. Le8! Lh4: 5. Lf7:+ ♕f7: 6. ♕h4:) **4. ♖f7:! ♔f7: 5. ♘e6:!** (Sehr schön) **5. ... ♔e6: 6. ♕g6+ ♗f6 7. ef gf**

8. ♖e1+ ♕e5 9. ♖e5:+ und gewann leicht. Dreifaches Figurenopfer – sehr effektvoll!

255. Den Drohzug **1. ♖a6** konnte sich Weiß nicht leisten, weil sein König in akuter Gefahr schwebte, wie **1. ... ♕g1+ 2. ♔h2 h4+!** sofort klarstellte. Weiß musste nach **3. ♔h4: ♕g2: 4. ♖a2 ♔h6** die Partie aufgeben. Der Gewinnzug für Weiß war 1. h4!!, der dem schwarzen König das Feld g5 nimmt und den schwarzen h-Bauern festlegt, so dass der weiße König sich selbst helfen kann. Weiß droht obendrein Matt durch 2. ♕g8+ ♔h6 3. ♕g7:+ ♔g1: 4. e6+ und Matt im nächsten Zuge. Schwarz könnte höchstens 1. ... ♕f2: versuchen und verlöre nach 2. ♕g8+ ♔h6 3. ♕g7:+ ♔g7: 4. e6+ ♕f6 5. ♖a7+! eine ganze Figur (auch 5. e7 genügt). Eine zugespitzte Lage.

256. Ein scharfsinniges Manöver beendete die Partie, die dem ideenreichen Spiel des Jugoslawen ein gutes Zeugnis ausstellt: **1. ... ♘f4!! 2. gf ♕d3 3. ♖e1**. Eine Pointe lag in der Antwort auf 3. ♘c1, nämlich 3. ... ♕g6! 4. ♕e1 Lf3, gefolgt vom Matt. **3. ... 0-0-0**. Schwarz kann in Ruhe seinen Aufbau verstärken, weil Weiß keine Möglichkeit hat, sich am Königsflügel zu befreien und die eingedrungene Dame zu vertreiben. **4. b5 ♘a5 ♘. ♗b4 ♘c4 6. a4 ef 7. a5 ♗f2:+!** Beseitigt eine Deckung von e3... **8. ♔f2: ♘e3!** ...so dass der Springer eindringen und die Dame erobern kann, zumal 8. de an ♕e3:+ scheitert. **9. ♘a3**. Oder 9. ♕c1 ♘g2: 10. ♔g2: f3+. **9. ... ♘d1:+ 10. ♖ad1: f3 11. ♘c1 ♕f5 12. ♗h1 ♕f4!** Weiß gab auf. Eine eigenartige Marathonkombination im positionellen Stil.

257. Das Qualitätsopfer **2. ♘c6:!** durfte Schwarz ohne schwerwiegenden Nachteil nicht annehmen (2. ... La1: 3. ♘e7+ ♔h8 4. ♕e1! mit gewaltigem Druck). Es geschah **2. ... ♖e4: 3. fe**, und nun wäre 3. ... La1: immer noch zu gefährlich, wie 4. ♘e7+ ♔f8 5. ♕f2+ ♔e8 6. e5! de 7. ♘d5 Ld4 8. Le3 beweist. Allerdings blieb seine Lage auch nach **3. ... ♕c6:** (sicherer 3. ... bc) **4. e5!** ungünstig. Das Eingreifen des weißen Läufers führt bald zum Rückgewinn des Bauern, und danach leidet Schwarz an Bauernschwächen am Damenflügel (4. ... ♕c5+ 5. ♔h1 Le6 6. Lb7: ♖f8 7. Le3 ♕e5: 8. ♖e1 und Weiß gewann schließlich im Endspiel. Schwarz konnte den Druck der Diagonalen h8/a1 viel wirkungsvoller mittels 1. ... ♘f7!! fühlbar machen. Es droht nämlich 2. ... ♖e4: 3. fe ♘g5: 4. ♕g5: Ld4:+, und nach dem Zwischentausch 2. ♖e8:+ ♕e8: darf 3. ♖e1? wegen Ld4:+ nicht geschehen. Andererseits droht aber c7–c5. 2. ♖ae1 Ld4:+ kostet ebenfalls eine Figur, und auch der Versuch 2. Lh3 ♖e4:! 3. Ld7: ♖d4: nebst 4. ... Ld7: wäre untauglich. Merkwürdig, dass es für den besser entwickelten Weißen keinen Ausweg gibt.

258. Der Weltmeister gab einen Turm für ein Tempo: **1. ... ♖h1!! 2. ♖h1:** (Bei 2. ♔f1 ♖g1:+ 3. ♔g1: ♕h4 wäre es sofort aus.) **2. ... g2 3. ♖f1**. Vor allem war mit 3. ♖g1 zu rechnen. Beabsichtigt war darauf die Zugfolge 3. ... ♕h4+ 4. ♔d1 ♕h1 5. ♕c3 ♕g1:+ 6. ♔c2 ♕f2 7. gf ♕e2: 8. ♘a3 Lb4 und Schwarz gewinnt. **3. ... ♕h4+ 4. ♔d1 gf♕+**. Weiß gab auf (5. Lf1: Lg4:+ und baldiges Matt).

259. Mit **1. ... ♘f3:! 2. gf ♖8e4:! 3. fe** opferte Schwarz einen Turm wegen des

„primitiven" (Bilek) Zuges **3. ... ♕f6**. Er droht Matt und außerdem ♖f2 mit Damengewinn. Dagegen ist nichts zu erfinden. Nach **4. ♖d3 ♖f2 5. ♕f2: ♕a1+** gab Weiß auf. Es könnte noch folgen: 6. ♔c2 ♕a2:+ 7. ♔d1 ♕f2: 8. c5 ♕f3+, oder 8. ♖f1 ♕a2, gefolgt von b3.

260. Weiß hatte „zwei Züge weiter" als der Gegner gerechnet. Nach **1. ♘e6+! ♕e6:** wollte er gar nicht die Dame erobern, sondern zog **2. ♗g7:+! ♔e7 3. ♗f8+!!** Erst dies war die versteckte Pointe. Wenn jetzt 3. ... ♖gf8:, so 4. ♖h7+ ♖f7 5. ♖f7:+ ♕f7: 6. ♕d6:+ ♔e8 7. ♕b8:+ und gewinnt. Um also diesen Turm zu retten, spielte Schwarz **3. ... ♖bf8:** und gab nach **4. ♖h7+** auf; nun kann er gar nicht 4. ... ♖f7 ziehen wegen 5. ♖f7:+ ♕f7: 6. ♕d6:+ ♔e8 7. ♕d8#! Eine reizvolle Doppelwendung. (Ein Leser hat die „Gewinnvariante" 1. ♘e6+ ♕e6: 2. ♕e6: Lb2:+ 3. ♔b1 La3+ 4. ♔c2 ♖g2+ 5. ♔d3 ♘e5+ 6. ♕e5: de 9. ♖h8+ angegeben und den Rettungszug 9. ... ♖g8 übersehen.)

261. Fünf Züge weit hatte Schwarz gerechnet, als er sich zu **1. ... ♖b2:!** entschloss. Die Pointe liegt nach 2. **♔b2: ♕c3:+ 3. ♔c1** in dem Zuge **3. ... ♖b8!**, der unparierbar das zweite Turmopfer ♖b1+ nebst ♕b2# droht. Eine lehrreiche, wenn auch elementare Wendung. Weiß gab auf.

262. 1. ♘f7:! ist überraschend, weil Weiß ja außer der Dame keine Figur entwikkelt hat; aber die Reserven stehen bereit. **1. ... ♔f7: 2. ♕f6+ ♔g8 3. ♖a3!** Droht 4. ♖g3+ nebst # (3. ... Le8 4. ♖g3+ ♔h7 5. ♕h6:#). Der Turm darf nicht genommen werden wegen (3. ... La3:) 4. ♕g6+ ♔f8 5. La3:+ und matt (♕c5 6. dc). Bleibt also nur **3. ... f4 4. ♗f4:! ♘a3: 5. ♖e3 ♗e8 6. ♖g3+**. Schwarz gab auf. Der Springer war überfordert.

263. Fischer zog trotzdem (1. ... g5) **2. ♖h6!**, denn auf **2. ... ♔g7** (Besser ist 2... ♘h7 3. ♘h5 ♕f8 4. ♖g6+ ♔h8 und Schwarz hält sich noch über Wasser.) hatte er **3. ♖f6:!** vorbereitet. Schwarz darf den Turm, wie leicht ersichtlich, auf keine Art schlagen (3. ... ♕f6: 4. ♘h5+, 3. ... ♔f6: 4. Lg5:+) und gab darum auf.

264. 1. ♘f5! beruht letzten Endes auf dem einsatzbereiten Turm auf a3. **1. ... gf.** Erzwungen, denn 1. ... ♕g4 2. ♖f4 (♘f4: 3. ♕g7#) verlöre sofort. Zur Illustration: 2. ... ♖f8 3. ♕f8: ♕f4: 4. ♕g7:+ ♘g7: 5. Lf4: mit Qualitätsgewinn bei überlegener Stellung, **2. ♕f5:+ ♔h8** (♔g8 3. ♘e4 ♖f8 4. ♕e6+ ♔h8 5. ♖f8:+ ♖f8: 6. ♖h3 ♕e1+ 7. ♔h2 ♕e2 8. Lh6! mit durchschlagendem Angriff) **3. ♘e4!** (Bringt nicht nur den Springer heran, sondern macht auch Platz für den Damenturm.) **3. ... ♖f8 4. ♘f6! ♘f6:** Schwarz hat die Wahl unter fünf Schlagmöglichkeiten, aber keine rettet ihn gegen ♖h3) **5. ef** (wenig ersprießlich ist 5. ♖h3 ♕h3: 6. ♕h3:+ ♘h7 und Schwarz hat Turm und zwei Figuren für die Dame) 5. ... **♗h6** (oder 5. ... ♕d4+ 6. Le3 Lf6: 7. ♕h5+ ♔g7 8. ♕h6+ ♔g8 9. ♕g6+ ♔h8 10. Ld4: Ld4:+ 11. ♖f2! Lf2:+ 12. ♔h2 Lh4 13. ♖h3 ♖f4 14. ♕h6+ und gewinnt) **6. ♖h3** (Hübsch ist die Alternative unseres Lesers Engelhart: 6. f7 ♕d4+ 7. ♔h2 ♖f7:8. ♕f7: ♖f8 9. ♕e6 ♖f1: 10. ♕h6:+ ♔g8 11. ♖g3+ nebst matt) **6. ... ♕d4+** (Er konnte hier in ein unhaltbares Endspiel mit zwei Bauern weniger abwickeln: 6. ... ♕f6: 7. ♖h6:+ ♕h6. 8. Lh6: ♖f5: 9. ♖f5:

oder 7.Lh6: ♕f5: 8.Lf8:+ ♕h3) **7.♔h2** (7. Le3? ♕e3:+) **7. ... ♖f6:** (♕f6:? 8. ♕h5) **8. ♕g5** Schwarz gibt auf (8. ... ♘c7 9. ♖f6: ♕f6: 10. ♖h6:+). Schwierige Wendungen, die eingehendere Analysen erforderten.

265. 1. ... ♕e2! hätte die Lage sofort geklärt (2. ♖d5 ♕f1+ 3. ♘g1 ♕e1:, oder 2. ♖b1 ♕c2). Der Versuch **1. ... ♘c5** (um den Freibauern zu beseitigen) überließ dem Gegner das Tempo, das er mit **2. ♗h4+ g5 3. ♘g5:** dankbar wahrnahm. So entschied doch der Bauer. Schwarz gab auf.

266. Merkwürdigerweise wäre der Turm auf h7 verloren gewesen, hätte Schwarz **1. ... ♕e4+!** gespielt. 2. ♔g3? ginge wegen 2. ... ♖g1+ nebst # überhaupt nicht; wenn aber **2. ♕g4**, so **2. ... g5+!**, und auf **3. ♗g5:** (um sich am ♖c1 zu „rächen") nimmt die Dame auf h7 mit Schachgebot und Turmgewinn für Schwarz! In der Partie zog Schwarz 1. ... ♕f2+ 2. ♕g3 ♕d4:+, lenkte in ein Endspiel über und verlor noch.

267. Die Mattkombination **1. ♖4f5!** schlägt durch, weil der Punkt h6 nicht zu verteidigen ist. Die Drohung lautet 2. ♖h5:+ gh 3. ♕d2! ♔g8 4. ♖g6+ ♔f8 5. ♕h6+ ♔e8 6. ♕h8#. Auf **1. ... gf** opferte **2. ♖h6+!** auch den zweiten Turm und erzwang das Matt mittels **2. ... ♔h6: 3. ♕h8+ ♔gb 4. ef+ ♔f5: 5. ♕h5:+ ♔f6 6. ♕g5:#:**. Elegant und überraschend.

268. 1. ♘f7:!! öffnete die Diagonale h5/e8. Die Hauptschwierigkeit bestand darin, die Folgen von 1. ... ♘d1: vorauszuberechnen. Geplant war 2. ♘e5:+ ♔d8 3. ♖d1:+ ♔c8 4. ♘d7! ♖g8 5. ♘b6:+ ♔b8 6. ♕e5+ ♔a7 (♕c7 7. ♕c7:+ ♔c7: 8. ♘a8:+) 7. ♖d7 ♕b4 8. ♖b7:+ ♔b7: 9. Lf3+ ♔a7 10. ♕c7#, oder 4. ... ♕d7: 5. ♖d7: ♔d7: 6. ♕h7+ ♔c8 7. ♕e7 ♖f2! und Schwarz kann noch etwas Widerstand leisten. Die Antwort **1. ... ♖f7:,** die in der Partie geschah, zeigt die Grundidee: **2. ♖f7: ♕f7: 3. ♕h8+! ♔e7**. Der Witz besteht in 3. ... ♕f8 4. Lh5+! ♔e7 5. ♕h7+ und gewinnt. **4. ♕h4+!** Erobert die Dame (auch bei 4. ... ♔e8 5. Lh5 ♘d1: 6. Lf7:+ ♔f7: 7. ♕h5+ bzw. 5. ... ♔f8 6. ♖f1 ändert sich die Lage nicht zum Besseren). **4. ... ♕f6 5. ♖d7+ ♔d7: 6. ♕f6: ♗d5**. Falls 6. ... ♘e2:, so 7. ♕f7+ ♔c8 8. ♕e6:+ ♔d8 9. ♕g8+ und holt sich die Figur zurück. **7. ♗g4** und Weiß gewann (7. ... ♔d6 8. ♕f2 ♖b8 9. ♕b2 ♘a4 10. ♕d2 ♘c5 11. h4! ♖f8 12. h5 ♖f4 13. Lf3 ♖d4 14. ♕g5 Lf3: 15. gf e4 16. h6. Schwarz gab auf).

269. Nein, Schwarz hätte stutzig werden sollen. Sein Freibauer ist mehr wert als die Dame: **1. ... ♕b2+!! 2. ♔b2: a1♕** hätte das sofortige Matt erzwungen. Sogar nach einem Wartezug wie 1. ... ♔h8 war der Weiße hilflos gegen die Drohung ♕b2+, z. B. 2. c3 ♕b3: 3. ♕c1 ♖b8 nebst ♕b1+, oder 2. b4 ♕b2+ 3. ♔b2: a1♕+ 4. ♔b3 ♕a2+ 5. ♔c3 ♖a3#.

270. Anstelle von (1. ♕h3) **1. ... b4?** musste g7–g6 geschehen. Schwarz trieb den Gegner geradezu, seine Drohung mit **2. ♘d5:!** auszuführen; er hatte die verdeckte Wirkung der Dame nach d7 übersehen. Der Zug bringt die schwarze Stellung ins Wanken; zumal 2. ... g6 3. ♖c8: Lc8: 4. ♘e7:+ ♕e7: 5. Lg5 hoffnungslos ist. Die Partiefolge **2. ... ed 3. ♘d7: ♕d7: 4. ♗h7:+!** verlor jedoch sofort (♘h7: 5. ♕d7:, ♔h8 5. Lf5+). Schwarz gab auf.

271. Weiß verfolgte geradlinig das Ziel, zum Damenschach auf d7 zu kommen und spielte **1. ♘c7+ ♕c7:** (wenn 1. ... ♔e7, so nicht 2. ♖c5:, sondern 2. ♖f7+) **2. ♖c5: ♕e7** (♕c5: 3. ♕d7+ ♔f8 4. ♖f1+ ♔g8 5. ♕f7#) **3. ♖e5! ♕e5: 4. ♕d7+.** Schwarz gibt auf. Eine Nebenlösung ist 1. ♗h5+ g6 2. ♘f6+.

272. Weiß gab sofort eine Dame wieder her; um den gefährlichen ♙g3 beseitigen und den König sichern zu können: **1. ♕g8+!!** (Aber nicht 1. ♕h8+ ♔g6! 2. ♕h5+ ♔h5: 3. ♕f7:+ ♔h4! und Weiß hat nur Remis.) **1. ... ♔g8: 2. ♕d8+! ♔h7 3. ♕h4+.** Schwarz gab auf.

273. Der Angriffszug **1. ♗e4!** beruht letzten Endes auf der Schwäche des Punktes f6. Schwarz darf nicht nehmen (1. ... de), weil 2. ♘3e4: mit der Drohung 3. ♘f6+ zum Matt geführt hätte. Er versuchte **1. ... ♕e7** (Er konnte 1. ... ♘e7 zum Schutze von g6 spielen, doch käme der weiße Läufer auch dann entscheidend zur Geltung: 2. hg hg 3. ♘h5! zwänge den g-Bauern zum Weichen, so dass 3. ... gh 4. Lh7:+ mattsetzt.) Die Dame deckt den Punkt g7. **2. ♘h7:!** Ein energischer Schluss. **2... ♘h7: 3. hg fg 4. ♗g6: ♘g5** (Oder 4. ... ♕g7 5. Lh7:+ ♕h7: 6. ♕e6:+, gefolgt von ♕c8:.) **5. ♘h5 ♘f3+ 6. ♔g2 ♘h4+ 7. ♔g3 ♘g6: 8. ♘f6+ ♔f7 9. ♕h7+.** Schwarz gab auf. Das Matt ist undeckbar. Ein für den fulminanten Stil Fischers bezeichnender Überfall.

274. 1. ♗d5:! überrascht: Der gute Läufer wird aus taktischen Gründen getauscht. Der weiße Angriff ist unwiderstehlich, wenn der Springer nicht auf f6 verteidigen kann. Zum Gewinn hätte auch sofortiges 1. ♕h4 ausgereicht. **1. ... ♗d5: 2. ♕h4!** Die entscheidende Schwenkung der Dame. Der schwarze König ist schutzlos. **2. ... h6 3. ♕h6:!** Hübsches Damenopfer im Hinblick auf das bildschöne Matt 3. ... gh 4. ♖g6. **3. ... ♘f6 4. ♖f6:!** Schwarz gab auf. Jeder weitere Zug würde zu Matt oder großem materiellen Defizit führen. Lehrreicher Sturmangriff.

275. Der verblüffende Zug **1. ♕h7!!** erzwingt den Übergang in ein gewonnenes Endspiel. Andere Züge als **1. ... ♘h7:** kommen offenbar nicht in Frage. Es folgte **2. ♗g7:+ ♔g8 3. ♗e5+ ♔f8 4. ♗c7:**, und wegen seiner vielen Bauernschwächen auf beiden Flügeln stand Schwarz auf verlorenem Posten.

276. 1. ♖h8:+ liegt nahe, weniger die Pointe im 3. Zuge. **1. ... ♔h8: 2. ♕h6+ ♔g8 3. e6!** Hält den König fest. In Zügen, die den Fluchtweg des Königs abschneiden, liegt ein Geheimnis des erfolgreichen Mattangriffs. **3. ... ♖f7 4. ♖h1**. Schwarz gab auf. Triumph auf der h-Linie! Auch 1.g4 genügt.

277. Der ♗g7 ist ungedeckt, die ♕c8 muss den ♖c4 verteidigen. Also bietet sich **1. ♖d7:!** an, so dass der König nehmen und sich in einen Hexenkessel begeben muss. Die Pointe nach **1. ... ♔d7:** liegt in dem feinen Springerzug **2. ♘b5!**, der die furchtbare Drohung 3. ♖d1+ ♔e8 4. ♘d6+!! aufstellt. Schwarz steckt in einem Dilemma, zumal auch die „Flucht nach vorn“ 2. ... ♔c6 wegen 3. ♘a7:+ verfehlt wäre. **2. ... ♕c6** kostete nach **3. ♖d1+ ♔e8 4. ♘c7+** ebenfalls die Dame (4. ... ♕c7: 5. Lc7: ♖c7: 6. ♕b5+. Schwarz gab auf). Immer wieder rächt sich „der unrochierte König“, besonders, wenn der Gegner sich, wie hier Fischer, beweglich und zentral aufgestellt hat.

278. **1. ... b5!** erzwingt **2. ♗d3** (2. Lb5: ♖ab8 3. a4 a6 mit verhängnisvoller Fesselung), und nun der eigentliche Clou: **2. ... ♕b4+!!** beseitigt die Dekkung des Läufers, gestützt auf die Springergabel 3. ♕b4: ♘d3:+. Weiß gab auf, denn nach dem Ausweichen des Königs (3. ♖c3? ♘d3:+ ist zwecklos) tauscht Schwarz die Dame und erobert den Ld3. Elementar, trotzdem ganz originell.

279. Nein. Nach **1. ... ♕h3: 2. bc** könnte Schwarz das Matt mit Hilfe eines Doppelschachs erzwingen, das **2. ... ♕h1+!! 3. ♔h1:** vorbereitet: **3. ... ♗f3++ 4. ♔g1 ♖h1#**. Schwarz zog 1. ... Lb6 und brachte seine positionell überlegene Stellung langsam aber sicher zur Geltung. Trotzdem ist es um eine solche ausgelassene Gelegenheit immer schade.

280. Spassky ließ sich nicht abschrecken: **1. ♕e6:!** ist möglich, weil die Erwiderung 1. ... ♖d1 an der Mattdrohung 2. ♕f7! scheitert. Dabei musste berechnet werden, dass der weiße König den Schachgeboten entfliehen wird (2. ... ♖e1:+ 3. ♔g2 ♕c6+ 4. ♔g3 ♖e3+ 5. ♔h4! ♖h3:+ 6. ♔h3: ♕h1+ 7. ♖h2). Tauscht Fischer im 1 . Zuge die Dame, würde sich die starke Stellung des Springers als entscheidend erweisen. Er zog **1. ... ♖d6 2. ♕e4 ♖f8 3. g5 ♖d2 4. ♖ef1 ♕c7 5. ♖d2:** ♘d2: 6. ♕d4 ♖d8 7. ♘d5+ ♔g8 8. ♖f2 ♘c4 9. ♖e2 ♖d6 10. ♖e8+ ♔f7 11. ♖f8+ und gab auf.

281. Einfach 1. ♕d6: ♕h4: 2. ♖e8 hätte leicht gewonnen, auch 1. ♕b7: oder 1. a3 genügten. Der gekünstelte Zug **1. h5?** stellte die Falle 1. ... ♕h5: 2. ♖h1 auf. Der Hereingefallene war jedoch Weiß. Nach **1. ... ♕b4!** musste er wegen des Doppelangriffs auf b2 und den ♖e1, der einen Turm kostet, aufgeben.

282. Schwarz machte mit einer dreifachen Opferwendung kurzen Prozess: **1. ... ♖f3:! 2. ♔f3:**. Auch 2. ♘d4: ♖f2+ 3. ♔e3: (3. ♖f2: ♕f2:+ 4. ♔d1 Lg4:+ führt sogar zum Matt) 3. ... ♖g2: leistete nur hinhaltenden Widerstand. **2. ... ♗g4:+!** Ein brillanter Gedanke. Weiß gab auf, um nicht in der Brettmitte mattgesetzt zu werden (3. ♖g4: ♕f2+ 4. ♔e4 ♕f5+! 5. ♔d4: ♕e5#). Keine alltägliche Wendung.

283. Zur Verblüffung des Schwarzen nahm der Läufer doch den hingehaltenen Brokken auf e7: **1. ♗e7:!** Weiß hatte die Absicht des Gegners durchschaut und zwei Züge weiter gerechnet. **1. ... ♘c6 2. ♕a4 ♘e7: 3. ♖d1!** Das war der Witz. Die schwarze Dame ist gefangen. Schwarz verlor rasch. Ein prickelndes Intermezzo.

284. Der prächtige Zug **1. ♖d1!** entschied sofort, weil ein Abzug des Ld3 mit zweifachem Angriff auf d8 droht. Zieht der Springer, geschieht 2. Lb5. Vor allem aber musste Weiß die Antwort **1. ... ♗a4**, auf die Schwarz sich verlassen hatte, gesehen und nach dem Motto „Auf einen Schelmen anderthalbe“ **2. ♗b5!!** vorbereitet haben. Schwarz hatte nichts Besseres als **2. ... ♗b5: 3. ♖d7: ♗d7: 4. ♖d2 ♖a1+ 5. ♔f2 ♘e6 6. ♕c3 ♖h1 7. ♕d3 ♘d4 8. ♗d4: h3 9. ♗e5:** und gab nun die Partie auf.

285. Schwarz musste es so einrichten, dass auf dem Felde c1 Matt droht, damit der Abzug b4–b3 etwas einbringen kann. **1. ... ♘e4:! 2. fe ♗e4:+ 3. ♗d3** (3. ♔a1

♖c2 4. ♕e3 b3 5. a3 ♕a3:+!) schaffte vorsorglich die Möglichkeit, den weißen König in die Ecke zu treiben, so dass **3. ... b3!!** möglich wird. 4. ♕a5: Ld3:+ 5. ♔a1 ♖c1# geht nicht; es bleibt also nur **4. ♘c3 ♗d3:+ 5. ♕d3: ♖c3: 6. ♕c3: ♕a2:+ 7. ♔c1 ♕a1+ 8. ♔d2 ♕h1:**, und mit seiner großen Übermacht gewann Schwarz leicht.

286. Uhlmann entschied sich richtig für **1. ♔h2!**, obwohl er gezwungen war, auf **1. ... ♘f4** mit **2. ♗f4:!** die Dame preiszugeben, denn er hatte erkannt, dass Fischer sich auf 2. ... ♕c2: wegen 3. d6! ♕f2 4. Lg3 gar nicht einlassen durfte. Die Partie endete nach **2. ... ♕e1:! 3. ♕c1 ♕e8: 4. ♗h6: ♕e4 5. ♗f4 ♔g8** und weiteren zehn Zügen remis. Und was ist mit 1. ♔h1? Wie Tal (in „64“) schreibt, konnte Fischer dann mit 1 . ... ♕f1+ „ein effektvolles Dauerschach“ erzwingen. Ganz bestimmt hätte er dann jedoch 1. ... ♘g3+ 2. ♔h2 ♘f1+ 3. ♖f1: Le5+ 4. ♔h1 ♕f1:# vorgezogen! „Noch offensichtlicher ist 1. ... ♘f4 mit Mattdrohung und Damengewinn“, erklärte ein Kritiker zu Recht (2. ♖e7+ ♔g8 3. Le3 ♕c2: 4. Lf4: rettet nicht wegen 4. ... ♕f2). Unerhört, wenn auch der wackere Homer einmal schläft...

287. **1. ♖b7:+!!** „schlug wie eine Bombe ein“, berichtete ein Chronist aus der Siegerlandhalle. Weiß erobert mindestens zwei Bauern, wie aus **1. ... ♕b7: 2. ♕e5+ ♔a8** (2. ... ♔c8? 3. ♖c1+ ♔d7 4. ♕d6+ ♔e8 5. ♘c7+ ♕c7: 6. ♕c7: verliert rascher.) **3. ♘c7+ ♔b8** hervorgeht. Weiß könnte nun gleich 4. ♘e6:+ ♔a8 5. ♘d8: ♖d8: 6. ♕g7: fortsetzen mit entscheidendem Übergewicht. Er stellte spaßeshalber die Falle **4. ♘a6+**, in die der Gegner, der **4. ... ♔c8** zog, hineinspazierte (sonst wäre es nach 4. ... ♔a8 5. ♘c7+ ♔b8 6. ♘e6:+ zu der schon skizzierten Variante gekommen). Nun war es sofort aus: **5. ♖c1+ ♔d7 6. ♘c5+**. Schwarz gab auf. Schmid erhielt für diese Partie den ausgesetzten Schönheitspreis.

288. 1. Lh6? führte nach h3 2. ♖g8+ ♔e7 3. ♖g7+ ♔e8 zum Remis. Taimanov hätte ruhig **1. ♗f6:!** fortsetzen können, denn nach **1. ... ♖g2:+** (sonst wäre Schwarz ohnehin verloren) **2. ♖g2: ♖g2:+ 3. ♔g2: ♘e3+ 4. ♔f3! ♘d1:** befände sich der Springer im „Abseits“ und wäre nach **5. c4!** nebst ♔e2 nicht zu retten. Man prüfe also die Schluss-Stellung einer Variante, bevor man sie zu den Akten legt (sofern dafür Zeit vorhanden ist ...)!

289. Schwarz zog doch **1. ... ♕d5:!** „Da denkt der Internationale Meister eine halbe Stunde nach, um die Dame einzustellen“, sagte ein Zuschauer kopfschüttelnd. Zu seiner Verblüffung gab Weiß auf, ohne den erwarteten Zug 2. Lc4 auszuführen. Er hatte erkannt, dass nach 2. ... ♖f1:+ 3. ♕f1: ♖f1:+ 4. ♔f1: die Gegenfesselung 4. ... Lb5! die Dame rettet und Schwarz großen Materialvorteil behält. Die Alternative 2. ♖f4: ist wegen 2. ♕h1+ 3. ♔f2 ♕h2+ 4. ♔f1 ♖f4:+ noch weniger spielbar.

290. Der reizende Zug **1... ♕b6!!** beruht darauf, dass nach 2. ♕b6: Le4: die Doppelschachdrohung 3. ... ♖g1# unparierbar ist und dem eigenen König keine Gefahr droht. Weiß gab auf, weil zu allem Überfluss auch 2. ... ♕b2: nebst # auf h2 droht (z. B. auf 2. ♖ae1) und 2. ♖f2 wegen ♖f2: zwecklos wäre. Ein feiner Zug von brutal anmutender Wirkung.

291. **1. ♕h6:!** war ein gewaltiger Schlag, der dem Angriff den erforderlichen Nachdruck verlieh. Die Dame kann nicht gut genommen werden, wie aus folgender Variante hervorgeht: 1. ... gh 2. Lh6:+ ♔g8 3. Le4+ ♔h8 4. Lg7+ ♔g8 5. Lf6:+ ♔f8 6. ♘d5: ed 7. Le7:+ ♔e7: 8. Lf5 mit großem Vorteil; zwickmühlenartige Wendungen. Falls 1. ... ♘c3:, so 2. Ld3 ♕b4 3. ♕g7:+ ♔e7 4. ♕f6:+! ♔f6: 5. Lg5+ ♔g7 6. Le7+ und gewinnt (6. ... ♔h6 7. ♘g4+ ♔h5 8. ♖h3+ nebst #, oder 7. ... ♔g7 8. ♘f6+ ♔h6 9. ♘g8+ ♔h5 10. ♖h3+ und Ähnliches). Kortschnoi nahm die Chance **1. ... ♕b4** wahr (verschafft dem König das Fluchtfeld e7 und übt Gegendruck aus), ging aber nach **2. ♕h8+ ♔e7 3. ♕g7: ♕d4: 4. ♘d3!** an seiner prekären Königsstellung, im Verein mit dem Bauernverlust, zugrunde.

292. Auf der langen Diagonalen a1/h8 kann es nur zu Drohungen kommen, wenn die Dame vor dem Läufer steht. Deshalb spielte Bagirov **1. ♗c3!** zwecks Vorbereitung von 2. ♕e5 (im Problemschach als „Turton-Manöver" bekannt). Um das Eindringen der Dame zu verhindern, wählte Schwarz das unzureichende Mittel **1. ... ♗g7?** und musste nach **2. ♕c7!** mit der Doppeldrohung 3. ♖d8 und 8. ♕g7:# sofort aufgeben. Am besten wäre 1. ... ♖a7 2. ♕d4! ♖g7 (Lg7 3. ♕a7:) 3. ♕d8! ♕d8: 4. ♖d8: bc 5. Lg7: ♔g7: 6. ♖c8: mit allerdings aussichtslosem Endspiel. Wenn 1. ... bc, so 2. ♕e5 ♕e7 3. ♕h8+ ♔f7 4. ♕h7:+ ♔e8 5. ♕g6:+ ♕f7 6. ♖d8+ ♔e7 7. Lf6+! ♕f6: 8. ♕e8#. Äußerst instruktive Manöver!

293. Der prachtvolle Zug **1. e6!!** ließ die Dame einstehen. Ihm lag folgende Berechnung zugrunde: 1. ... ed 2. Ld3: ♘f6 (2. ... h6 3. gh wäre noch weniger erträglich) 3. gf Lf6: 4. ♖h7:+ ♔g8 5. Lf6: ♖f6: 6. ♖hg7:+ und Matt im nächsten Zuge. Die Öffnung der Diagonalen des Ld4 macht sich auch bei der Verteidigung 1. ... Le6: bemerkbar: 2. Lg7:+! (von A. Engelhart angegeben und direkter als 2. ♖h7:+) 2. ... ♔g7: 3. ♕d4+ und der König im Kreuzfeuer ist rettungslos verloren (♔f7 4. Lh5#). Panno bleibt nichts übrig, als sofort aufzugeben.

294. Das Hineinziehungsopfer der Dame mittels **1... ♕e3:+!** liegt an sich für denjenigen, dessen Blick durch Erfahrung geschärft ist, nicht fern. Trotzdem ist es nicht ganz leicht, die exakten Folgen richtig vorauszuberechnen. Auf **2. ♔e3: ♗d4+ 3. ♔f4 e5+ 4. ♔f5** setzte Rubinetti 4. ... ♖c6 fort und gewann schließlich (5. ♘e4 Lc8+ 6. ♔g5 h6+ 7. ♔h4 g5+ und so fort). Zum Matt führt nach Eliskases **4. ... ♖c5! 5. ♘e4 ♗c8+ 6. ♔g5 h6+ 7. ♔h4 g5+ 8. ♘g5: hg+ 9. ♔g5: e4+!** (die Pointe des Turmzuges) **10. ♔f4 ♘h5+ 11. ♔e4: ♗b7+ 12. ♔d3 ♗f2#**. Eine ungewöhnlich lange, zwangsläufige Zugfolge.

295. Die eigenartige Einkreisungskombination **1. ♖e4:!! ♕g3:** (1. ... de 2. Lf4) **2. ♖d4:** bedeutet das „Opfer" der Qualität für zwei Bauern. Die Dame kann wegen der Möglichkeit ♗f4 nicht entkommen, sondern muss gegen den Turm eingetauscht werden. Das Endspiel ist glatt verloren, wie sich schon nach **2. ... ♕g4 3. ♖g4: ♗g4: 4. ♗g6: ♖hg8 5. ♗h7 ♖h8** (♖gf8 6. ♗h6:) **6. ♗d3 ♖de8 7. f7 ♖e7 8. f8♕+ ♖f8: 9. ♗b4** zeigte. Weiterer Widerstand war zwecklos.

296. (Stellung nach den Zügen 1. c4 e5 2. ♘c3 ♘c6 3. ♘f3 f5 4. d4 e4 5. ♗g5 ♘f6 6. d5? ef! 7. dc fg). Weiß musste sich mit dem Bauernverlust nach 8. ♗g2: bc abfinden. Auf **8. cd+?** antwortete Schwarz mit dem unerwarteten Doppelangriff (auf g5 und h1) **8... ♘d7:!!**, und Weiß, der Läufer oder Turm einbüßt, gab auf. In einer Vorgängerpartie Katalymov – Aronin, UdSSR 1963, behielt Weiß nach 8. ... ♗d7:? 9. ♗g2: c6 10. ♕b3 das bessere Spiel!

297. Der feine Bauernvorstoß **1. f6!** hatte vierfache Bedeutung: der ♖e7 ist gedeckt, der ♖h8 darf wegen 2. fg# nicht genommen werden, und 1. ... ♖f6: kommt wegen 2. ♗h7! ♕e7: 3. ♖g8:+ ♔f7 4. ♕e7:+ ♔e7: 5. ♖c8: nicht in Betracht. Der vierte Effekt, die Abschirmung des ♖h6, kam in der Partie zum Tragen. **1. ... gf 2. ♕e6!** Wieder ist keiner der beiden weißen Türme wegen Matts zu schlagen (2. ... ♖h8: 3. ♕f6:+). Die letzte Hoffnung, ein Dauerschach, wurde leicht zurückgewiesen (2. ... ♕b6+ 3. ♔g2 ♖h2+ 4. ♔h2: ♕f2+ und gleichzeitig aufgegeben).

298. Der Schluss der Partie ähnelte einem Brillantfeuerwerk: **1. ♖f7:!! ♔f7: 2. ♖f1+ ♔e7**. Oder 2. ... ♔g8 3. ♘f6+ gf 4. ♕g6:+ ♔h8 5. ♕h6:+ ♔g8 6. ♖f6:, und die Drohung ♖g6+ erzwingt die Preisgabe der Dame. **3. d6+!** Mit der Idee 3. ... ♔e6 4. ♘c5:+! **3. ... ♔d7 4. ♖f7+ ♘e7**. Auf 4. ... ♔e6 geschähe 5. ♖b7:, auf 4. ... ♔c8 macht 5. ♘c5:! sofort Schluss (Engelhart). **5. ♕a4+**. Mit dem hübschen Gedanken 5. ... ♗c6 6. ♗h3#! Auf 5. ... ♔e6 folgt einfach 6. de ♖e7: 7. ♖f1. **5. ... ♔c8 6. d7+!** Eine reizende Kreuzfesselung bildet den Höhepunkt der Kombination. **6. ... ♕d7:**. Oder 6. ... ♔c7 7. de♕ ♕e8: 8. ♕c4! mit Gewinn. **7. ♗h3!** Schwarz gab auf.

299. Weiß hatte, wie erwähnt, an 1. ... ♗d6: 2. ♕g3 gedacht und die Folge 2. ... ♖e8 3. ♖d1! ♖bd8 4. ♗b6! berechnet. Den letzteren Zug konnte sie sofort spielen, weil die Dame nicht gleichzeitig die Punkte b6 und e7 zu schützen in der Lage ist. : **1. ♗b6 ♕b6: 2. ♕b6: ♖b6: 3. ♘e7:+ ♔h8** (oder 3. ... ♔f8 4. ♘7d5 ♗d5: 5. ♘d5: ♖b7 6. e7+ ♖e7: 7. ♘e7: ♔e7: und das Endspiel mit der Qualität für einen Bauern bietet dem Weißen greifbare Gewinnaussichten. **4. ♘f5** mit der unparierbaren Drohung 5. e7. Wie A. Engelhart angegeben hat, ist 1. ♗a7! zwecks Qualitätsgewinn noch zwingender (♖b7 2. ♘d5, 1. ... ♖bc8 2. ♗b6).

300. Der Bauernzug g2–g3 verursachte die Schwächen f3 und h3, die der Zug **1. ... ♗h3!** auf lehrreiche Weise ausnützte. Eigenartigerweise gibt es keine brauchbare Verteidigung. Am besten ist noch 2. 0-0 ♘f3:+ 3. ♗f3: ♗f1: mit Qualitätsverlust. **2. ♘fd4: ♗g2: 3. ♖g1 ed** wie in der Partie kostete eine Figur.

«Die theoretischen Endspiele, deren Kenntnis Voraussetzung für den Erfolg ist, können weitaus spannender verlaufen, als es sich die meisten Schachspieler träumen lassen.» – *Rudolf Teschner*

Rudolf Teschner
Das moderne Schachlehrbuch
Aktualisierte und erweiterte Ausgabe
Teil 1 - Die Eröffnung
158 Seiten
ISBN 3-283-00283-5
Lieferbar

Das Notwendige zu allen wichtigen Eröffnungen aus heutiger Sicht, kurz und bündig, für den Angreifer und den Verteidiger!
Weiß hat das Vorrecht, den ersten Zug machen zu dürfen und so den Charakter der Partie wesentlich zu beeinflussen; aber auch Schwarz kann schon mit seinem ersten Zug zeigen, ob er kämpferisch oder vorsichtig, symmetrisch oder asymmetrisch auftreten will. Und weiteres kommt hinzu: etwa der Turnierstand oder die Wirkung auf die Psyche des Gegners…

Rudolf Teschner
Das moderne Schachlehrbuch
Aktualisierte und erweiterte Ausgabe
Teil 2 - Das Mittelspiel
158 Seiten
ISBN 3-283-00284-3
Lieferbar

Alles über das Mittelspiel, das sich an die Eröffnung anschließt, den schönsten Teil des Schachspiels, wo Phantasie und Erfindungsgabe gefragt sind. Teschner zeigt das vielfältige Geschehen auf dem Schachbrett anhand von 90 Turnierpartien. Wer diese Partien mehrmals nachspielt und die Einfälle und Aufregungen der Spieler mit Hilfe der Anmerkungen miterlebt, wird ohne Frage das Schach besser verstehen und Fortschritte machen.

Rudolf Teschner
Das moderne Schachlehrbuch
Aktualisierte und erweiterte Ausgabe
Teil 3 - Das Endspiel
180 Seiten
ISBN 3-283-00285-1
Lieferbar

Alle großen Meister der Schachgeschichte sind Künstler des Endspiels gewesen. Die Erfahrung lehrt, daß sich oft erst in der Schlußphase der Partie das wahre Können eines Spielers offenbart. Die theoretischen Endspiele, deren Kenntnis Voraussetzung für den Erfolg ist, können weitaus spannender verlaufen, als es sich die meisten Schachspieler träumen lassen.

PRAXIS SCHACH EDITION OLMS

Breitlenstraße 11 · CH-8634 Hombrechtikon/Zürich · Tel. 00 41 (0) 55/2 44 50 30
– Alle Olms-Bücher bei Ihrem Buchhändler –